Max Josef Heimbucher

Die Papstwahlen unter den Karolingern

Max Josef Heimbucher

Die Papstwahlen unter den Karolingern

ISBN/EAN: 9783743302303

Hergestellt in Europa, USA, Kanada, Australien, Japan

Cover: Foto ©Lupo / pixelio.de

Manufactured and distributed by brebook publishing software
(www.brebook.com)

Max Josef Heimbucher

Die Papstwahlen unter den Karolingern

Die Papstwahlen unter den Karolingern.

Von

Dr. Max Heimbucher.

Augsburg 1889.

Literarisches Institut von Dr. Max Huttler (Michael Seitz).

Literar. Institut v. Dr. M. Huttler (Konr. Fischer) in München.

Vorrede.

Vorliegende Schrift wurde zum Zwecke der Habilitation an der Ludwig=Maximilians=Universität zu München verfaßt. Sie behandelt die wichtige Frage über die Besetzung des päpstlichen Stuhles in der Karolingerzeit. Nachdem die Besetzung des päpstlichen Stuhles unter den Ottonen in neuerer Zeit mehrfach von den Historikern behandelt wurde — wir erinnern nur an die Werke von Zöpffel, die Papstwahlen vom eilsten bis vierzehnten Jahrhundert, Martens, die Besetzung des päpstlichen Stuhles unter den Kaisern Heinrich III. und Heinrich IV., Weineck, der Patriziat Heinrichs III., Steinsdorff, Jahr= bücher des deutschen Reichs unter Heinrich III. — erschien es uns ange= messen, auch die Papstwahlen unter den Karolingern zum Gegenstande einer wissenschaftlichen Untersuchung zu machen. Unsere Aufgabe war es, nach den vorhandenen Quellen, als welche zunächst der Liber pontificalis und die fränkischen Chroniken in Betracht kommen, die Berichte über den Verlauf der Papstwahlen unter den Karolingern anzuführen, dieselben nach ihrem kritischen Werte zu untersuchen und darnach festzustellen, ob und in wie weit die Karolinger einen Einfluß auf die Besetzung des apostolischen Stuhles ausgeübt, beziehungsweise beansprucht haben.

Es ist eine verhältnismäßig kurze Zeitperiode (die Jahre 752 bis 885), welche nach der angegebenen Richtung zur Darstellung gelangen soll. Nur neunzehn Papstwahlen fallen in diese Zeit. Aber an großen für die Kirchen= und Welt=Geschichte bedeutungsvollen Ereignissen ist diese Periode reicher als manche andere. Der Gegenstand, mit dem wir uns beschäf=

I

tigten, nötigte uns, auch auf manche Ereigniffe, welche mehr der profanen als Kirchengefchichte angehören, näher einzugehen, da nur hiedurch mehrere hiehergehörige Fragen die rechte Beleuchtung zu erhalten fchienen.

Möge unfere Arbeit bei allen Freunden der Gefchichte und Gefchichtsforfchung das Intereffe wachrufen, welche der von uns behandelte Gegenftand verdient. Wir empfehlen unfere Schrift hiemit einer freundlichen Aufnahme und wohlwollenden Beurteilung.

Herrn Univerfitätsprofeffor Dr. Alois Knöpfler in München, der uns mit manch gütigen Ratfchlägen an die Hand ging, fei der geziemendfte Dank ausgefprochen.

München, im Herbft des Jahres 1888.

Der Verfaffer.

Inhaltsverzeichnis.

———

I*

Dritter Abschnitt.
Der Eid der Römer im Jahre 824 und die folgenden Papstwahlen.

Alphabetisches Verzeichnis
der benutzten Quellen und Hilfsmittel.

Abel, Jahrbücher des fränkischen Reichs unter Karl dem Großen. 2. Auflage. I. Bd.
    1888, II. Bd. 1883, bearbeitet von Simson, von uns mit „Abel I." und
    „Abel II." citiert.
Annales auscienses bei Pertz, Monumenta Germaniae. Scriptores (Scr.) III.
    171 sqq.
    „   bertiniani. Scr. 1. 419 sqq.
    „   fuldenses. Scr. 1. 337 sqq.
    „   laubac. Scr. 1. 7—12. 15 52.
    „   lauresbam. Scr. 1. 22 sqq.
    „   laurissenses (sc. majores) = Einharti. Scr. 1. 124 sqq.
    „   mettenses. Scr. I 314 sqq.
    „   Prudentii trecensis. Scr. I. 429 sqq. (2. Teil der Annales bert.)
    „   xantenses. Scr. II. 217 sqq.
Baronius, Annales ecclesiastici.
Barmann, Die Politik der Päpste. 2 Bde. 1868 f.
Bayet C., Les Elections pontificales sous les Carolingiens au VIIIe et au IXe
    siècle. In der Revue historique XXIV. (1884). 49 sqq.
Bernheim, Das unechte Dekret Hadrians I.
    In den Forschungen zur Deutschen Geschichte XV. (1875). S. 618 ff.
Bernoldi chronicou. Scr. V. 385 sqq.
Böhmer, Regesta imperii. Nach J. F. Böhmer neu bearbeitet von E. Mühl-
    bacher. 1880 ff.
Bonnell, Die Anfänge des karolingischen Hauses. 1865.
Breysig, Jahrbücher des fränkischen Reiches 714—741. 1869.
Bouquet, Recueil des Historiens de Gaules et de la France. 1738 sqq.

Cassiodori opera ed. Garetius. 1679.
Cenni, Monumenta dominationis pontificiae sive Codex Carolinus juxta auto-
    graphum viadobonense. 2 Bde. 1760 sq.
Chronicon moissiacense. Pertz M. G. Scr. 1. 280 sqq.
Continuatum Fredegarii Chronicon (Cont. Fred.) bei Bouquet II. 419 sqq
Coustant, Epistolae Romanorum Pontificum etc. 1721.

Dahn, Die Könige der Germanen. 6 Bde. 1861 ff.
Damberger, Synchronistische Geschichte der Kirche und Welt im Mittelalter. 1850 ff.

Döllinger, Das Kaisertum Karls des Großen. Im Münchener Historischen Jahr-
    buch 1865. S. 299 ff.
    „   , Kirche und Kirchen, Papsttum und Kirchenstaat 1861.
    „   , Lehrbuch der Kirchengeschichte. 2 Bde. 1836 ff.
    „   , Die Papstfabeln des Mittelalters. 1863.
Duchesne, Le liber pontificalis. Tom. I. 1886 f. Tom. II. pages I à 200. 1888.
Dümmler, Auxilius und Vulgarius. 1866.
    „   , Gesta Berengarii imperatoris. 1871.
    „   , Geschichte des ostfränkischen Reiches 2. Aufl. 2 Bde. (bis 876 reichend). 1887.
        Von der ersten Auflage wurde besonders der II. Band benützt.
Einhardi Vita. Scr. II. 426 sqq.
Ekkehardi Uraugiensis Chronica. Scr. VI. 1 sqq.

Ferraris, Prompta Bibliotheca canonica etc.
Ficker, Forschungen zur Reichs= und Rechtsgeschichte. 1868 ff.
Floß, Die Papstwahl unter den Ottonen 1858.
Forschungen zur deutschen Geschichte.
Fredegarii chronicon bei Bouquet II. 417 sqq.
    „   „   continuatum bei Bouquet II. 449 sqq.
Jnul, Lehrbuch der Kirchengeschichte. 1886.
    „   , Das Papstwahldekret in c. 28. Dist. 63. Im Historischen Jahrbuch IX.
        (1888) 284 ff.

Gasquet, L'Empire Byzantin et la Monarchie Franque. Paris. 1888.
Gfrörer, Geschichte der ost= und westfränkischen Karolinger vom Tode Ludwigs des
    Frommen bis zum Tode Konrads I. 2 Bde. 1858.
Giesebrecht, Geschichte der deutschen Kaiserzeit. 4. Aufl. 1873 ff. 5. Aufl. 1881 ff.
Gieseler, Lehrbuch der Kirchengeschichte 1844.
Gonzalez de Tellez, Comment. perpet. in V libr. Decret Gregor. IX. 4 Vol. 1673.
Grauberath, Die Papstwahl. Zu den „Stimmen aus Maria Laach." VI. 401 ff.
    VII. 139 ff.
    „   , Die Regierungen und die Papstwahl. Ebb. VIII. 36. 41. 180.
    386. IX. 117.
Grashof, Der Patriciat der deutschen Kaiser nach seiner Bedeutung und Geschichte.
    Im Archiv für katholisches Kirchenrecht. XXXXI. 1878 (Bd. 35 der
    N. F.) 193 ff. XXXXII. 1879 (Bd. 36 der N. F.) 209. 305.
Grauert, Das Dekret Nikolaus' II. von 1059. Im Historischen Jahrbuch I. (1880).
    502 ff.
Gregorovius, Geschichte der Stadt Rom im Mittelalter. 8 Bde. 3. Aufl. 1875 ff.
Gröne, Die Papstgeschichte. 2 Bde. 2. Aufl. 1875.

Hahn, Jahrbücher des fränkischen Reichs 741—752. 1863.
Hardouin, Conciliorum collectio etc., 11 tomi. 1715.
Hefele, Konziliengeschichte. 7 Bde. 2. Aufl. 1873 ff.
    „   , Beiträge zur Kirchengeschichte, Archäologie und Liturgik. 2 Bde. 1865.
Hegel, Geschichte der Städteverfassung von Italien. 1847.
Hergenröther, Handbuch der allgemeinen Kirchengeschichte. 3 Bde. 3. Aufl. 1887.
Herzog, Abriß der Kirchengeschichte. 3 Bde. 1876—82.
Hinschius, Das Kirchenrecht der Katholiken und Protestanten. 4 T. 1869 ff.

Jaffé, Bibliotheca rerum germanicarum. 6 Bde. 1864 sqq. Deren IV. Band
  bildet der Codex Carolinus.
„ , Regesta pontificum romanorum. Ed. alt. curav. Loewenfeld, Kalten-
  brunner, Ewald. 1885 sqq.
Kirchenlexikon von Wetzer und Welte. 2. Aufl. 1882 ff.
Kohl, Zehn Jahre oftgothischer Geschichte (526—534). 1877.
Kraus, Lehrbuch der Kirchengeschichte für Studirende. 3. Aufl. 1887.
Lämmer, Papst Nikolaus I. und die byzantinische Staatskirche feiner Zeit. 1857.
Leibniz, Annales imperii occidentis ed. Pertz. 3 Bde. 1843 ff.   —
Leo, Vorlesungen über die Geschichte des deutschen Volkes und Reiches. 5 Bde. 1854 ff.
Libellus de imperatoria potestate in Urbe Roma. Scr. III. 719 sqq.
Lorenz, Papstwahl und Kaisertum. 1874.
Lipsius, Chronologie der römischen Bischöfe. 1869.
Luden, Geschichte des teutschen Volkes. 12 Bde. 1825 ff.
Luidprandi Antapodosis. Bei Pertz, Mon. Germ. V. 264 sqq.

Mabillon, De re diplomatica libri sex. 1681. Suppl. 1704.   ‑
„ , Annales ordinis s. Benedicti. 6 Bde. 1703 sqq.
Malfatti, Jmperatori e papi ai tempi della signoria dei Franchi in Italia.
  2 Bde. 1876.
Mansi, Sacrorum conciliorum nova et amplissima collectio.
Martens, Die Römische Frage unter Pippin und Karl dem Großen 1881.
Meyer Wilh., Epistolae imperatorum romanorum ex collectione canonum
  Avellana. Gottingae 1888.
Migne, Patrologiae cursus completus. Series latina.
Monumenta Germaniae historica.
Mühlbacher, f. Böhmer.
Muratori, Annali d'Italia. 12 Bde. 1744 ff.
„ , Rerum italicarum scriptores. 25 Bde. 1723 ff.

Natalis Alexandri Historia ecclesiastica. Ed. Roncaglia. 9 fol. 1734.
Niehues, Die Wahlbefrete Stephans III. und Stephans IV. Im Historischen Jahrbuch I (1880) 141 ff.
„ , Geschichte des Verhältnisses zwischen Kaisertum und Papstum im Mittelalter. 2. Aufl. 2 Bde. 1877. 1887.

Ölsner, Jahrbücher des fränkischen Reichs unter König Pippin. 1871.

Pagi, Critica ad Baronii annales.
Papencordt, Geschichte der Stadt Rom im Mittelalter. 1857.
Pauli diaconi historia Longobardorum bei Muratori, Rer. ital. scr. I. Im
  Auszuge bei Bouquet II.
„   „   gesta episcoporum mettensium. Pertz M. G. Scr. II. 260 sqq.
Phillips, Kirchenrecht. 7 Bde. 1857 ff.
Poëtae Saxonis Annales etc. Scr. I. 225 sqq. Migne XCIX. 683 sqq. Jaffé,
  Bibl. IV. 502 sqq.

Rabe, Damasus, Bischof von Rom. 1882.
Reginonis chronicon. Bei Pertz M. G. Scr. I. 527 sqq.

X

Rettberg, Kirchengeschichte Deutschlands. 2 Bbe. 1846—48.

Renmont, Geschichte der Stadt Rom. 3 Bbe. 1867 ff.

Richter, Annalen des fränkischen Reichs im Zeitalter der Merovinger. 1873.

„ und Kohl, Annalen des fränkischen Reichs im Zeitalter der Karolinger. 1885 (citiert mit „Richter II.").

Rozière, Liber diurnus. 1869.

Scheffer-Brichorst, Pippins und Karls des Großen Schenkungsversprechen. In den Mitteilungen des Instituts für Österreichische Geschichtsforschung V. (1885). 193 ff.

Schröch, Kirchengeschichte. 45 Bbe. 1768—1812.

Schröbl, Geschichte der Päpste und der römischen Kirche in den ersten drei Jahrhunderten. 1873.

Sickel, Acta regum et imperatorum Karolinorum. 2 Bbe. 1867 f.

„ , Beiträge zur Diplomatik. I—VIII. 1861 ff.

„ , Das Privilegium Ottos I. für die römische Kirche vom Jahre 962. 1883.

Silbernagl, Lehrbuch des katholischen Kirchenrechts ꝛc. 1880.

Simson, Jahrbücher des fränkischen Reichs unter Ludwig dem Frommen. 2 Bbe. 1874—76.

Staubenmaier, Geschichte der Bischofswahlen. 1830.

Thegani de gestis Ludovici Pii. Scr. II. 585 sqq.

Theiner, Codex diplomaticus dominii temporalis s. Sedis. 1861.

Thiel, Epistolae Roman. Pontif. a s. Hilario usque ad Pelagium II.

Thijm, Karl der Große. 1868.

Thomassin, Ancienne et nouvelle discipline de l'eglise touchant les benefices. 3 Tom. 1678. 1725.

Vignoli, Liber pontificalis seu de gestis romanorum pontificum. 3 Bbe. 1724 sqq.

Vita Hludowici. Scr. II. 604 sqq.

Vita Walae bei Mabillon, Annales etc. IV. 1,445 sqq. Im Auszuge Scr. II. 533 sqq.

Waitz, Deutsche Verfassungsgeschichte. 8 Bbe. Vornehmlich III. Bb. in 2. Auflage.

Wasserschleben, Beiträge zur Geschichte der vorgratianischen Rechtsquellen.

Wattenbach, Deutschlands Geschichtsquellen im Mittelalter. 2 Bbe. 5. Aufl. 1885 f.

Watterich, Pontificum Romanorum vitao. 2 voll. 1862 ff.

Weiland, Das angebliche Wahldekret des Papstes Stephan IV. In der Zeitschrift für Kirchenrecht XIX. (N. F. IV. 1883). 85 ff.

Wenck, Das fränkische Reich nach dem Vertrage von Verdun 1851.

Zöpffel, Die Papstwahlen und die mit ihnen im nächsten Zusammenhange stehenden Ceremonien in ihrer Entwicklung vom eilften bis vierzehnten Jahrhundert. 1872.

Einleitung.

Die Besetzung des päpstlichen Stuhles bis auf die Karolingerzeit.

Es ist erklärlich, daß in den drei ersten Jahrhunderten der Kirche die Papstwahlen ohne Einfluß der weltlichen Macht stattgefunden haben. Damals vollzog sich in jenen ehrwürdigen unterirdischen Gängen, in welchen sich die Christen zum Gottesdienste versammelten, auch die Wahl des Oberhauptes der Kirche, also im Schoße der römischen Gemeinde, welche der neue Papst zu leiten und an deren Spitze er dem Martyrtod entgegenzusehen hatte. Oft genug waren die Verfolgungen Ursache, daß der päpstliche Stuhl längere Zeit hindurch unbesetzt blieb. So nach dem Tode Fabians (250) achtzehn Monate, nach jenem Lucius' I. (254) zwei Monate, nach jenem Sixtus' II. (258) ein Jahr, nach jenem Marcellins (304) drei bis vier Jahre.

Daß an der Wahl des römischen Bischofs nicht nur der Klerus,[1] sondern auch die Laien der römischen Gemeinde Anteil hatten, berichten uns ausdrücklich die Quellen. Zwar besitzen wir nur über die Erhebung zweier Päpste nähere Nachrichten, über jene des hl. Fabianus, der, als die römische Gemeinde zur Wahl eines Bischofs versammelt war, in wunderbarer Weise die Wahl auf sich lenkte: es erschien, nachdem bereits mehrere ausgezeichnete Männer vorgeschlagen waren, plötzlich über dem Haupte Fabians eine Taube:[2] und über jene seines Nach-

---

[1] So nahm Phillips an (V. 739 f) und vor ihm Massareli in seinem Werke De modis seu formis per diversa tempora observatis in electione Pontificum Maximorum c. 9 (bei Ang. Mai, Spicilegium Rom. IX. 518).

[2] Vgl. die Kirchengeschichte des Eusebius VI. 29. Ed. Hartel p. 629.

folgers Kornelius, über bessen Wahl der hl. Cyprian,[1] um die An=
maßungen des Eindringlings Novatian[2] in ihrem rechten Lichte zu
zeigen, hervorhebt:

„Er wurde Bischof nach Gottes und Christi Vorschrift, durch
das Zeugnis beinahe aller Kleriker, durch das Suffragium
des anwesenden Volkes, durch das Kollegium der alten
und guten Presbyter; er wurde Bischof, da noch kein anderer vor
ihm zum Bischof gewählt worden war, da der Platz Fabians, d. h. der
Platz Petri und die bischöfliche Kathedra erledigt war, nach deren dem
Willen Gottes gemäß vollzogenen und durch unsere[3] allgemeine Ueber=
einstimmung bestätigten Besetzung jeder andere, der noch Bischof werden
wollte, außerhalb der Kirche stehen muß."

Indes ergibt sich aus diesen beiden Berichten zur Genüge, daß
die Laien für gewöhnlich einen Anteil an der Papstwahl hatten,[4]
wie auch sonst die Bischöfe allerorten vom Klerus und den Laien gemein=
sam gewählt wurden. Ein Zweifel bleibt nur darüber bestehen, von
welcher Art die Anteilnahme der Laien gewesen ist. Die Geschichts=
forscher gehen in ihrem Urteile hierüber auseinander. Während eine
Meinung dafür hält, daß die eigentliche Wahl vom Klerus vollzogen
wurde und den Laien ein bloßes, völlig irrelevantes Akklamations=
recht zuzuweisen sei, erachtet es eine andere[5] für wahrscheinlicher, daß
die Besetzung des päpstlichen Stuhles durch den Klerus und die Laien
in gemeinsamer Wahlverhandlung vollzogen wurde. Eine dritte
Meinung endlich, welche uns am wahrscheinlichsten dünkt, geht dahin,
daß der Klerus den Kandidaten ausgewählt und in Vorschlag gebracht,
die Laien aber ihre Zustimmung hiezu erteilt hätten.[6]

---

[1] Ep. 55. ad Antonian. (bei Constant 164). Cf. 5. C. 7. Qu. 1.
[2] Ueber Hippolyt vgl. Döllinger, Hippolytus und Kallistus SS. 100
bis 103. 123 f. 196. B. Jungmann, Diss. sel. in Hist. Eccl. I. 179 sq. Ratho=
lik 1881, 2. Hälfte, Bd. XXXXVI. 592 ff. Innsbrucker Zeitschrift für kath.
Theologie 1878, 505 ff. Kirchenlexikon II. 1695 ff.
[3] D. i. der Bischöfe. Es waren damals 16 Bischöfe, darunter zwei aus
Afrika, in Rom gegenwärtig.
[4] Also auch von Anfang an; Phillips meint (V. 743), erst mit der
Zeit sei den Laien ein solcher Anteil an den Papstwahlen zugewiesen worden. Er
sagt: „Sobald einmal in die Wahlen solche Zerwürfnisse (wie durch Hippolyt) hinein=
kamen, mußte um so mehr ein besonderes Gewicht darauf gelegt werden, wenn bei
einer Wahl . . . auch das Volk derselben zugestimmt hatte."
[5] Derselben huldigen Mabillon, Comm. praev. in ordin. Rom. c. 17
(Museum Italicum c. CIX) und Berardi, Comm. in lib. I. et II. decret. diss.
2. c. 5. Vgl. Hinschius I. 217.
[6] Vgl. Silbernagl 179. Funk 42. Phillips V. 741. Daß auch die
Rom benachbarten Bischöfe an der Wahl sich beteiligten, wird allgemein angenommen.

Auch als die römischen Kaiser das Christentum angenommen hatten, wurden die Päpste wie bisher vom Klerus und den
Laien gewählt. Doch welches war die Stellung, welche nunmehr die
staatliche Macht zur Besetzung des päpstlichen Stuhles einnahm?

Gewöhnlich nennt man den arianischen Kaiser Konstantius als
denjenigen, der sich den ersten unberechtigten Eingriff in die freie Besetzung des apostolischen Stuhles erlaubte, indem er im Jahre 355 den
Papst Liberius, den Verteidiger der katholischen Lehre, vertrieb und
Felix II. als Gegenpapst eingesetzt haben soll,[1] und man bezeichnete
diesen Akt als „cäsareopapistischen Gewaltakt".[2] Indes steht es historisch
fest, daß der römische Klerus selbst dem eidlich gegebenen Versprechen,
bei Lebzeiten des Liberius keinen anderen Papst einzusetzen, untreu
wurde[3] und eine Neuwahl vornahm, der gegenüber sich der Kaiser freilich,
weil sie seinen Interessen diente, sympathisch verhalten mußte.[4]

Nach Liberius' Tod (366) erfolgte eine zwiespältige Wahl.
Die einen der Wähler erklärten sich für Damasus, die anderen für
Ursinus.[5] Dies gab dem Pöbel[6] Veranlassung, die heftigsten Unruhen
in Rom zu erregen; selbst Blut floß an heiliger Stätte. Durch die
vom Stadtpräfekten Juventius verfügte Verbannung des Ursinus und
zweier seiner Genossen wurde die Ruhe wieder hergestellt. Der Kaiser
Valentinian II. begnadigte zwar die Verbannten, jedoch mit der Erklärung,
„daß die Strafe, welche Ursin und seine Genossen als die Urheber des
Tumultes in Kirche und Stadt getroffen, eine gerechte war. Wenn aber
die Heimgekehrten unruhigen Geistes zum zweiten Male den Frieden
stören sollten, haben sie die strengste Strafe zu erwarten. Denn Rück-
fällige verdienen keine Verzeihung."[7]

---

[1] Cf. Baron. ad ann. 355.
[2] Granderath VIII. 41. Funk in einer Besprechung des Buches von Lorenz
(Theologische Quartalschrift 1875, 333). Vgl. Hinschius I. 218. N. 4.
[3] Cf. Hieron. Chron. ad ann. 352. Ebenso berichtet der Libellus precum
des Faustinus und Marzellin. Anders Döllinger, Papstfabeln 106. Gröne I. 93.
[4] Knöpfler im Kirchenlexikon IV. 1315 f.
[5] Die Quellen zum Streite zwischen Damasus und Ursinus f. bei
Reumont I. 812 (Note zu Seite 671). Dazu Rade 11—20. 28 f. und Grisar,
Innsbrucker Zeitschrift für kath. Theologie 1884, 192 f.
[6] Ungerechtfertigt ist es, wie Rade 12, 14, 52 u. f. f. es thut, die Schuld
an den Greuelscenen dem Damasus zuzuschreiben. Vgl. Amm. Marcell. l. 27. c. 3.
Grisar 193. Doch auch H. Richter, das weströmische Reich besonders unter den
Kaisern Gratian, Valentinian II. und Maximus, ist von Gehässigkeiten nicht frei.
Vgl. 335 f. 388. 341.
[7] Cf. Baron. ad ann. 368 n. 4.

1*

Als hierauf zum zweiten Male die Ruhe in Rom gestört wurde, verfügte der Kaiser von neuem die Ausweisung des Ursinus.[1] Die Einmischung der weltlichen Macht in den Streit der Parteien war sonach durch äußere Umstände, die erfolgte Störung des öffentlichen Friedens, veranlaßt. Dieselbe mußte sich, war ihr an der öffentlichen Ordnung etwas gelegen, für einen der beiden Prätendenten entscheiden, und sie that dieses erst, nachdem die Wahl selbst längst vorüber war und nicht ohne genaue Prüfung der Sachlage. Auch Rade gesteht zu, „daß Valentinian sehr wohl unterrichtet war" (S. 16), um so mehr war es der römische Stadtpräfekt, der das erste Mal die Ausweisung des Ursinus verfügt hatte.

Doch Ursinus ruhte nur so lange, als Damasus am Leben blieb. Nach dessen Tod suchte er wiederum auf den bischöflichen Stuhl von Rom zu gelangen. Mit welchem Erfolge, ersehen wir aus dem Schreiben,[2] welches Valentinian nach der Wahl des Papstes Siricius (385) an den Stadtpräfekten Pinian richtete: „Daß das Volk der ewigen Stadt sich der Eintracht erfreue und den besten Bischof erwähle, halten wir recht eigentlich für des römischen Volkes Beruf und wir wünschen unseren Zeiten dazu Glück. Weil sie demnach den frommen Siricius, einen Mann von heiligem Lebenswandel, so an die Spitze des Priestertums stellen wollten, daß sie zugleich den Ursinus als schlecht durch Zurufe verwarfen, so bleibe er zu unserer Freude Bischof; denn es ist ein großes Zeichen der Unschuld und Rechtschaffenheit, daß er in Einem Zurufe erwählt, die anderen aber verworfen wurden."

Hier erklärt der Kaiser mit deutlichen Worten, daß des römischen Volkes Wahl dafür entscheidend ist, wer Papst sein soll. Doch betrachtet sich der Kaiser, wie er schon beim letzten Besetzungsfalle den Streit geschlichtet, so auch nunmehr, da die Wahl des Siricius fast einstimmig erfolgt ist, zu einer Entscheidung berechtigt: „Siricius soll (zu unserer Freude) Bischof bleiben; die Ansprüche des Ursinus erkläre ich für ungerechtfertigt."

Nach dem Tode des Papstes Zosimus wurde am 28. Dezember 418 der hochbejahrte Bonifatius gewählt und tags darauf konsekriert. Doch gleich nach den Exequien des verstorbenen Papstes am 27. Dezember hatte sich der Archidiakon Eulalius mit einer Volksmenge nach dem Lateran begeben, sich dort zum Papst wählen und Sonntags darauf durch den mit Gewalt herbeigeschleppten Bischof von Ostia weihen lassen. Als hierauf der Stadtpräfekt Symmachus, der ein Heide war, zu Gunsten

---

[1] Ib n. 3. Das Edikt ist vom 12. Januar 368 zu datieren. Rade 16 f.
[2] Bei Constant 639. Baron. ad ann. 385 n. 5–6.

des Eulalius an den Kaiser Honorius berichtete, erschien unterm
3. Januar 419 ein kaiserliches Edikt, welches den Eulalius als
Papst bestätigte; sollte sich Bonifatius nicht fügen, werde er aus
der Stadt vertrieben. Doch als der Kaiser einen wahrheitsgetreuen
Bericht des römischen Klerus über die Vorgänge bei der Papstwahl
erhielt, nahm er sein Edikt zurück, lud beide Parteien vor eine Synode
zu Ravenna (8. Februar), und als hier keine Einigung erzielt wurde,
auf eine zweite nach Spoleto. Bis dahin sollten beide Prätendenten
Rom ferne bleiben. Als Eulalius trotzdem eigenmächtig in die Stadt
zurückkehrte, erklärte der Kaiser am 3. April den Bonifatius als recht=
mäßigen Papst und gab Symmachus den Auftrag, denselben unverzüg=
lich in Rom einzuführen, seinen Gegner aber von dort zu entfernen.[1]

Auch Kaiser Honorius war weit entfernt, das Ergebnis der Wahl
alterieren zu wollen. Dieses Ergebnis galt ihm vielmehr als judicium
Dei, als sententia divina, und er gibt dieser Auffassung in seinem
Reskripte vom 19. Januar 419 klaren Ausdruck. Doch er hält sich be=
rechtigt zur Entscheidung über Recht und Unrecht in dieser Doppelwahl,
berechtigt Synoden zu berufen, und fällt schließlich, durch das heraus=
fordernde Benehmen des Eulalius auch von seinem Unrecht überzeugt,
das Urteil. Ja, er erläßt sogar auf Bonifatius' Veranlassung im
Jahre 420 ein Edikt, wonach bei Erledigung des päpstlichen Stuhles
keine ehrgeizigen Bestrebungen stattfinden sollen; falls aber desungeachtet
eine zwiespältige Wahl erfolge, solle keiner der Gewählten den apostolischen
Stuhl einnehmen, sondern der, welcher infolge einer neuen Wahl
durch göttliches Urteil und allgemeine Zustimmung berufen werde.[2]

Wie verhielten sich nach dem Untergange des weströmischen Kaiser=
tums die ostgothischen Könige zur Besetzung des päpstlichen Stuhles?
Thatsache ist,[3] daß nach dem Tode des Papstes Simplicius (483), als
sich Senat, Klerus und Volk von Rom in der Peterskirche zur Wahl
versammelt hatten, der von Odoaker mit der Prätorialpräfektur betraute
Cäcina Basilius in der Wahlversammlung erschien und namens des

---

[1] Cf. Baron. ad ann. 418 et 419. Coustant I. 1005—1052. Mansi IV.
387 sqq. Migne PP. lat. XX. Gröne I. 116 f. Riehues I. 390 ff. Thiel im
Kirchenlexikon II. 1031 f. Duchesne I. 228. Meyer 6—12. 15 ff. Gegenüber der
schiefen Darstellung bei Lorenz (14 f.) vgl. Funk in der Tübinger Quartalschrift
1875, 334 f. und Zöpffel in Sybels Historischer Zeitschrift N. F. I. 125 f.
[2] c. 2. D. XCVII. Gratian will dieser Bestimmung als von einem Laien
herrührend keine verbindliche Kraft beilegen; vgl. dagegen Hinschius I. 218 N. 3.
[3] Cf. Thiel I. 685. Mansi VIII. 265. Hardouin III. 977. C. 1. § 1.
Dist. XCVI. Baron. ad ann. 483 n. 11. Hinschius I. 218. N. 5. Riehues I.
344 f. Schnürer im Historischen Jahrbuch IX (1888) 255 ff.

Königs [1]) erinnerte: „Ihm habe der Papst den dringendsten Auftrag erteilt, wegen der Lage der Kirche zu sorgen, daß, wenn er aus dem Leben scheiden sollte, nicht ohne seine Beratung ein Nachfolger gewählt werde." [2]) Und er ruft die Versammlung selbst als Zeugen hiefür an. Sonach will wegen der augenblicklichen Lage der Kirche für den nächsten Besetzungsfall des apostolischen Stuhles der Papst selbst die weltliche Macht zur Beratung gezogen wissen. [3]) Wir hören nicht, daß die Versammlung gegen das Ansinnen des Präfekten Widerspruch erhoben hätte oder daß die Wahl zwiespältig verlaufen wäre.

Letzteres läßt sich jedoch von der nach dem Tode des Papstes Anastasius (19. November 498) erfolgten Wahl nicht behaupten. Dem Diakon Symmachus ward vielmehr in der Person des Laurentius, eines Priesters der römischen Kirche, ein Kandidat gegenübergestellt, und als sich die Parteien nicht einigen konnten, übertrugen sie die Entscheidung dem arianischen König Theodorich. „. . . Hoc constituerunt partes, ut ambo ad Ravennam pergerent ad judicium Theodorici," sagt der Liber pontificalis. [4]) Zu Ravenna fällte sodann, wie dieselbe Quelle berichtet, Theodorich das Urteil, „daß wer zuerst geweiht worden sei oder den größeren Anhang auf seiner Seite habe, Papst sein solle." „Quod tandem aequitas in Symmacho invenit cognitionem veritatis. Et factus est praesul Symmachus." [5])

Doch nur einige Jahre regierte Symmachus in Frieden. Wiederholt wandten sich die Laurentianer mit Klagen gegen ihn an den König und als sie ihn beschuldigten, Ostern des Jahres 501 nicht mit der allgemeinen Christenheit gefeiert zu haben, forderte Theodorich den Papst auf, zur Verantwortung an seinen Hof nach Ravenna zu kommen. Die weiteren Vorfälle, besonders die Geschichte der Synode, welche Theodorich im Einverständnisse mit Senat und Klerus auf das Jahr 502 nach Rom berief, können hier nicht in extenso gegeben werden, so sehr sie auch

---

[1]) Anders Schnürer a. a. O. 256.

[2]) „. . . admonitione beatissimi viri papae nostri Simplicii . . . hoc nobis meministis sub obtestatione fuisse mandatum, ut propter illum strepitum et venerabilis ecclesiae detrimentum, si eum de hac luce transire contigerit, non sine nostra consultatione cuiusquam celebretur electio."

[3]) Gegen Dahn, Könige der Germanen III. 203 und Hiuschius a. a. O. vgl. Granderath VIII. 41 ff.

[4]) Duchesne 1. 260. Hiezu vgl. die Noten 263 sqq. Bei Vignoli I. 172. 174. Thiel I. 639. Papencorbt 29. Gröne 1. 172 ff. Phillips V. 747. Hinschius I. 218. Reumont II. 38. Riehues I. 352 ff. Granderath VIII. 44 ff. Müller im Kirchenlexikon V. 859.

[5]) Lib. pontific. ib.

die damalige Stellung des Papstes zur staatlichen Macht beleuchten
würden. [1])

Nur soll angeführt werden, daß der Papst, der in der ersten
Sitzung der Synode als Angeklagter erschien, auch seinerseits das Konzil
als ein rechtskräftiges anerkannte, jedoch das Verlangen stellte, daß
Bischof Petrus von Altino, den der König als „Visitator der römischen
Kirche" aufgestellt hatte, abtrete und er selbst in den vollen Besitz seiner
Rechte und Würde gelange. Mit diesem Ansinnen des Papstes war
zwar die Majorität der auf der Synode versammelten Bischöfe einverstanden, aber man wagte nicht, ohne Genehmigung des Königs
einen Beschluß zu fassen. Es wurden Gesandte an Theoborich ab-
geschickt, der jedoch befahl, Symmachus müsse ohne vorausgegangene
Rehabilitation seinen Gegnern Rede stehen. [2]) Als hierauf die Bischöfe
baten, das Konzil nach Ravenna zu verlegen, billigte dieses der König
nicht, ordnete vielmehr ad Kalendas Septembrium diem eine neue
Sitzung an. Durch Reskript vom 27. August stellte er es sodann den
Bischöfen anheim, ob sie in der bevorstehenden zweiten Sitzung die
Anklagen gegen den Papst untersuchen wollten; sie sollten nur vor allen
Dingen der Zwietracht ein Ende machen und dem in zwei Lager ge-
teilten Rom den Frieden wieder geben.

Als der Papst auf dem Wege zur Synode mißhandelt wurde,
weigerte er sich, ferners vor derselben zu erscheinen; er lege seine Sache
in die Hände Gottes und des Königs. So verstrich die zweite Sitzung
resultatlos, desgleichen eine dritte, auf welcher die Bischöfe erklärten,
den Papst weder wider seinen Willen vor Gericht zwingen, noch denselben in seiner Abwesenheit verurteilen zu können. So sei der Synode
nichts übrig geblieben, als dem Wunsche des Königs gemäß dem Klerus
und Senate Versöhnung anzubieten. Damit sei ihre Aufgabe erfüllt
und sie bitten, nach Hause entlassen zu werden.

Darauf entschied der König unterm 1. Oktober, die Bischöfe hätten
von seiten des Königs vollkommen freie Hand; sie sollten nur endlich
einmal sive discussa sive indiscussa causa zu irgend einem Entscheide
kommen, damit die Wirren und gegenseitigen Anfeindungen ein Ende
nähmen. So kam es, daß in der vierten Sitzung sub die X. Kal. Nov.

---

[1]) Vgl. über diese Synode Thiel l. c. Duchesne I. 264 u. 10. Dann Friedr.
Vogel, die römische Kirchensynode vom Jahre 502. In Sybels Historischer Zeitschrift L. (1883) 400 ff. Ferners Fritz Stöber, Quellenstudien zum Laurentianischen
Schisma (498—514) in den Sitzungsberichten der phil.-hist. Klasse der k. Akademie
der Wissenschaften zu Wien CXII. (1886) 269 ff. Schnürer im Historischen Jahrbuch IX (1888) 273 ff.

[2]) Act. c. 3. et 4.

der Papst, ohne daß die Anklagen gegen ihn weiters untersucht wurden, wieder rehabilitiert wurde. In der fünften Sitzung, vierzehn Tage später, führte der Papst bereits wieder den Vorsitz. Er sprach den Bischöfen hier seinen Dank aus und lobte sie für ihre würdige Haltung. — Bekannt ist, daß König Theodorich, wahrscheinlich durch ein von Kaiser Justin im Jahre 523 erlassenes Edikt, welches die Verfolgung der Arianer predigte, gereizt, gegen Ende seines Lebens mit offenem Unrecht gegen die Kirche verfuhr. Er ließ nicht nur den Papst Johannes I. in den Kerker werfen, sondern setzte auch nach dessen Tod (526) eigenmächtig Felix IV. auf den apostolischen Stuhl.[1] Klerus und Volk gehorchten dem Befehle des gefürchteten Königs ohne Widerspruch. Deshalb wurden sie nach einem uns von Cassiodor überlieferten Briefe[2] von Theodorichs Nachfolger gelobt. Aus demselben erfahren wir zugleich, daß Felix ein Mann von vorzüglichen Eigenschaften war. Das interessante Schreiben lautet:

Senatui urbis Romae Athalaricus rex.

„Gratissimum nostro profitemur animo quod gloriosi domni avi nostri respondistis in episcopatus electione judicio. Oportebat enim arbitrio boni principis oboediri, qui sapienti deliberatione pertractans, quamvis in aliena religione, talem visus est pontificem delegisse ut nulli merito debeat displicere; ut agnoscatis illum hoc optasse praecipue quatenus bonis sacerdotibus ecclesiarum omnium religio pullularet. Recepistis itaque virum et divina gratia probabiliter institutum et regali examinatione laudatum. ⎸Nullus adhuc pristina contentione teneatur: pudorem non habet victi cuius votum contingit a principe superari. Ille quinimo suum efficit qui eum sub puritate dilexerit. Nam quae sit causa doloris, quando hoc et in isto reperit quod alteri in partem ductus optaverit? Civica sunt ista certamina, pugna sine ferro, rixa sine odio; clamoribus, non doloribus res ista peragitur. Nam etsi persona submota sit, nihil tamen a fidelibus amittitur, cum optatum sacerdotium possidetur. Quapropter redeunte legato vestro, illustri viro Publiano, rationabile duximus ad coetum vestrum salutationis apices destinare. Magna enim jucunditate perfruimur quoties cum nostris proceribus verba

---

[1] Dieses bezeugt der Liber pontificalis in seiner einen Version, dem Cononianus, dem sich hier auch Duchesne (I. 107) anschließt, und zwar mit Recht (vgl. Ewald 418). Dasselbe bezeugt Cassiodor. Varia VIII. 15. Vgl. Staubenmaier 66. Gröne I. 132. 186. Hinschius I. 219. Tahn III. 238 f. Kohl 20. Riehues I. 362. Knöpfler im Kirchenlexikon IV. 1318.

[2] Cf Duchesne I. 280.

miscemus. Et hoc quoque suavissimum vobis minime dubitamus
si, quod illius fecistis imperio, nobis etiam cognoscitis esse gra-
tiosum."

Nach Felix des IV. Tod (September 530) verlief die Papstwahl
zwiespältig.[1]) Der sterbende Papst hatte, wahrscheinlich um die mit
einer Neuwahl verbundenen Kosten wegen der ungünstigen Finanzlage
des apostolischen Stuhles (diese hebt er nämlich am Beginne seines
Schreibens hervor) zu ersparen, an „seine geliebten Brüder und Söhne,
die Bischöfe, Priester, Diakonen und den gesamten Klerus, Senat und
Volk" ein Schreiben gerichtet, in dem er dem Wunsche Ausdruck gab,
den Archidiakon Bonifatius zu seinem Nachfolger zu erhalten. Wie der
Papst selbst in demselben erwähnt, teilte er diesen seinen Wunsch auch
den „domnis et filiis nostris regnantibus" mit, worunter Amalasuntha,
Theoborichs Tochter, welche an ihres Sohnes Stelle die Regierung
führte, zu verstehen sein dürfte.[2]) Dieses Schreiben des Papstes veranlaßte nach zwei Seiten hin einen Widerstand. Nicht nur, daß ein
Teil des Klerus, wohl der römisch-griechischen Partei, bei der am
dritten Tage nach dem Tode des Papstes erfolgten Neuwahl, ohne den
Wunsch des sterbenden Papstes zu respektieren, den Diakon Dioskur
erwählte, sobaß ein Schisma entstand, dem nur durch den rasch erfolgten
Tod Dioskurs ein Ende gemacht wurde; auch der römische Senat
erhob sich gegen den Wunsch des Papstes, indem er eine feierliche Erklärung (contestatio) an die Geistlichkeit Roms erließ, des Inhalts:

„ut quicumque vivo papa de alterius ordinatione tractaverit,
vel quicquam acceperit, tractantique consenserit, facultatis suae
medietatem multetur fisci viribus applicandam. Is vero qui tam
improbum ambitum habuisse fuerit convictus bonis omnibus amissis,
in exilio se noverit esse pellendum. Atque ideo his agnitis ab
omni inhibito studio vos convenit amoveri."

So war es also noch in so später Zeit der römische Senat, der
sich gegen die vom Papste selbst in etwa bedrohte Freiheit der Papstwahl erhob und, was für die Kompetenz dieser Behörde zu jener Zeit
besonders merkwürdig ist, sogar den Zuwiderhandelnden mit hoher Strafe

---

[1]) Vgl. hier die von Amelli in der Kapitelbibliothek in Novara Ms. XXX,
66 saec. X. XI. gefundenen Akten, mitgeteilt in La scuola cattolica Ann. XI. Vol.
XXI., verbessert von Duchesne in den Mélanges d'archéologie et d'histoire
(1883 Mai), endlich von Ewald im Neuen Archiv der Gesellschaft für ältere deutsche
Geschichtskunde X. 413 ff. Vgl. hiezu Mommsen, Ueber die Akten zum Schisma 2c.
ebb. 581 ff.

[2]) So Ewald 416, während Duchesne I. 255 darunter Justinian und Theodora
verstanden wissen will.

bebrohte. Drei Jahre später war es König Athalarich selbst, der an den Papst Johann II. schrieb, er habe gehört, welche Erpressungen bei der Papstwahl von 532 stattgefunden haben, und dann im Anschluß an die Senatsdekrete zur Zeit des allerheiligsten Bonifatius folgendes verordnete:

„Wer bei der Erlangung der bischöflichen Würde entweder in eigener Person oder durch irgend jemand andern nachweislich ein Versprechen gemacht hat, der . . . soll mit allen Kräften unterbrückt werden. Wer aber überführt ist, daß er mit diesem Verbrechen sich besudelt hat, dem gestatten wir kein Verteidigungsrecht; vielmehr soll ihn die Strafe des Tempelschänders treffen." [1])

Diese Verordnung des Königs, welche sogar in marmorne Tafeln gemeißelt in der Vorhalle der St. Peterskirche aufgestellt wurde, [2]) bildete einen Abschnitt des bekannten Athalarich'schen Dekretes gegen die Simonie überhaupt. In diesem Dekrete war nun auch der Betrag einer bestimmten Abgabe fixiert, welche seitens der Bischöfe des Reiches, also auch des Papstes, bei ihrer Erhebung an das königliche Palatium zu bezahlen war. Freilich dürfte sich aus dem Wortlaute jenes Dekretes ergeben, daß von keinen stehenden Abgaben die Rede ist; [3]) es heißt nämlich: „Und weil alles auf gesetzlichem Wege geregelt werden muß, so bestimmen wir: Wenn etwa über die Weihung des Papstes ein Streit entstehen und das Gezänke der Parteien an unser Palatium kommen sollte, so sollen unsere Beamten bis zu 3000 Solidi inbegriffen die Kanzleigebühren empfangen. In Erwägung der Sache schließen wir jedoch alle begüterten Beamten aus, weil von dem kirchlichen Geschenke mehr für die armen Leute zu sorgen ist." [4]) Weiter heißt es: „Die übrigen Patriarchen aber sollen, wenn über ihre Einsetzung vor unserem Hofe Verhandlungen gepflogen werden, für obengenannte Geschäfte und Personen bis zu 2000 Solidi bezahlen" u. s. f. Gleichwohl ersieht man aus dieser Bestimmung, daß es damals Gepflogenheit war und als etwas ganz Natürliches angesehen wurde, einen bei Gelegenheit einer Wahl ausgebrochenen Zwiespalt zur Entscheidung der staatlichen Macht vorzulegen.

Nicht ohne Belang für die Beurteilung der Frage, welche Stellung die weltliche Macht in der Ostgothenzeit zur Besetzung des apostolischen

---

[1]) Cassiodor. IX. 15. Kohl 23.
[2]) Cassiodor. IX. 16.
[3]) So nimmt auch Stohl an, vgl. S. 27 mit Note 64, wo mit Recht gegen Hinschius I. 219 N. 4 bemerkt wird, daß von der Gewährung einer Ermäßigung nicht die Rede ist.
[4]) Kohl 23. Vgl. Gregorovius I³. 310 N. 2.

Stuhles einnahm, dürfte auch ein Vorgang sein, den uns das Papstbuch selbst — und dieses allein — überliefert hat. [1] Bonifatius II. (530—532), derselbe, den Felix III. zu seinem Nachfolger gewünscht hatte, »congregavit synodum in basilica beati Petri apostoli et fecit constitutum ut sibi successorem ordinaret. Quod constitutum cum cyrographis sacerdotum et jusjurandum ante confessionem beati apostoli Petri in diaconum Vigilium constituit. Eodem tempore, factum iterum synodum, hoc censuerunt sacerdotes omnes propter reverentiam sedis sanctae et quia contra canones fuerat hoc factum et quia culpa eum respiciebat ut successorem sibi constitueret; ipse Bonifatius papa reum se confessus est majestatis, quod in diaconum Vigilium sua subscriptione cyrographi; ante confessionem beati apostoli Petri ipsum constitutum praesentia omnium sacerdotum et cleri et senatus incendio consumpsit.«

»Bonifatius papa reum se confessus est majestatis,« sagt der Liber pontificalis selbst. Es ist gekünstelt, hier an die Majestät Gottes, der Kirche und kirchlichen Gesetze zu denken; die Majestät des Königs ist es vielmehr, welche durch das Vorgehen des Papstes verletzt war, desselben Königs, der sich für befugt erachtete, später sogar jeg= liches Versprechen bezüglich der Erlangung der bischöflichen Würde unter schwerer Strafe zu verbieten und dieses durch marmorne, in der= selben Peterskirche aufgestellte Tafeln den Römern und dem Papste stets vor Augen zu halten.

Wie verhielten sich die byzantinischen Kaiser zur Papstwahl, als sie nach Vernichtung des Ostgothenreiches wieder in Italien zur Herrschaft gelangt waren?

Wir sehen von jeglicher gewaltsamen Besetzung des päpstlichen Stuhles ab. Bekanntlich ward Papst Silverius im März 537 von Belisar abgesetzt und von demselben Feldherrn nach Verabredung mit der Kaiserin Theodora Vigilius (537—555) eingesetzt. Nicht viel anders geschah die Erhebung seines Nachfolgers Pelagius I. (556 bis 561), den zu weihen sich mit Mühe zwei Bischöfe fanden. [2] Als später die Wahl wieder in freier Weise vor sich ging, behielten sich die byzan= tinischen Kaiser dennoch ein Bestätigungsrecht derselben vor, sodaß die Konsekration eines neuerwählten Papstes stets erst nach Eintreffen der kaiserlichen Bestätigung stattfinden durfte.

Nur ausnahmsweise, wie bei der Belagerung Roms durch die Longobarden, wagte man auch »absque jussione principis« zur Kon-

---

[1] Duchesne I. 281. Baron. ad ann. 531. n. 2.
[2] Duchesne I. 303.

fefration zu schreiten. Es ist das Papstbuch selbst, welches diesen Ausdruck gebraucht, wenn es bezüglich der Konsekration Pelagius' II. (579—590) berichtet: »Hic ordinatur absque jussione principis eo quod Langobardi obsederent civitatem Romanam et multa vastatio ab eis in Italia fieret.« [1]

Zugleich mußte bei jeder Neubesetzung des päpstlichen Stuhles eine größere Geldsumme nach Byzanz bezahlt werden.

Einige[2] nehmen nun an, schon Papst Gregor der Große habe gegen jenen Vorbehalt der Byzantiner, wonach die Konsekration eines neugewählten Papstes erst nach erteilter Bestätigung vorgenommen werden durfte, Protest eingelegt. Und zwar soll er dieses gelegentlich der Er=klärung des fünften Bußpsalmes gethan haben, in dem er (die Ächtheit der Stelle zugegeben) sich äußert:

„Die Kirche, welche mit dem Blute des Heilandes erlöst, seinem Willen gemäß frei sein soll, diese sucht er (der Kaiser), die Rechte seiner königlichen Gewalt überschreitend, zur Magd zu erniedrigen. Um wie viel besser wäre es für ihn, sie als seine Herrin anzuerkennen, ihr nach dem Beispiele frommer Fürsten in Ergebenheit zu dienen, und die stolze Herrschergewalt nicht gegen Gott zu wenden, von dem er seine Macht empfangen hat. Denn er ist es, welcher sagt: »Per me reges regnant« (Prov. VIII 15). Soweit aber geht er in seiner rasenden Tollkühnheit, daß er das Haupt aller Kirchen, die Kirche Roms sich unterwirft und bei der Herrin der Völker sein irdisches Herrscherrecht geltend macht, ein Unterfangen, welches derjenige entschieden verbot, welcher dem heiligen Apostel Petrus in besonderer Weise die Kirche anvertraute …"

Das ist allerdings ein recht schmerzlicher Herzenserguß des großen Papstes über die bedrängte Lage der Kirche, jedoch kein eigentlicher Protest gegen jenen Vorbehalt, der nicht einmal mit einer Silbe in der ganzen Stelle Erwähnung findet. Zudem war es gerade dieser Papst, der seiner Erhebung auf den päpstlichen Stuhl dadurch zu entgehen suchte, daß er den Kaiser bat, die auf ihn gefallene Wahl nicht zu bestätigen.[3] Mauritius jedoch, der anstatt des vom römischen Stadtpräfekten aufgefangenen und zerrissenen Briefes Gregors ein anderes Schreiben erhielt, in welchem die Wahl als der allgemeine Volkswille dargestellt wurde, befahl die Konsekration des Gewählten vorzunehmen.

Da nach jeder Papstwahl die Bestätigung von Konstantinopel erholt werden mußte, verzögerte sich die Konsekration oft ins Ungemessene.

---

[1] Duchesne 1. 309.
[2] Z. B. Grauberath VIII. 50. Grashof 41, 199 f.
[3] Cf. Joan. diac. vita Greg. M. I. 39. 40.

So wurde z. B. derselbe Papst Gregor, obgleich sein Vorfahrer bereits am 6. Februar bestattet worden, erst am 3. September geweiht. Mehrmals dauerte die Sebisvakanz noch viel länger. Um den hieburch verursachten Übelständen abzuhelfen, wurde mit der Zeit seitens des Kaisers dem Exarchen von Ravenna die Erlaubnis erteilt, die Bestätigung namens des Kaisers zu erteilen.

Das Schreiben, welches die Wähler des Papstes an den Exarchen von Ravenna mit der Bitte um Bestätigung zu richten pflegten, ist uns im Liber diurnus erhalten.[1] Flehentlich bitten sie in demselben, der Exarch möge in gewohnter Güte ihren Wünschen willfahren. Die Sache habe indes Eile. »Cum haec ita sint, iterum atque iterum impensius, praecelse et a Deo servate domine, supplicamus, ut celerius deo operante vestrisque praecordiis inspirante, apostolicam sedem do perfecta ejusdem nostri patris atque pastoris ordinatione adornare praecipiatis.«

Gleichzeitig pflegten mit dem Schreiben an den Exarchen drei weitere abgefertigt zu werden, an den Erzbischof, die Judices und den Apokrisiar von Ravenna. Diese sollten sich beim Exarchen verwenden: »ut optatae ordinationis deo jubente acceleretur negotium.« So hieß es in dem Schreiben an den Erzbischof; der Apokrisiar aber ward gebeten: ». . . pro celeri promotione pontificalis ordinationis deposcenda apud . . . Exarchum interveniat, ut valeant ii qui missi sunt, Christo comite cum effectu ad nos repedare et de prosperis nuntiis apostolicam Christi ecclesiam omniumque nostrum animos magnanimiter relevare.«

Der Liber diurnus hat uns aber auch jenes Schreiben aufbewahrt, welches dereinst an den Kaiser selbst nach jeder Neuwahl gerichtet wurde.[2] Und wie lautete in diesem die Bitte der Wähler? ». . . Lacrymabiliter cuncti famuli supplicamus, ut dominorum pietas servorum suorum obsecrationes dignanter exaudiat; et concessa pietatis suae jussione, petentium desideria pro mercede imperii sui ad effectum de ordinatione ipsius praecipiat pervenire.«

Im Jahre 678 verzichtete Kaiser Konstantin Pogonatus auf die Bezahlung der üblichen Geldsumme. Papst Agatho (678—681) erlangte, wie uns das Papstbuch erzählt,[3] auf sein energisches Betreiben

---

[1] Libri diurni c. 2 de ordinatione summi pontificis tit. IV. Mitgeteilt bei Chr. God. Hoffmann, Nova scriptorum collectio, Lips. 1731 p. 37 sqq., bei Hinschius I. 222, bei Rozière p. 110. Vgl. auch Phillips V. 750 ff. Eine falsche Folgerung, welche Lorenz daraus gezogen hat, wurde bereits von Junf. Tübinger Quartalschrift 1875, 337 f. abgewiesen.

[2] Tit. III. Bei Rozière p 109.

[3] Duchesne I. 354.

einen kaiferlichen Befehl, durch welchen die Summe, welche bisher für
jede Ordination bezahlt zu werden pflegte, aufgehoben wurde; doch verblieb es, wie uns dieselbe Quelle weiter berichtet, bei der alten Gepflogenheit, daß die Weihe nur mit „Wiſſen und Geheiß" des Kaiſers vorgenommen werden durfte.

Derselbe Kaiſer ging noch einen Schritt weiter. Vom Papſte
Benedikt II. (684—685) meldet uns nämlich der Liber Pontificalis:[1])
»Hic suscepit divales jussiones clementissimi Constantini magni
principis ad venerabilem clerum et populum atque felicissimum
exercitum Romanae civitatis, per quas concessit ut persona qui electus
fuerit in sedem apostolicam e vestigio absque tarditate pontifex
ordinetur.«

Demnach konnte fortan jeder Neugewählte »e vestigio absque
tarditate« ordiniert werden. So meldet uns wenigſtens das Papſtbuch, das kaiſerliche Schreiben ſelbſt iſt verloren gegangen. Manche[2])
nehmen nun an, der Kaiſer habe dem Papſte nichts weiteres zugegeben,
als daß fortan die Beſtätigung nicht mehr in Konſtantinopel, ſondern
nur vom Exarchen in Ravenna erholt werden mußte. Die Worte
»e vestigio absque tarditate« ſeien nicht in sensu stricto zu nehmen.
Man müſſe an die langen Sedisvakanzen denken, welche dadurch hervorgerufen wurden, daß man die Beſtätigung in Byzanz erholen mußte.
Nunmehr, da der Exarch von Ravenna dieſelbe erteilen konnte, habe
man nicht allzulange mehr warten, ja im Vergleiche zu jenen langen
Sedisvakanzen »e vestigio absque tarditate« zur Konſekration ſchreiten
können.

Wir wiſſen nicht, ob dieſe Erklärung zutreffend iſt. Es ſcheint
uns im ganzen Tenor der Stelle zu liegen, daß ein größerer Huld-
beweis des Kaiſers berichtet werden ſoll, als er vorhanden wäre, wenn
es ſich nur um die Übertragung des kaiſerlichen Beſtätigungsrechtes an
den Exarchen von Ravenna handeln würde. Zudem dauerte es oft
lange genug, bis der Exarch die erbetene Beſtätigung erteilte. Die uns
im Liber diurnus erhaltenen Schreiben in dieſem Betreffe laſſen die
Sorge der Wähler, es möchte der Exarch die Beſtätigung lange verzögern, nur zu deutlich erkennen. Demnach möchte die Annahme, die
Kaiſer hätten ſchon früher dem Exarchen das Beſtätigungsrecht über-

[1]) Duchesne I. 363.
[2]) So Duchesne I. 358. n. 34. 364. n. 4 Lorenz 26 ff; vgl. auch Funk,
Tübinger Quartalſchrift 1875, 337. Anders Zöpffel in Snbels Hiſtoriſchem Jahrbuch N. F. I. 124. Vgl. Bayet 67 f.

tragen[1]) und es hätte sich nunmehr um die Aufhebung jenes Rechtes gehandelt, nicht ganz ungerechtfertigt erscheinen.

Doch sei dem, wie immer; die nach dem Tode Johanns V. (686) stattgefundenen tumultuarischen Papstwahlen bildeten die Ursache, daß jenes Recht der Bestätigung von Kaiser Justinian II. wieder resuscitiert wurde und dann bis zum Sturze der byzantinischen Herrschaft in Kraft blieb.[2])

Über die erst nach langem Zwiespalte erfolgte Wahl Conons (686—587) berichtet uns eingehend das Papstbuch.[3]) Als endlich auch das Militär der vom Klerus und Volke einmütig erfolgten Erwählung Conons zustimmte und das Wahldekret unterschrieb, wurden Gesandte an den Exarchen Theodor abgeordnet. »... Missos ... ad excellentissimum Theodorum exarchum, ut mos est, direxerunt«, berichtet der Liber pontificalis.

Auch die Wahl des Papstes Sergius (687—701) erfolgte erst nach langen und heftigen Zwistigkeiten. Sein Gegner Paschalis säumte nicht — auch hievon erzählt uns das Papstbuch[4]) — seine Gesandten an den Patrizius und Exarchen Johannes mit dem Beinamen Platyn abzusenden und bot ihm sogar Geld und anderes Gut an, um ihn zu überreden, in aller Stille nach Rom zu kommen. Der Exarch konnte der Verlockung nicht widerstehen. Er erschien in Rom und fand hier, daß alles für — Sergius sei.

Unter diesen Umständen konnte er für die Erhebung jenes Paschalis nicht weiter eintreten, verlangte jedoch, daß ihm nun von seiten des Sergius die hundert Pfund Goldes, welche ihm Paschalis versprochen hatte, ausbezahlt würden. Als ihm Sergius erklärte, daß dieses nicht möglich und ihm auch kein solches Versprechen gegeben worden sei, nahm er die Kelche und Kronen, welche seit alter Zeit vor dem Altare und der Confessio des hl. Petrus hingen, hinweg und gab sich nicht zufrieden, bis er jene Summe erhalten hatte. Diesem Berichte fügt das Papstbuch bei: »Et licet, ut praelatum est, ecclesiae Christi idem miserrimus Paschalis dispendium et damnum infixit, tamen, Christo favente, Sergius presbiter et electus in sedem beati Petri

---

[1]) Hiefür möchten wir auch anführen, daß der Liber pontificalis bei der Wahl Conons (686) berichtet, es seien Gesandte an den Exarchen abgeschickt worden, „ut mos est"; wie könnte man von einer „Sitte" sprechen, wenn erst ein Jahr zuvor dem Exarchen jenes Recht der Bestätigung übertragen worden wäre?

[2]) Cf. Rozière p. XIX. sq. Anders Phillips V. 759 f. Granderath VIII. 52. Grashof 42, 212 f.

[3] Duchesne I. 368.

[4]) Duchesne I. 372.

apostoli pontifex ordinatus est.« Der Exarch scheint sonach die Konsekration des Sergius solange verhindert zu haben, als ihm die hundert
Pfund Goldes verweigert wurden.

Als die Herrschaft der Longobarden immer weiter um sich griff,
mögen öfters von selbst der Ausübung jener Gepflogenheit, die Bestätigung der Papstwahl beim Exarchen von Ravenna zu erholen, Hinder-
nisse in den Weg getreten sein. Daß Papst Gregor III. (731—741)
die Bestätigung des Exarchen noch erholt hat,[1] ist um deswillen wahrscheinlich, weil zwischen der Wahl und Konsekration desselben ein Zeit-
raum von 35 Tagen liegt. Jedoch wurde Gregors Nachfolger, Zacharias
(741—752) unmittelbar nach der Wahl auch konsekriert, so daß die
Sedisvakanz nur acht Tage betrug.[2]

* * *

Als sich der Papst von den Longobarden immer mehr bedroht,
von Byzanz jedoch verlassen sah, suchte er beim Beherrscher der Franken[3]
Hilfe und Schutz zu finden. Nicht umsonst, wie einstmals Gregor III.,
stellte Papst Stephan III. an König Pippin die Bitte um Schutz der
römischen Kirche: die fränkischen Könige erwiesen sich den Päpsten gegenüber als das, was die byzantinischen Kaiser hätten sein sollen.

Es frägt sich nun, ob jene von Byzanz geübte Bestätigung der
Papstwahlen auch auf die Karolinger übergegangen ist.

Fast allgemein wird diese Frage bejaht. Hören wir einige
Aeußerungen hierüber!

In einer im Jahre 1872 zu München erschienenen Schrift: „Über
die Rechte der Regierungen beim Conclave"[4] sagt deren katholischer
Verfasser (S. 8): „Als Rom ins fränkische Reich aufgenommen wurde,
gehörte die Bestätigung des erwählten Papstes zu den Rechten des Fürsten,
in dessen Reich Rom lag; aber auch hier gab es der Zwistigkeiten mehr
als genug, indem gar nichts über diese Rechte vertragsrechtlich feststand,
weder die Unabhängigkeit des römischen Stuhles, noch auch die Grenzen
des kaiserlichen Einflußes."

---

[1] So nehmen auch Papencordt 79, Gröne I. 288 und Brischar im
Kirchenlexikon V. 1095 an; anders Hinschius I. 225 N. 2.

[2] Duchesne I. 421.

[3] Ueber die Gründe, weshalb der Papst seine Augen auf diese Nation richtete,
verbreitet sich kurz Grashof 41, 202 ff.

[4] Diese Schrift war für die Diplomaten bestimmt, deren einer auch ihr Autor
ist. Vgl. die Civiltà Cattolica. Ser. VIII. Vol. VII. p. 168 sqq.: „Diritti dei
Governi sopra il Conclave."

Reumont spricht wiederholt von einer Bestätigung der Papstwahlen durch die Karolinger. So im zweiten Bande S. 245: „Das
Verhältnis zwischen Papsttum und Kaisertum hat, so lange die karolingische Monarchie in Italien noch wirkliche Bedeutung bewahrte,
nämlich bis zum Tode Ludwigs II., aller einzelnen Störungen unge- |
achtet im ganzen ein Zusammenwirken der beiden Gewalten vorausgesetzt.
... Wie diese Eintracht und gegenseitige Anerkennung sich in dem von
dem Kaiser der Krönung durch des Papstes Hand beigelegten Begriff
aussprach,[1] so ging sie hinwieder aus der vom Kaiser der Papstwahl
erteilten Zustimmung hervor."

Ähnlich urteilt[2] Abel (Simson): „Was die künftigen Rechte des
Kaisers in Rom angeht, so steht es fest, daß demselben die Genehmigung
zwar nicht zur Papstwahl, wohl aber zur Konsekration des gewählten
Papstes vorbehalten war, die sodann in St. Peter in Gegenwart eines
oder auch mehrerer kaiserlicher Missi stattzufinden hatte. Es ändert
hieran nichts, daß dies Recht thatsächlich oft umgangen oder illusorisch
gemacht wurde; im Princip wurde es von päpstlicher Seite vollständig
anerkannt und seine Nichtbeachtung demgemäß, wofern sie eintrat, entschuldigt. Der regelrechte Hergang scheint gewesen zu sein, daß dem
Kaiser das mit den Unterschriften der Wähler versehene Wahldekret durch
eine Gesandtschaft zugeschickt wurde und er seine Übereinstimmung mit
der Wahl schriftlich kundgab."

Auch Lorenz findet die Beziehungen zwischen Staat und Kirche
in Betreff der Papstwahl überall vorhanden; aber „sie gleichen einem
unbeschriebenen Blatt Papier" (S. 38). Oft spricht er von einer „gewissen Bestätigung oder Genehmigung der Papstwahlen durch die Karolinger", auch von Bestätigung und Genehmigung schlechthin, und for-
muliert schließlich (S. 56) das Resultat seiner Untersuchung in den
Worten: „Wie die Repräsentanten, so änderten sich auch die Modalitäten
der Anerkennung des Papstes; aber unter allen Umständen blieb doch
immer ein Akt selbständiger Prüfung und freier Willens-
äußerung den weltlichen Machthabern vorbehalten, durch welchen der
Pontifikatswechsel erst in vollem Sinne des Wortes als perfekt betrachtet
wurde," — eine Formulierung, welche Zöpffel „treffend" nennt.[3]

---

[1] Eine andere ist die Frage, ob die Nachfolger Karls zur Führung des
kaiserlichen Namens und zur Ausübung kaiserlicher Rechte überhaupt der Krönung
und Salbung durch den Papst bedurften. Vgl. Richter II. 560. Dagegen Mon.
Germ. III. 521 sqq.

[2] II. 244 ff. Hier (S. 245 N. 2.) finden sich auch die meisten hiehergehörigen
Stellen zusammengetragen

[3] In Sybels Historischer Zeitschrift N. F. I. (1877) 123.

Zweck der nachfolgenden Untersuchungen ist es, die aufgeworfene Frage des näheren zu prüfen und darnach die eben vorgeführten Ansichten der Geschichtsforscher entweder als richtig zu erkennen oder zu berichtigen. Im einzelnen läßt sich der Gegenstand unserer Abhandlung in folgende Teile gliedern:

1. Verlieh der Titel „Patrizius der Römer," welcher im Jahre 754 Pippin und seinen Söhnen verliehen ward, den fränkischen Herrschern das Recht, die Papstwahlen zu bestätigen, wie es die byzantinischen Kaiser unbestreitbar und ohne Widerspruch der Kirche gethan haben? Auf diese Frage soll der erste Abschnitt unserer Schrift: „Der Patriziat der Römer" eine zutreffende Antwort zu geben versuchen.

2. Wurde nicht durch den Kaisertitel ein derartiges Recht verliehen oder durch sonstige schriftliche oder mündliche Abmachungen zwischen Papst Hadrian I. und Karl dem Großen, welche die Krönung Karls begleiteten?

Dieses zu untersuchen ist Aufgabe des zweiten Abschnittes: „Die fränkische Kaiserwürde."

3. Haben nicht die Römer im Jahre 824 eidlich versprochen, nicht zuzulassen, daß die Konsekration eines neuerwählten Papstes erfolge, ehe dieser in Gegenwart kaiserlicher Legaten dem Kaiser den Eid der Treue geleistet? Welches ist der Umfang und die Bedeutung jenes Gelöbnisses? Und welches war der Verlauf der Papstwahlen nach dem Jahre 824 bis zum Untergange des Karolingerreiches?

Hievon soll der dritte Abschnitt handeln: „Der Eid der Römer im Jahre 824 und die folgenden Papstwahlen."

Erster Abschnitt.

Der Patriziat der Römer.

§ 1.

**Wahl des Papstes Stephan III. (26. März 752 bis 25. April 757).
Dessen Reise zum Frankenkönige.**

Wenige Tage nach dem Ableben Stephans II. [1] „versammelte sich das ganze Volk Gottes in der Kirche der Mutter Gottes ad praesepem und hier wählten alle mit gutem Mute und einmütig Stephanus zum Papste." Er war ein Römer und unter den Augen seiner Vorgänger im Patriarchium aufgewachsen, ausgezeichnet durch Einsicht, kluge Berechnung, ernsten jedoch liebevollen Wesens und sehr wohlthätig gegen die Armen. [2] Bei seiner Wahl stand er bereits in vorgerückten Jahren.

Nachdem Stephan in der Basilika Maria maggiore gewählt war, wurde er in der Konstantinischen Basilika proklamiert, dann inthronisiert und schon am 26. März 752 geweiht. Das Papstbuch berichtet uns nicht, daß die Genehmigung der Wahl vom Exarchen erholt worden wäre. Kann auch aus dem bloßen Schweigen desselben nicht ohne weiteres die Unterlassung jener „Übung" gefolgert werden, so fällt doch für eine solche Unterlassung der Umstand schwer ins Gewicht, daß seit dem Tode des Zacharias und der Weihe Stephans III. nur zwölf Tage verflossen waren und inzwischen auch noch der »papa quatriduanus« gelebt hatte.

----

[1] Stephan II., „papa quatriduanus" genannt, ward nach Zacharias' (3. Dezbr. 741 bis 14. März 752) Tod gewählt, starb jedoch vor der Konsekration. Wie schon das Papstbuch (V. Stephani II. c. 2. 3. Duchesne I. 440) rechnen ihn viele (Martens 15. Richter II. 2. N. 2) nicht unter die Päpste; anders Gröne I. 325. Grashof 41, 193 N. 1 und Granert 559 N. 2.

[2] Vgl. hierüber Liber pontificalis l. c. Gröne I. 326. Barmann I. 250. Über die schola des Laterans vgl. Bayet 61 ff.

2*

Bereits unter Stephans Vorgängern hatten, wie angeführt worden, die guten Beziehungen zwischen Ost- und Weſtrom eine Einbuße erlitten. [1]) Die Behandlung des Papſtes Martin I., die Zumutung des Kaiſers Juſtinian II. an Papſt Sergius I. und die Drohungen des erſteren im Falle des Ungehorſams, das Vorgehen Leos III. des Iſauriers mußten in Rom Erbitterung hervorrufen. Kaiſer Konſtantin Kopronymus faßte den Plan, durch eine große allgemeine Synode die Bilderverehrung auch kirchlicherſeits verbieten zu laſſen und traf bereits Anſtalten hiezu. Um dieſe Zeit riſſen die Longobarden unter König Aiſtulph [2]) von den noch byzantiniſchen Provinzen in Italien ein Stück nach dem andern an ſich. Als Stephan III. zur Regierung der Kirche berufen wurde, hatten die Longobarden das Exarchat von Ravenna erobert und be= brohten Rom ſelbſt. [3]) Da wandte ſich der Papſt in dringenden Bitten an den griechiſchen Kaiſer, er möge ſeinem ſo oft gegebenen Verſprechen gemäß ein anſehnliches Kriegsheer nach Italien ſchicken, wo jetzt die Not die größte geworden ſei; doch „der Kaiſer wollte lieber die Bilder als die Longobarden bekämpfen." [4]) Bei dem Widerwillen des Kaiſers und ſeiner Abneigung gegen die römiſche Kirche, welcher er die bereits von Leo dem Iſaurier confiszierten ſübitaliſchen Patrimonien vorenthielt, blieb ſchließlich nichts anderes übrig, als Hilfe bei den Franken zu ſuchen.

Den Zeitpunkt, den Weg Gregors III. nochmals zu verſuchen [5]) und mit demjenigen Herrſcher Beziehungen anzuknüpfen, der ſich inzwiſchen dem römiſchen Stuhle verbindlich gemacht hatte, [6]) hielt Stephan III.

---

[1]) Vgl. Martens 2 f.

[2]) Auf Luitprand († 744) folgte deſſen Sohn Rachis, welcher jedoch nach kurzer Regierung (Ende September 744 bis Ende Juni 749, vgl. Ölsner Exc. I, § 1. 2. p. 435—437) geſtürzt wurde, dann deſſen Bruder Aiſtulph.

[3]) V. Stephani II. c. 5. 7. 17. Ölsner 118.

[4]) Hefele III. 410.

[5]) Gregor III. hatte ſich wiederholt, aber vergeblich an Karl Martell um Hilfe gegen die Longobarden gewandt. Cont. Fred. 110. Richter I. 200. Abel I. 61 mit N. 4. Grashof 41, 204 mit N. 1 und S. 205. Breyſig 91—94. 95. Ölsner 111. Niehues I. 440 ff.

[6]) Daß eine Geſandtſchaft an den Papſt Zacharias geſendet wurde, um deſſen Zuſtimmung zur Thronbeſteigung Pippins zu erlangen, bezeugen Fred. Cont. 117 und Annal. laur. 749 (richtig ann. fuld. 751). Letztere ſagen: „... Et Zacharias papa mandavit Pippino, ut melius esset illum regem vocari, qui potestatem haberet, quam illum, qui sine regali potestate manebat; ut non conturbaretur ordo, per auctoritatem jussit Pippinum regem fieri." Freilich ſtreiten die Richtig= keit dieſer Angaben viele an (Vgl. Richter I. 215). Martens 14: „Daß die päpſtliche Zuſtimmung in irgend einer Form, wenn auch nur mündlich erfolgte, kann nach den uns erhaltenen fränkiſchen Berichten nicht bezweifelt werden." Vgl. auch Hahn 127 und 225 f. Niehues I. 462.

für gekommen, als Aiſtulph einen mit ihm auf 40 Jahre eingegangenen
Frieden bereits nach vier Monaten brach.

Stephan III. gab zunächſt einem Pilgrim ein Schreiben an den
König mit, worauf der Abt Droctegang in Rom erſchien und dem Papſte
mitteilte, der König ſei bereit, ihn an ſeinem Hofe zu empfangen.[1]) Als
auch der Biſchof Chrodegang von Metz und Herzog Autchar in Rom
eingetroffen waren, dem Papſte auf ſeiner Reiſe das Geleite zu geben,
verließ dieſer am 14. Oktober 753 die Stadt. Am 6. Januar 754 traf
Stephan III. mit Pippin zuſammen,[2]) der ihn nebſt ſeiner Familie und
vielem Volke aufs ehrenvollſte empfing und das Pferd des Papſtes
ſelbſt eine Strecke weit führte. Dieſe Zuſammenkunft fand nach römiſchen
und fränkiſchen Quellen[3]) in Pons Hugonis ſtatt, jetzt Ponthion im
Department Marne. Der Papſt bat, Pippin ſolle den Longobardenkönig zu einem friedlichen Abkommen beſtimmen. Sollte dieſer ſich hierzu
nicht bereit finden, möge der König für die Sache des heiligen Petrus
und der Republica Romanorum das Schwert ziehen und das Exarchat
von Ravenna und die Gerechtſame und Orte der Republica zurück-
geben, ob nun der Friede gewahrt oder Krieg entſtehen ſollte.[4])

Hierzu verpflichtete ſich Pippin eidlich.[5])

Sodann[6]) berief der König die Großen ſeines Reiches zu einer
Verſammlung nach Cariſiacum (Quierzy, Villa an der Oiſe, bei
Noyon)[7]) und beſchloß mit ihnen, was er bereits mit dem Papſte zu
vollführen beſchloſſen hatte. Dem Papſte wurde neuerdings die Wieder-
herſtellung der Gerechtſame des heiligen Petrus verſprochen, d. h. des
rechtmäßigen Eigentums der römiſchen Kirche, der zahlreichen durch die

---

[1]) Die fränkiſchen Großen wurden gewonnen durch das ſchmeichelhafte Schreiben
im Cod. Carol. 5. (Jaffé IV. 33).
[2]) Über die Reiſe vgl. Ölsner 115. 125 f. Hergenröther I. 714. Über
Stephans Aufenthalt in Gallien Ölsner 148—164 und Riehues I. 465 ff.
[3]) V. Stephani II. c. 25. 26. Fred. cont. 119. Ann. lauriss. 753.
(Abgedruckt bei Richter II. 3. a). Abweichend berichten nur die Annalen Einharbs
(Scr. I. 139), dieſe Zuſammenkunft habe in Quiercy ſtattgefunden.
[4]) Cf. Ann. lauriss. mai. 753. Fred. cont. 119 et V. Stephani II.
c. 25. 26. (Abgedruckt bei Richter II. 3. a). Vgl. auch Martens 20 und
Richter II. 675.
[5]) Martens 21. Hefele III. 577. Hergenröther I. 715.
[6]) Alſo noch vor ſeiner Salbung, wie Richter II. 3. die Reihenfolge der
Handlungen aufführt. Aus den Ann. lauriss. (Scr. I. 138) wiſſen wir, daß der
König das Oſterfeſt in Quierzy feierte.
[7]) Nach Martens 33 ff. wäre dies auf einem Reichstag in Brennacus
(Braisne) beſchloſſen worden. Vgl. indes Scheffer-Boichorſt 210 Anm. 5.

Longobardenzüge beschädigten oder geraubten Patrimonien der Kirche in Italien. [1]) Dasselbe Versprechen, wie es Pippin zu Ponthion und vereint mit den Großen des Reiches zu Quierzy gegeben hatte, erneuerte[2]) dessen Sohn Karl im Jahre 774 bei seinem Aufenthalte in Rom. Am 28. Juli 754 war es, daß zu Paris, in der Kirche des heiligen Dionysius (zu St. Denis) der Papst den bereits früher zur königlichen Würde erhobenen Pippin, dessen Gemahlin und Söhne salbte und ihn und seine Söhne, Karl und Karlmann, zu „Patriziern der Römer" ernannte. [3]) Zugleich segnete er die Großen des Reiches und machte sie verbindlich, das Erbrecht der Söhne Pippins anzuerkennen. Vor dem Empfange der Salbung versprach Pippin, die römische Kirche zu verteidigen und die Gerechtsame des heiligen Petrus wahrzunehmen. [4]) Auch erbot er sich, dem Papste Liebe und Treue zu erweisen, und der Papst sagte dem König ein gleiches zu.

Auch im Namen seiner beiden Söhne hatte Pippin diese Versprechen geleistet. Nicht nur Pippin, sondern auch seine Söhne waren hiedurch verpflichtet,[5]) die Kirche zu verteidigen und für die Gerechtsame des hl. Petrus einzutreten. Deshalb geschah es auch, daß die päpstlichen Schreiben, welche an Pippin gerichtet wurden, größtenteils zugleich an dessen Söhne abressiert waren. [6])

Bereits in der nächsten Zeit erbaten der Papst und die Römer Pippins Hilfe gegen den Longobardenkönig. Pippin zog im August 754 nach Italien und belagerte Aistulph in Pavia. [7]) Als dieser einsah, gegen den Frankenkönig und dessen siegreich vordringendes Heer nicht Stand halten zu können, ließ er um Frieden bitten und versprach, alles was er gegen die römische Kirche sich erlaubt habe, auf die vollkommenste

---

[1]) Und zwar in urkundlicher Form. Richter II. 675.

[2]) Nicht „erweiterte", wie Scheffer-Boichorst 193 ff. zeigt. Vgl. Richter II. 683 mit Note 3. 693 f.

[3]) Den ältesten Bericht hierüber bietet die sog. clausula de Pippino, im Jahre 767 verfaßt. (Mabillon, Dipl. 384, Bouquet V. 9. Richter II. 4. b). Cf. Annal. Metens. (Scr. l. 332); Chron. Moissiac. Scr. l. 293) et Baron. ad ann. 754. Abel I. 18.

[4]) Vgl. Martens 23—26. S. 28 betont er den Unterschied der beiden Promissionen von Ponthion und St. Denis.

[5]) Es war allermindestens ihre Ehrensache. Karl und Karlmann erklärten sich hiezu auch bereit, vgl. Cod. Car. ep. 46. Jaffé IV. 156 sq.

[6]) Vgl. Martens 27 f.

[7]) Vgl. hierüber die Berichte des Cont. Fred. und der V. Steph. c. 37. — Richter II. 5 f.

Weise wieder gut zu machen. [1]) Der Frieden kam zu stande, als Aistulph dem König gehuldigt und versprochen hatte, Ravenna und andere Städte dem heiligen Stuhle abzutreten [2]) und nichts Feindseliges mehr gegen denselben und die Respublica Romanorum zu unternehmen. [3])

Doch der Papst hatte sehr bald Anlaß zu neuen Klagen. Nicht nur, daß Aistulph die Friedensbedingungen nicht erfüllte, [4]) rüstete er neuerdings zum Angriffe auf Rom. [5])

Am 1. Januar 756 begann er die Einschließung der Stadt. Unverzüglich brach Pippin zu einem neuen Feldzuge gegen die Longobarden auf, [6]) und nachdem er die ihm entgegengesandten Heeresabteilungen umgangen hatte, schloß er Aistulph in Pavia ein. In seiner hoffnungslosen Lage bat dieser wiederum um Frieden, den ihm der Frankenkönig gegen das Versprechen gewährte, den dritten Teil seines Schatzes an ihn zu bezahlen, Geiseln zu stellen, Tribut zu entrichten und die im vorigen Friedensschlusse versprochenen Ortschaften an die Bevollmächtigten Pippins auszuliefern. [7])

Letztere [8]) — das Exarchat von Ravenna und das Dukat von Rom — wurden nun von Pippin dem heiligen Stuhle übergeben. Dieser stellte über ihren Empfang und ihre Übertragung an die römische Kirche eine Urkunde aus, [9]) und während Pippin selbst in sein Reich zurückkehrte, begab sich Abt Fulrad mit Bevollmächtigten Aistulphs in die genannten Orte, ließ sich die Schlüssel aushändigen und Geisel stellen und legte dann in Rom die Schlüssel und die Schenkungsurkunde auf dem Grabe Petri nieder. [10])

Vergeblich baten die Griechen um Wiedervereinigung dieser Gebiete

---

[1]) Cf. Fred. cont. 120. Dieses Versprechen gab er in urkundlicher Form. Richter II. 676.

[2]) V. Stephani II. c. 37.

[3]) Fred. cont. Auch vierzig (ann. laur. mai. et min.) Geiseln mußte er stellen.

[4]) Cf. Cod. Carol. 6. p. 35.

[5]) Ölsner 254 ff.

[6]) Über die Zeit dieses Feldzuges vgl. Ölsner 445 ff.

[7]) Fred. cont. 121. Vgl. Richter II. 12 ff. Aistulph fügte den im letzten Friedensvertrag bezeichneten Städten noch Comacchio hinzu. Ebb. II. 677.

[8]) Die Namen der abgetretenen Städte vgl. Richter II. 13 (unten). 677. Die Annal. lauriss. 756 sagen: „... Ravennam cum Pentapolim et omni exarcatu conquisivit et s. Petro tradidit“.

[9]) V. Stephani II. c. 46.

[10]) Richter II. 13. 677 f. Doch nicht alle Orte (vgl. Steph. ep. 11. Jaffé IV. 63) wurden restituiert. — Bald darauf starb Aistulph, ihm folgte Desiderius. Wie sich dieser gegen den hl. Stuhl benahm, s. bei Richter II. 678 ff.

mit ihrem Reiche. [1]) Der König erklärte, er habe zu keines Menschen Gunsten den Krieg gegen die Longobarden unternommen. [2])

* * *

Mit Befriedigung mochten die Römer auf die Erfolge des Pontifikats Stephans III. zurückblicken, als dieser am 24. April 757 seine Augen schloß.

§ 2.

Der Titel „Patrizius der Römer" und die Rechte der neuen Patrizier auf die Papstwahlen.

Papst Stephan III. ernannte im Jahre 754 zu St. Denis Pippin und seine Söhne, Karl und Karlmann, zu „Patriziern der Römer" und pflegte dieselben fortan auch in seinen Briefen so zu bezeichnen, [3]) wie es auch seine Nachfolger thaten. Welches ist die Bedeutung dieses Titels, und verlieh derselbe auch Rechte bezüglich der Papstwahlen?

Es ist bekannt, wie weit die Ansichten der Geschichtsforscher über die Bedeutung des dem König Pippin und seinen Söhnen verliehenen Patriziates der Römer auseinandergehen. [4]) Der Papst, sagte man, habe damit den fränkischen Herrscher nichts als einen leeren Titel verliehen, während nach einer anderen Auffassung im Patriziate der Römer geradezu eine Stellvertreterschaft des griechischen Kaisers in Italien, wie sie der Exarch von Ravenna besessen hat, liegen soll. Wohl mit Rücksicht auf die verschiedenen, einander oft entgegengesetzten Erklärungsversuche des Titels „Patrizius der Römer" nennt Giesebrecht I. 105 diesen Titel selbst „dunkel und vieldeutig".

---

[1]) Cf. V. Stephani II. c. 43—45. Ölsner 265 ff.

[2]) Vgl. Martens 71 ff. Ebb. SS. 106—110 die Ansichten Abels, Waitz' und Döllingers hierüber. Kraus sagt (274): „In der That hatte Byzanz von den Franken nichts zurückzufordern: es selbst hatte jene Länder nur durch das Recht der Eroberung besessen."

[3]) Die Überschrift dieser Briefe lautete: „Pipino regi, Carolo et Carlomanno item regibus et utrisque Patriciis Romanorum." Natal. Alex. saec. VIII. cap. 1. art. 6.

[4]) Martens 110 ff. stellt die verschiedenen Auffassungen über den Patriziat kurz zusammen.

Suchen wir zunächst die Gründe, welche für die erstere Auffassung: „der Patriziat der Römer sei lediglich ein leerer Titel" vorgebracht werden, des näheren kennen zu lernen und kurz zu würdigen. Martens, ein hervorragender Verfechter dieser Meinung in neuester Zeit, führt in diesem Betreffe aus:

„Der Patriziat wurde, wie ich annehme, formlos und mündlich, ohne Überreichung einer Urkunde oder eines Diploms erteilt. Es handelte sich dabei um eine politische Titulatur, für deren Verleihung eine kirchliche Salbung weder erforderlich war noch angemessen sein würde".[1] „Auf die Frage, was denn der Papst mit der Erteilung der Titulatur bezweckt habe, antworte ich, daß der Patriziat im engen Zusammenhange steht mit der Begründung der neuen Respublica Romanorum. Stephan ging darauf aus, ein von Griechenland unabhängiges Staatswesen zu schaffen: nachdem er den Frankenkönig für seinen Plan gewonnen hatte, säumte er nicht, Pippin und seine zwei Söhne zum Zeichen seiner Erkenntlichkeit und zugleich zur Besiegelung des Freundschaftsbundes zu Patricii Romanorum zu ernennen, das heißt ihnen die Ehrenmitgliedschaft der neuen Respublica Romanorum zu übertragen. Die Titulatur war also rein politisch: hätte dieselbe eine Beziehung zur römischen Kirche gehabt und deren Verteidigung bezweckt, so würde die Bezeichnung anders gelautet haben, etwa Patricius ecclesiae Romanae.[2] Als römischer Patrizier hat Pippin auch kein besonderes Versprechen geleistet: freilich wünschte und erwartete der Papst, daß der König in dem Bewußtsein, zur Respublica zu gehören, derselben alle Förderung angedeihen lassen würde. Endlich ist noch darauf hinzuweisen, daß die Titulatur ohne jede Rücksicht auf Konstantinopel erteilt wurde, wie ja die Respublica Romanorum selbst sich ohne und gegen den Willen des byzantinischen Kaisers konstituiert hatte. Als Ehrenmitglieder der römischen Respublica waren die Frankenfürsten im besonderen Sinne Söhne des heil. Petrus, des unsichtbaren Hauptes der »ecclesia Reipublicae Romanorum«, und eben damit auch Brüder der Römer geworden . . ."[3] Auch Papst Hadrian I. habe in voller Übereinstimmung mit dem Dargelegten den Patriziat als einen Ehrentitel charakterisiert. Man höre nur, was er ep. 88 S. 267 schreibt: »pro honore vestri patriciatus nullus homo esse videtur in mundo, qui plus pro vestrae regalis excellentiae decertare molietur exaltatione, quam nostra apostolica assidua deprecatio.« Und ep. 98

---

[1] S. 83.
[2] Auch Abel I. 174 läugnet jegliche Beziehung des Patriziates auf die Kirche.
[3] S. 84.

S. 290: »Quia, ut fati estis, honor patriciatus vestri a nobis irre-
fragabiliter conservatur, etiam et plus amplius honorifice honoratur.«[1])
„Pippin selbst legte auf die Titulatur kein Gewicht und hat von derselben niemals einen offiziellen Gebrauch gemacht."[2])

Gegen diese Ausführung Martens' möchten wir zunächst nachfolgende Bedenken äußern: Gerade in St. Denis, wo die Ernennung
Pippins und seiner zwei Söhne zu Patriziern der Römer erfolgte, versprach Pippin für sich und namens seiner Söhne, die römische Kirche
zu verteidigen und die Gerechtsame des hl. Petrus wahrzunehmen, wie
Martens selbst darlegt. Unmittelbar darauf erfolgte die Salbung
des Königs, der Königin und ihrer Söhne und die Ernennung Pippins
und seiner Söhne zu Patriziern der Römer. Warum geschah letzteres
nicht schon in Ponthion, wo der König eiblich versprach, das von den
Longobarden besetzte Gebiet solle dem Papste zufallen; warum nicht in
Quierzy, wo dieses Versprechen erneuert und sogar das Gebiet genauer
bezeichnet wurde: hier wie dort wäre es passender geschehen, vorausgesetzt, daß es sich beim Patriziate lediglich um eine politische Titulatur
gehandelt hat. Soll der Patriziat der Römer nichts weiteres bedeuten
als die Ehrenmitgliedschaft der neuen Respublica Romanorum, als
welche ihn auch Papst Hadrian I. betrachtet und Pippin gewürdigt
haben sollen, so war es ein sehr geringes und unbedeutendes „Zeichen
der Erkenntlichkeit" seitens des Papstes, dem nicht bloß daran gelegen
sein konnte, den Frankenkönig für seinen Plan zu gewinnen, sondern
der auch bestrebt sein mußte, an ihm einen kräftigen Verteidiger der
neuen Respublica Romanorum gegen alle äußeren und inneren Feinde
besonders beim Anfange ihres Bestandes zu finden. Martens betont
wiederholt, daß es Patricius Romanorum heiße, und er tadelt jene
Schriftsteller,[3]) welche im Gegensatze dazu einen Schirmvogt der römischen
Kirche konstruiert haben. Soll überhaupt aus dem Namen eine
Folgerung gezogen werden, so kann man Martens entgegnen, er selbst
übersehe, daß es Patricius Romanorum heißt, was doch mehr als
Mitglied der Respublica Romanorum und Mitbürger der Römer bedeutet.
Unter den Römern, deren Patrizius der Frankenkönig sein sollte, war
auch der Papst inbegriffen, der in ihrem Namen und an ihrer Spitze
den fränkischen Herrschern den „Patriziat der Römer" übertrug und
sicher auch bei seinem Aufenthalte am königlichen Hofe Pippins an die
Bedrängnisse dachte, welche seine Vorgänger auf dem Stuhle Petri

[1]) S. 85.
[2]) Ebb.
[3]) Wie Phillips III. 47. Grashof 206 ff. u. a.

wegen des Bilderstreites, also wegen einer Glaubenssache erbuldet hatten und leicht auch noch ihm bevorstehen konnten.

Doch Martens läugnet nicht, daß Pippin und seine Söhne die Verpflichtung hatten, auch nötigenfalls die Kirche zu verteidigen, aber nicht deshalb, weil sie „Patrizier der Römer" waren, sondern weil sie die Salbung empfangen hatten. In der That berufen sich Stephan III. und Paul I., da sie die Hilfe des Frankenkönigs zur Erhöhung der Kirche anflehen, auf die ihm zu teil gewordene Salbung. In der ep. 7, welche Stephan im Jahre 755 an Pippin und dessen zwei Söhne richtete,[1] schreibt Papst Stephan: »Ideo vos Dominus per humilitatem meam, mediante beato Petro unxit in reges, ut per vos sancta sua exaltetur ecclesia, et princeps apostolorum suam suscipiat justitiam.« Und Papst Paul I. bittet zwei Jahre später den König:[2] „... obnixe deprecamur: ut jubeas, benignissime regum, nosterque post Deum defensor, ita solide decertare ac disponere, ut perfecta sanctae Dei ecclesiae exaltatio et fidei nostrae orthodoxae omniumque nostrum profligetur defensio; petentes et hoc coram Deo vivo, qui vos in regem per suum apostolum Petrum ungui praecepit, ut dilatationem hujus provinciae, a vobis de manu gentium ereptae, perficere jubeatis.« Allein abgesehen davon, daß in letzterer Stelle die Ausbreitung der von Pippin den Heiden entrissenen Provinz mit dessen Salbung in Beziehung gebracht wird, fällt gegen die Ansicht Martens' schwer ins Gewicht, daß an vielen anderen Stellen die Erhöhung und Verteidigung der Kirche unbestreitbar mit dem Patriziate der Römer in Zusammenhang gebracht wird.

Martens führt noch an, auch Papst Hadrian I. habe im Patriziate lediglich einen honor erkennen wollen. Doch dieses besagen die angeführten Stellen keineswegs. Der Papst will sagen, der Patriziat sei eine Ehre; es sei ehrenvoll, Patrizius zu sein. Er will sich aber nicht darüber äußern, ob der Patriziat eine bloße Ehre, ob der Titel „Patrizius der Römer" ein bloßer Ehrentitel sei. Und selbst wenn Hadrian I. an den angeführten Stellen dieses hätte betonen wollen, so wäre noch zu berücksichtigen, daß dieser Papst geneigt war, der weiteren Machtentwicklung Karls hemmend entgegenzutreten, wie dieses Martens selbst oft genug betont. Daß König Pippin den Titel eines Patriziers der Römer in offiziellen Schreiben nicht gebrauchte, beweist noch nicht, daß er überhaupt keinen Wert auf denselben legte; er konnte sich eben-sogut desselben deshalb nicht bedienen, weil er mehr als eine bloße

---

[1] Cf. Jaffé p. 37 sqq.
[2] Ep. 12. Jaffé p. 67 sq.

Titulatur war; er mag es für klug gehalten haben, denselben mit Rücksicht auf den griechischen Kaiser nicht zu gebrauchen; anbernfalls hätte er es kaum verschmäht, sich einen „Ehrentitel" beizulegen. Betrachtete ihn doch später Pippins Sohn, wie gerade Martens hervorhebt, für geeignet, um auf Grund besselben weitere politische Ansprüche an die Römer zu stellen.

Demnach kann es keinem Zweifel unterliegen, daß der Titel „Patrizius der Römer" mehr bedeutet als eine bloße Mitgliedschaft Pippins und seiner Söhne an der neuen Respublica Romanorum. Der Patriziat der Römer schloß vor allem auch Pflichten in sich, welche der Patrizier gegenüber der römischen Kirche, dann auch gegenüber der neubegründeten Respublica Romanorum hatte, sowohl nach der Auffassung des Papstes, der diesen Titel verlieh, als auch nach der Auffassung des Frankenkönigs selbst.

Zum Beweise, daß es in der Absicht des Papstes lag, dem Frankenkönige, indem er ihm den Titel „Patrizius der Römer" verlieh, auch Pflichten gegenüber der Kirche und der neuen Respublica aufzuerlegen, möchten wir vor allem auf die Vorgänge verweisen, welche die Verleihung des Patriziates an den Frankenkönig und dessen Söhne veranlaßt hatten. In großer Bedrängnis vor den Longobarden sieht sich Stephan III., nachdem er von Byzanz und dem Exarchen keine Hilfe erhalten konnte, genötigt, sich an den Frankenkönig zu wenden. Und um was bittet er diesen? Pippin soll den Longobardenkönig zu einem friedlichen Abkommen bestimmen, wenn sich dieser aber hiezu nicht bereit finden sollte, für die Sache des hl. Petrus und der Respublica Romanorum sogar das Schwert ziehen. Pippin sagt es eiblich zu. Doch er ist sich bewußt, welch eine schwierige Aufgabe, an der er nicht nur persönlich interessiert ist, er unter Umständen mit diesem Versprechen übernommen hat, und deshalb legt er auf einer Reichsversammlung die Sache seinen Großen vor, um auch die Zustimmung dieser zu seinem Versprechen zu erlangen. Zu St. Denis verspricht der König nochmals, die römische Kirche zu verteidigen und die Gerechtsame des hl. Petrus wahrzunehmen. Und hierauf und offenbar nur mit Rücksicht auf das Versprechen des Königs salbt dieser den Papst und ernennt ihn und seine beiden Söhne zu Patriziern der Römer. Damit will der Papst die Stellung, welche fortan Pippin und seine Söhne zur Respublica Romanorum und damit zugleich zum Papste und zum apostolischen Stuhle einnehmen sollen, mit einem Worte bezeichnen und zusammenfassen. „Patrizier der Römer," so will der Papst sagen, „sollt ihr fortan sein; aber bedenket, daß ihr diesen Titel nur auf Grund

euerer Versprechen erhalten habt." Dieser Titel sollte also ein Ehren=
titel für die Träger desselben sein, aber nicht ein Ehrentitel allein.
Papst Stephan sprach es auch in seinen Briefen aus, was er
mit diesem Titel sagen wollte. Wir möchten hier besonders an jenes
Schreiben erinnern, das der Papst, aufs neue von den Longobarden
bedroht, an den Frankenkönig richtete. [1] „Hilf uns" — so bittet er —
„und mit großer Eile komm uns zu Hilfe... Ich flehe dich an, daß
wir nicht zu Grunde gehen, auf daß nicht die Heiden, welche auf dem
ganzen Erdkreise sind, sagen: Wo ist das Vertrauen, das die Römer
nach Gott auf die Könige der Franken setzten? Rette uns, ehe wir zu
Grunde gehen, christlichster König! Erwäge, mein Sohn, erwäge und
überlege in allem, ich beschwöre dich bei dem lebendigem Gotte, »quoniam
et nostra et omnis Romanorum populi animae post Deum et ejus
Principem Apostolorum in tua a Deo protecta Excellentia et gente
Francorum a Deo tibi commissa pendent... Quoniam nulli alio,
nisi tantummodo tuae amantissimae Excellentiae vel dulcissimis filiis
et cunctae genti Francorum per Dei praeceptionem et Beati Petri
Sanctam Dei Ecclesiam et nostram Romanorum Reipublicae populum commisimus protegendum.« Wir lesen
nirgends, daß Stephan III. dem Frankenkönig, seinen Söhnen und
seinem gesammten Volke den Schutz der hl. Kirche Gottes und des
Volkes der Respublica Romanorum übertragen hat, wenn dieses
nicht durch Verleihung jenes Titels „Patrizius der Römer" geschehen
sein soll.

Als sodann Pippin den Longobardenkönig zum Versprechen ver=
anlaßt hatte, Ravenna und andere Städte an den hl. Stuhl heraus=
zugeben und nichts Feindseliges mehr gegen denselben zu unternehmen,
schrieb ihm der Papst: [2] »Peto te, ut jubeas firmiter in hoc bono
opere usque in finem permanere pro sanctae Dei ecclesiae perfecta
exaltatione et ejus populi liberatione et integra securitate.«

Ähnlich bittet Papst Hadrian I. Karl den Großen, »ut, sicut
suus pater sanctae memoriae Pipinus, et ipse succurreret atque
subveniret sanctae Dei ecclesiae et afflictae Romanorum seu Exar-
chatus Ravennatium provinciae.« [3]

Doch auch Pippin und seine Söhne, denen der Patriziat
der Römer übertragen war, erachten es als ihre Aufgabe, schützend und
fördernd für die Angelegenheiten des hl. Stuhles einzutreten. Nicht

---

[1] Jaffé, Cod. Carol. 52.
[2] Ib. ep. 11.
[3] Vita Hadriani p. 104.

nur hatte dieses Pippin zu Ponthion und wieder zu St. Denis ver=
sprochen, auch im Namen seiner beiden Söhne hatte er dieses Versprechen
geleistet. Diese weigerten sich denn auch nicht, dem Versprechen, das
an ihrer Statt der Vater gegeben hatte, Folge zu leisten.

In dem Briefe, in welchem Karl und Karlmann dem Papste von
der Beendigung ihres Zwistes Nachricht gaben, gelobten sie, mit aller
Kraft für die Gerechtsame des hl. Petrus und der hl. Kirche Gottes
einzutreten und an dem Versprechen festzuhalten, welches sie einst mit
ihrem Vater dem Apostelfürsten und seinen Stellvertretern gegeben
hatten. [1]

Im Jahre 774 erneuerte Karl der Große gelegentlich seiner Rom=
reise das Versprechen von Ponthion.

Im Jahre 796 schrieb Karl an den Papst: Er möge mit Angilbert,
seinem Boten, in gegenseitiger Besprechung festsetzen, was sie zur Er=
höhung der hl. Kirche Gottes, zur Festigkeit des päpst=
lichen Ansehens und zur Befestigung seines Patriziates für notwendig
erachteten. Dann sprach er den Wunsch aus, mit dem Papste das
Bündnis derselben Treue und Liebe, wie er es mit seinem Vorgänger
eingegangen hatte, wiederum zu schließen, auf daß der heiligste Stuhl
der römischen Kirche mit der Gnade Gottes allzeit durch ihn verteidigt
werde. Seine, des Königs, Aufgabe sei es, den römischen Stuhl stets
zu beschützen, die christliche Kirche nach außen gegen die Heiden und
Ungläubigen mit Waffengewalt zu verteidigen und nach innen durch die
Erkenntnis des katholischen Glaubens zu befestigen.

Und mit derselben Gesinnung bestimmte im Reichsteilungsgesetze
von 806 der Kaiser (c. 15): „Über alles aber befehlen wir und schreiben
wir vor, daß die drei Brüder die Sorge und Verteidigung der Kirche
des hl. Petrus gemeinsam übernehmen, wie dieselbe auch einstmals von
unserem Großvater Karl und unserem Vater seligen Andenkens, dem
König Pippin, und nachher von uns übernommen worden, auf daß sie
dieselbe mit Hilfe Gottes gegen ihre Feinde zu verteidigen streben und
ihre Gerechtsame wahrnehmen, soweit sie dieselben angehen und es klug
erscheint (ratio postulaverit)."

So umfaßt also der Patriziat der Römer unbestreitbar einen durch
die Sicherheit der römischen Kirche und der Respublica Romanorum
bedingten Kreis von Pflichten, sowohl nach der Idee des Papstes
wie der Frankenherrscher selbst. Aber auch faktisch suchten, wie es die
Heereszüge Pippins und Karls des Großen nach Rom bezeugen, die
Frankenherrscher diesen Pflichten gerecht zu werden.

----

[1] Jaffé, Cod. Carol. ep. 46. p. 156 sq.

Doch nicht nur Pflichten, sondern auch Rechte wurden mit jenem Titel „Patrizius der Römer" dem Frankenkönige verliehen. Dieses scheint vor allem in der Natur der Sache zu liegen. Der Papst wollte, indem er Pippin und seinen Söhnen das Patriziat der Römer übertrug, dem König zugleich für sein geleistetes Versprechen ein Entgelt bieten, aber auch seinen Söhnen, in deren Namen der Vater gleichfalls das Versprechen gegeben hatte. Diese Gegenleistung des Papstes konnte nicht in der Salbung des Königs bestehen, denn zur Thronbesteigung Pippins war römischerseits bereits die Zustimmung gegeben [1]) und die Königswürde faktisch anerkannt worden. Dieselbe bestand vielmehr in dem Titel »Patricius Romanorum.« Indem dieser Titel auch Rechte einschloß, mußte er zugleich dazu dienen, den Frankenkönig zur Ausführung des gegebenen Versprechens zu ermuntern und anzueifern, und auch das mußte in der Absicht des Papstes liegen.

Welcherlei Rechte schloß nun der Titel „Patrizius der Römer" ein? Wir haben bereits zu Anfang dieses § erwähnt, daß man den Patriziat der Römer zum Exarchat, wie es in Ravenna bestand, in Beziehung brachte [2]) und sagte, daß im Patriziat der Römer geradezu eine Stellvertreterschaft des griechischen Kaisers in Italien liege, wie sie der Exarch von Ravenna besessen hat.

Hören wir wiederum die Gründe, welche für diese Auffassung vorgebracht wurden.

Man erinnerte, [3]) daß Aetius, der Heerführer der Kaiserin Placidia und Sieger auf den catalaunischen Gefilden, den officiellen Titel: »Dux Romanorum et Patricius« geführt habe. Diesem Titel entsprach aber auch seine Macht, mit der sich kein zweiter Beamter im Reiche messen konnte: er galt als rechte Hand, geradezu als Stellvertreter des Kaisers.

Gleich nach Aetius trat mit dem Titel eines Patrizius Asparius auf, gleichfalls Befehlshaber der kaiserlichen Truppen und von solchem Einflusse, daß er nach dem Tode des Kaisers Marcian, da er selbst wegen der Makel der Häresie den Thron nicht besteigen konnte, den Thrazier Leo auf denselben setzen konnte, in dessen Namen er dann zu herrschen gedachte.

Odoaker, der die Gewalt in Italien in seinen Händen hatte, ließ sich von dem nach Dalmatien geflüchteten weströmischen Kaiser Julius Nepos den Titel eines Patrizius verleihen und schickte sodann

---

[1]) Vgl. S. 20 N. 6.
[2]) So Abel I. 171 ff. Grashof 41, 208—213 u. a.
[3]) Vgl. Grashof l. c. Gasquet 148—156.

an den oströmischen Kaiser Zeno eine Gesandtschaft, um auch von diesem den Patriziat und die Verwaltung Italiens zu erhalten. Was bedeutet dieser Vorgang? Odoafer wünschte, obgleich er, wie bemerkt, die Macht besaß, besonders in den Augen der Eingeborenen außer seinem Schwerte auch eine Art Rechtstitel für seine Herrschaft aufweisen zu können, und da die beiden rechtmäßigen Kaiser noch lebten, war nichts einfacher, als daß er sich von den beiden jenen Titel verleihen ließ, der damals den Inbegriff aller Würde und Macht nach dem Kaiser bildete, nämlich den Titel „Patrizius."

Ebenso führte Syagrius, der damals in Gallien die Herrschaft inne hatte (nomineller Kaiser war der genannte Julius Nepos), den Titel „Patrizius". Selbst Chlodwig anerkannte ihn deshalb als Stell-vertreter des Kaisers; doch als dieser im Jahre 480 starb, bekämpfte und besiegte Chlodwig den Syagrius und hatte nun, da er selbst Herr in Gallien war, nichts eiligeres zu thun, als sich vom Kaiser in Kon-stantinopel den Titel „Patrizius" geben zu lassen.

Als Liudprand, Bischof von Cremona, der bekannte Geschicht-schreiber, vom deutschen Kaiser Otto I. als Gesandter nach Konstantinopel geschickt wurde, schrieb er in seinem, von dort datierten und an den Kaiser gerichteten Gesandtschaftsberichte u. a.: „Als ich nach Konstantinopel zurückkehrte, ließ mir der Patrizius Christophorus, der des Kaisers Stellvertreter ist, sagen, ich könne noch nicht abreisen." . .

Diese Stellen, welche leicht noch vermehrt werden könnten, sollen darthun, daß man im ost- und weströmischen Reiche unter dem „Patrizius" den Stellvertreter des Kaisers gemeinhin verstanden hat. Wenn also Papst Stephan III. dem Frankenkönige und seinen beiden Söhnen den Titel „Patrizius der Römer" verlieh, so könne kein Zweifel sein, daß auch die Franken zu jener Zeit die Bedeutung dieses Titels wohl verstanden haben. Hätte der Papst Pippin nur etwa den Schirm und Schutz der Kirche übertragen wollen, so hätte er ihm passender den Titel Defensor oder auch Patronus ecclesiae verliehen (letzterer Name war damals noch nicht so sehr wie heute der Ausdruck für ein Ab-hängigkeitsverhältnis zwischen dem Schützer und dem Beschützten). Aber der Papst wollte eben, sagt Grashof,[1]) dem ganzen Vorgange eine tiefere Bedeutung geben, der Titel sollte mehr sagen als nur: „Schutzpatron, Schirmpatron der Kirche." „Der Frankenkönig soll die Kirche schützen und schirmen, und um vor der christlichen Welt dafür eine altehrwürdige, höhere Legitimation aufweisen zu können, wird er zum Patrizius, das heißt zum Stellvertreter des Kaisers ernannt.

---

¹) 41, 207.

Der christlich-römische Kaiser, der das imperium mundi in seiner Hand trägt, dieser Kaiser, will Papst Stephan sagen, ist der eigentliche naturgemäße Schutzherr über die Kirche. Aber dieser Kaiser erfüllt seine ehrenden Pflichten als Schirmvogt der Kirche nicht, er selbst ist in Rom, der Hauptstadt der christlichen Welt, machtlos. Darum soll Pippin an des Kaisers Stelle der Kirche Schutz- und Schirmherr sein. Und da nicht bloß die Kirche leidet, sondern auch das Volk der Römer, das Papst Gregor III. in seinem Schreiben an Karl Martell bereits das »peculiaris ecclesiae s. Petri populus« genannt hatte,[1] in schmählicher Weise bedrängt wird, so soll auch in dieser Hinsicht Pippin den Kaiser vertreten."[2]

Daß der Titel „Patrizius der Römer", der Pippin und seinen Söhnen verliehen wurde, in Wirklichkeit soviel als Stellvertreter des Kaisers bedeutet, dafür wird schließlich noch angeführt, daß Karl der Große vom Tage seiner Kaiserkrönung an, wie uns mehrere Chronisten berichten, den Titel eines Patrizius abgelegt hat. Und die Chronisten sagen nicht nur, daß er diesen Titel fortan nicht mehr geführt habe, sie reden vielmehr von einem förmlichen Ablegen desselben. »Et post laudes more antiquorum principum adoratus est atque ablato patricii nomine imperator et Augustus est appellatus.«[3] Dies erregt den Verdacht, der Kaiser habe den Titel „Patrizius" in fast demonstrativer Weise abgelegt. Dieses habe aber Karl der Große gethan, weil jener Titel nunmehr überflüßig war, ja keinen Sinn und keine Bedeutung mehr hatte. Karl war jetzt selbst Kaiser, war dem griechischen Kaiser ebenbürtig, nicht mehr nur dessen „Stellvertreter". Hätte der Name „Patrizius" den Sinn einer kaiserlichen Stellvertretung nicht gehabt, hätte er einfach nur Beschützer, Beschirmer der Kirche bedeutet, dann hätte Karl neben seinem neuen Kaisertitel den Namen „Patrizius" fortführen können, und er hätte es sicher gethan, da er dadurch in den Augen seiner Völker nur an ehrfurchtgebietender Würde und an Ansehen gewonnen haben müßte.[4]

Man hat auch eine andere Seite jenes Aktes vom Jahre 754, durch den Papst Stephan III. dem Frankenkönig die Patriziatswürde übertrug, hervorgehoben. „Es war ein fein diplomatischer Zug", sagt Grashof (41, 214), „den Stephan III. mit der Wahl und Übertragung dieses Titels an Pippin that; er erreichte damit ein Zweifaches. Zunächst

[1] Cod. Carol. ep. 1. et 2. (Jaffé IV. 14 sqq.)
[2] Grashof 41, 214.
[3] M. G. I. 352.
[4] Grashof 41, 212.

war für die bedrohten Interessen der Kirche und des römischen Gemein=
wesens ein faktischer, zuverlässiger, eifriger Schirmvogt gewonnen, sodann
aber auf den griechischen Hof die zarteste Rücksicht genommen. Der Papst
wollte mit Byzanz nicht abbrechen, wollte dem griechischen Kaiser die=
jenige Würde, welche die ehrendste für denselben bisher in den Augen
der ganzen Christenheit war, welcher der Kaiser das Bißchen Ansehen,
in dem er im Abendlande noch stand, einzig verdankte, seine Würde als
oberster Schutz= und Schirmherr der Kirche nicht nehmen . . . Alle
früheren Würdenträger dieser Art hatte der Kaiser ernannt; natürlich,
es handelte sich ja dabei um seine Person mit, die er vertreten lassen
wollte. Jetzt ernennt zum ersten Male der Papst einen Stellvertreter
für den Kaiser, der wohl bemerkt Patricius Romanorum genannt
wurde und als solcher die Sorge nicht bloß für die Kirche, sondern
auch für die politischen und bürgerlichen Interessen der Römer zu über=
nehmen hat."

Diese Auffassung, welche den Patrizius der Römer als Stellver=
treter des Kaisers denkt, mußte zur Frage Veranlassung geben: Woher
hatte der Papst ein Recht, dem fränkischen Könige und seinen Söhnen
die Stellvertreterschaft des Kaisers in Italien zu übertragen und einen
Titel und eine Würde zu verleihen, welche bisher nur der byzantinische
Kaiser selbst verliehen hatte?

Diese Frage ist schwer zu beantworten. Mehrere[1]) behaupteten,
der Papst habe sich einfach das dem Kaiser zustehende Recht angemaßt,
andere[2]) meinten, er habe hiezu gar eine Erlaubnis des Kaisers besessen,
wofür sie freilich keine Beweise erbringen konnten. Döllinger urteilte,[3])
die Römer und der Papst an ihrer Spitze und in ihrem Namen hätten
bereits in dem Gefühle gehandelt, daß das römische Volk im Notfalle
ein Amt, eine Würde verleihen könne, ohne auch dazu von Byzanz
ermächtigt zu sein. Waitz (III. 80 f.) hingegen, der Papst habe Pippin
ein Recht übertragen, indem er als Stellvertreter des in der Idee
fortlebenden Reiches handelte; er bestellte den fränkischen König
als den, welcher die Rechte desselben wahrnehmen, insonderheit die Kirche
und ihren Bischof schützen und verteidigen sollte.

Wenden wir uns nun der kritischen Beleuchtung vorliegender
Frage zu. Wir möchten nicht alle der für die Meinung: „im Patriziate,
auch in dem Pippins und seiner Söhne, liege die Stellvertreterschaft

---

[1]) Leo. I. 185. Herzog II. 44. Abel I. 171 f.

[2]) J. B. Luden IV. 207. Auch Gasquet sagt (237): „Le patriziat, qui
était une dignité impériale, fut cette fois conféré au prince franc avec l'autori-
sation et l'aveu de l'empereur".

[3]) Münchener historisches Jahrbuch 1865, 321.

des Kaisers eingeschlossen", vorgebrachten Gründe ohne weiteres billigen. So konnte es z. B. doch rein zufällig sein, daß Christophorus, der Stellvertreter des Kaisers, auch den Titel „Patrizius" führte. Ebenso ist es nicht erwiesen, daß die Ablegung dieses Titels seitens des Kaisers Karl etwas Demonstratives in sich geschlossen habe. Der Frankenherrscher konnte jenen Titel auch ablegen, weil nach seiner Meinung der neue Titel eines Kaisers so gut wie der eines Patrizius der Römer auch den Schutz der Kirche einschloß, nicht aber weil er nun der Bezeichnung eines kaiserlichen Stellvertreters nicht mehr bedurft hätte. Auch bleibt bei jener Annahme unerklärt, warum sich der griechische Kaiser still- schweigend verhalten hat, als Pippin und seine beiden Söhne zu Patriziern, also zu Stellvertretern des Kaisers und zwar vom Papste ernannt wurden, während doch nach dem Weihnachtsfeste des Jahres 800 sofort heftiger Widerspruch erhoben wurde und Protest auf Protest folgte. Dem byzantinischen Kaiser konnte doch nicht verborgen sein, daß die Konstituierung der Respublica Romanorum nichts anderes als die völlige Unabhängigkeitserklärung Roms und des römischen Gebietes vom griechischen Kaisertum bedeutete. Ist es zu glauben, daß der Kaiser sich mit dem Gedanken beruhigt, der Papst habe auf ihn die „zarteste Rück- sicht" genommen, indem er den Frankenkönig und seine Söhne nur zum Patrizius der Römer, nur zu seinem, des Kaisers, Stellvertreter gemacht hatte, offenbar ohne dazu befugt zu sein?

Ferners war der griechische Kaiser auch Souverän der Römer und übte durch seinen Exarchen auch jurisdiktionelle Gewalt über sie aus, was sich vom fränkischen Patrizius der Römer, wenigstens von 754 bis 796, im allgemeinen nicht sagen läßt.[1])

Doch läßt sich ebensowenig läugnen, daß man in Rom selbst zwischen dem neuen Patrizius der Römer und dem Exarchen als dem kaiserlichen Stellvertreter in Italien einige Ähnlichkeit erblickt hat. Im Jahre 774 empfingen die Römer zum ersten Male Karl den Großen in ihren Mauern. Das Papstbuch, welches uns näheres über den Zug des Königs und dessen Empfang in Rom berichtet, fügt zum Schluße noch bei, es habe der Papst befohlen, ihm auch die Kreuze entgegenzutragen; »sicut mos est exarchum aut patricium suscipiendum; eum cum ingenti honore suscipi fecit.«[2])

Eine solche Ähnlichkeit zwischen dem fränkischen Patrizius und dem Exarchen von Ravenna bestand faktisch hinsichtlich der Pflichten,

---

[1]) Vgl. Döllinger, Münchener historisches Jahrbuch 1865, 321. Hegel I. 209 ff. Martens 113. Grashof 42, 210. 215. Niehues I. 487 ff.
[2]) Duchesne I. 497.

3*

welche früher dem Exarchen und nunmehr dem Patrizius der Römer oblagen. Wie es Aufgabe des Exarchen war, an Stelle des Kaisers der Kirche Schutz zu gewähren sowie die politischen und bürgerlichen Interessen der Römer und des römischen Gemeinwesens zu wahren, so, wie gezeigt, auch Aufgabe des Patrizius. Dann aber auch — wie schon die obige Notiz des Papstbuches von einem feierlichen Empfange in Rom verrät — bezüglich gewisser beiderseitiger Rechte. Abel (I. 172) meint freilich, das Papsttum habe den Karolingern die Patriziats= würde auflegen wollen, lediglich um ihnen Pflichten aufbürden zu können, nicht aber um ihnen Rechte zu verleihen. Doch ist es von vorn= herein wahrscheinlich, daß sich die Karolinger eine Würde anbieten ließen, welche nichts als Pflichten, und zwar oft Pflichten der schwersten Art (wir denken nur an die Feldzüge, welche die Verteidigung der römischen Kirche und des römischen Gebietes notwendig machte) in sich schloß, aber nicht zugleich auch gewisse Rechte in sich begriff? Den Karolingern bot die mit der Patriziatswürde übernommene Verpflichtung, die römische Kirche und das römische Gebiet zu schützen, zum mindesten die gewünschte Gelegenheit, den Papst und die Römer allmählich mehr von ihrer Regierung abhängig zu machen und mit der Zeit über das Gebiet, zu dessen Verteidigung sie so oft die Waffen ergreifen mußten, selbst ober= herrliche Rechte geltend zu machen. Die Patriziatswürde gab ihnen die Gelegenheit und Mittel in die Hand, mit der Zeit selbst Souveränitäts= rechte, wie sie einstmals der griechische Kaiser besessen, über Rom und das römische Gebiet zu erlangen.

Zu den Rechten, welche der Exarch von Ravenna als kaiserlicher Stellvertreter in Italien auszuüben befugt war, gehörte auch dieses: die Papstwahlen zu bestätigen. Es fragt sich nun, ob dieses Recht auch auf die neuen Patrizier der Römer, die Frankenkönige, über= gegangen ist.

Grashof (42, 213) meint: Einen Einfluß auf die Papstwahl, der dem Kaiser nicht zukam, konnte auch der Patrizius nicht geltend machen, da offenbar dem Stellvertreter des Kaisers keine weiteren Befugnisse zustanden, als dem Kaiser selbst. Dabei geht er jedoch (vgl. 42, 212) von der Annahme aus, daß nach dem Jahre 684 die oströmischen Kaiser keinerlei Rechte bezüglich der Papstwahlen mehr erlangt haben und die Handlungsweise einiger späterer Exarchen nichts als „reine Gewaltakte" waren.

Staudenmaier urteilt (142): „Von Pippin finden wir nicht, daß er nach Annahme des römischen Patriziates jenes Recht (der Be= stätigung) geübt hätte, wenn schon diese Würde ihm Einfluß in die Wahl des Oberhauptes der Kirche gegeben haben mochte."

Lorenz spricht sich, wie folgt, aus: In den Abmachungen zwischen Pippin und Stephan III. sei zwar die Frage über die Papstwahlen nicht besonders in Erörterung gezogen worden (S. 25); „doch durfte man schon auf Grund des neuen Titels des Königs als Patrizius von Rom annehmen, daß die Repräsentation der Staatsgewalt bei der Papstwahl nunmehr auf den fränkischen Nachfolger übergegangen war" (S. 26). In dem Vorgehen Odoakers vom Jahre 483 findet Lorenz (S. 18) „ein frühes Beispiel für die später oftmals erhärtete Behauptung, daß der Kaiser als Patrizius von Rom die wichtigste Stellung bei den Papstwahlen einnehme".

Lorenz beruft sich zum Beweise für seine Behauptungen zunächst auf das Wahlschreiben Pauls I., des unmittelbaren Nachfolgers Stephans III., an den neuen Patrizius der Römer. „Es ist dasselbe Formular", sagt er, „welches sonst dazu diente, den Exarchen von Ravenna um die Bestätigung zu bitten" (S. 32). Des weiteren beruft er sich darauf, daß Paul I. nach seiner Wahl Pippin gebeten habe, er möge den fränkischen Gesandten Immo noch in Rom belassen, bis seine Konsekration vollzogen sei. (Vgl. den nächstfolgenden §.)

Martens bestreitet sowohl, daß aus jenem Schreiben Pauls I. an Pippin, als auch aus jener Bitte des Papstes, den Immo noch während der Konsekration in Rom zu belassen, irgend welche Schlüsse gezogen werden können. „Ich kann nicht zugestehen", sagt er (S. 115), „daß in dem von den Römern ausgesprochenen Wunsche, der in Rom weilende fränkische Gesandte möchte der Konsekration des Papstes beiwohnen, die Anerkennung der staatlichen Gewalt liege, wie Lorenz meint. Wo bloße Wünsche vorgetragen werden, handelt es sich nicht um die Abwägung oder Durchführung von Rechtsansprüchen." Der Papst und die Römer konnten, wie Martens weiterhin bemerkt, überhaupt nicht für verpflichtet angesehen werden, dem Frankenkönige die Anzeige von einer erfolgten Neuwahl zu machen, und wenn dieses faktisch fast regelmäßig geschah, so war es „lediglich freier Wille, eine Frucht und Folge des gegenseitigen Freundschaftsbündnisses, sowie einer angemessenen Rücksichtnahme auf den Defensor ecclesiae" (S. 116).

So sehen wir die Geschichtsforscher über diese Seite des Patriziats der Römer, wie es scheint, in einem unlöslichen Widerspruche.

Um zu einem Resultate zu gelangen, suchen wir hier im voraus die geschichtlichen Nachrichten darüber zusammenzustellen, wie sich die Päpste, angefangen von Paul I. bis auf Hadrian I., unmittelbar nach ihrer Erwählung zum Patrizius der Römer verhalten haben.

Paul I. zeigt 757 seine Wahl dem Patrizius der Römer mit Versicherungen der Ergebenheit an. Er macht diese Anzeige, noch ehe seine Konsekration stattgefunden hat. Wahrscheinlich fand diese erst statt, nachdem er auf seine Bitte, einen in Rom anwesenden fränkischen Gesandten auch noch während der Vornahme der Weihe dort zu belassen, von Pippin zustimmenden Bescheid erhalten. Doch er bittet den Franken= könig nicht um Bestätigung der Wahl, wie es bis dahin Sitte war, in einem feststehenden Formulare den Exarchen von Ravenna um Ge= nehmigung der Wahl zu ersuchen.

Konstantin, ein Eindringling, wendet sich im Jahre 767 gleich= falls an Pippin. Er zeigt in einem ersten Briefe dem Frankenkönig seine Erhebung an und bittet ihn „demütig und kniefällig, auch ihm wie den beiden Brüdern Stephan III. und Paul I. nächst Gott ein getreuer Helfer zu sein." Von ihm erwartet er Schutz und Hilfe in dem zu erwartenden Kampfe. Doch Pippin, der von der wahren Lage in Rom vielleicht eine Ahnung hatte, scheint ihn keiner Antwort gewürdigt zu haben, sei es, daß er sich noch besser informieren wollte, sei es, daß er sich gerade durch sein Stillschweigen gegen ihn erklären wollte. Die Lage war damals in Rom eine derartige, daß sich der Patrizius der Römer notwendig in die Wirren hätte einmischen müssen, wollte er nicht sagen: „Ich kenne den Konstantin nicht als rechtmäßig gewählt an, darum versage ich ihm auch meine Hilfe."

Stephan IV. wurde 768 gewählt und unmittelbar darauf ge= weiht. Die Umstände, unter denen diese Wahl und Weihe erfolgten, waren ganz außerordentliche. Sollte endlich Ruhe in Rom werden, mußte die Konsekration unverzüglich der Erwählung nachfolgen. Doch sogleich, »in exordio ordinationis suae«, sagt der Liber pontificalis, ordnet der Papst eine feierliche Gesandtschaft an die fränkischen Herrscher ab und bittet um Absendung von zwölf tüchtigen Bischöfen aus ihrem Reiche zur Teilnahme an einem Konzil, auf dem diese Bischöfe ganz besonderes Ansehen genießen. Daß Stephan III. in seinem (ver= loren gegangenen) Schreiben auch seiner Erhebung erwähnte, dürfte natürlich sein, wenn es auch das Papstbuch nicht eigens berichtet.

Allerdings findet sich in den Bestimmungen des Konzils von 769 nichts von einer Beteiligung des fränkischen Patrizius der Römer an der Papstwahl; indes ist zu beachten, daß sich dieses Konzil überhaupt nicht mit der Stellung des fränkischen Herrschers zu Rom und zur Kirche beschäftigte, sondern mit den Wählern des Papstes, als welche früher Klerus und Volk, nunmehr aber die Kleriker allein erscheinen.

Auch von Hadrian I. (772) weiß das Papstbuch nichts von einer Wahlanzeige an den fränkischen Hof zu berichten. Daß eine solche wahrscheinlich dennoch gemacht wurde, lassen uns die guten Beziehungen vermuten, welche nach derselben Quelle zwischen dem König und dem Papste anfänglich bestanden haben.

Genauer sind wir wiederum über die Vorgänge bei der nächsten Papstwahl berichtet. Zwar ist uns auch in diesem Falle das Schreiben verloren, welches Papst Leo III. (795) nach seiner Erwählung und Weihe — beide schlossen sich unmittelbar aneinander — an den Frankenkönig richtete. Doch wissen wir aus dem Antwortschreiben Karls des Großen, daß der Papst seine Wahl ihm anzeigte, sowie daß er ihm das Wahlprotokoll überschickte und dem König Treue und Gehorsam versprach. Einhard vervollständigt diese Nachricht mit der weiteren Mitteilung, daß der Papst an den König auch die Bitte richtete, einen seiner Großen zu entsenden, der dem römischen Volke den Eid der Treue und Unterwürfigkeit abnehmen soll, womit die Ann. lauriss. übereinstimmen, wenn sie erzählen, der Papst habe Karl dem Großen das Banner der Stadt Rom übersendet.

Damit war Leo III. einen Schritt weiter gegangen als seine Vorgänger. Denn bis dahin hören wir nicht, daß ein Papst das Wahlprotokoll dem König eingesendet, ihm Gehorsam und Treue versprochen, ihm das Banner der Stadt geschickt und sogar um einen Gesandten gebeten hätte, der die Römer in Pflicht nahm.

Über die Bedeutung der Einsendung des Wahlprotokolls für die Papstwahl selbst werden wir uns geeigneten Orts des näheren aussprechen.

Hier sei nur konstatiert: Die Päpste, von Paul I. angefangen bis auf Hadrian I., zeigen — wir dürfen annehmen ausnahmslose — ihre Erhebung auf den apostolischen Stuhl dem Patrizius der Römer an. Diese Anzeige zu machen, war jedoch, wie uns scheint, nicht in ihrem freien Willen gelegen, sondern durch die Stellung, welche der Frankenkönig als Patrizius der Römer dem Papste und den Römern gegenüber einnahm, notwendig gefordert. Die Päpste mußten sich von anfang an, d. h. seit der Errichtung der Respublica Romanorum, an die Frankenkönige anlehnen und von ihnen Schutz und Hilfe in den mannigfachen Bedrängnissen, welche der päpstliche Stuhl bei der Lage in Italien zu erdulden hatte, erbitten, nicht aber umgekehrt. Diese durch die Natur der Verhältnisse gebotene Stellung des Papstes und der Römer zu ihrem Patrizius fand bereits im Jahre 757 einen marquanten Ausdruck, indem sich die Römer in einem Schreiben an Pippin[1] als »fideles« des Frankenkönigs bezeichneten.

---

[1] Ep. 13. Jaffé IV. 69 sqq.

Indem die Päpste dem fränkischen Patrizius der Römer die An=
zeige von ihrer Wahl machen mußten, räumten sie demselben jedoch kein
Bestätigungsrecht in dem Sinne ein, wie es vordem die byzantinischen
Kaiser geltend gemacht und entweder selbst oder durch ihren Exarchen
zu Ravenna geübt hatten. Vielmehr fand die Konsekration eines neu=
gewählten Papstes statt, ehe der Patrizius auf die geschehene Anzeige
eine Rückäußerung gegeben hatte oder nur geben konnte. Erst als sich
der politische Einfluß der Karolinger auf Rom und das römische Gebiet
erhöhte, erst als mit der Zeit die Karolinger Oberhoheitsrechte über die
Respublica Romanorum gewannen und dann mit kaiserlicher Macht
über dieselbe geboten, suchte man auch dieses Verhältnis zu ändern,
wie sich zeigen wird.

Demnach hatte der neue fränkische Patrizius der Römer bezüglich
der Papstwahlen jedenfalls nicht dieselben umfangreichen Rechte wie
vordem der byzantinische Kaiser oder dessen Stellvertreter in Italien,
auch nicht nach seiner eigenen Auffassung, denn wir hören niemals, daß
sich derselbe über eine Beeinträchtigung in seinen diesbezüglichen Rechten
beschwert hätte. Doch hatte der Frankenherrscher in der ihm jedesmal
zukommenden Anzeige einer erfolgten Neuwahl eine Basis, von der aus
er mit der Zeit einen Einfluß auf die Papstwahlen erlangen konnte,
und auch insoferne bildete die Patriziatswürde, wie sonst in vielen Be=
ziehungen, die Stufe zu weiteren Rechtserwerbungen.

Nachdem wir uns im vorausgehenden nur im allgemeinen über
die Beziehungen des Patriziates zu den Papstwahlen ausgesprochen
haben, ist es nunmehr unsere Aufgabe, im einzelnen die Vorgänge bei
den Papstwahlen in der Zeit von 754 bis 800 zu beleuchten.

§ 3.
Erwählung Pauls I. im Jahre 757.

Sogleich vom Begräbnis Stephans III. weg, ja noch als dieser
am Sterben lag, wurde der Diakon Paulus gewählt, welcher längst
bedeutenden Anteil an den Geschäften des hl. Stuhles genommen hatte
und wegen seiner Frömmigkeit und seiner Liebe zu den Armen und
Kranken allgemein geachtet war. Er war ein Bruder des verstorbenen
Papstes, mit dem er zugleich vom Papste Zacharias die Weihen erhalten
hatte. Nur seine hervorragenden und zugleich volkstümlichen Eigenschaften

— das Papſtbuch) V. Pauli c. 3 führt dieſelben des näheren an [1] — machen eine Wahl erklärlich, wie ſie vereinzelt in der Kirchengeſchichte daſteht, ſowie auch, daß eine Gegenpartei (nach Baxmann I. 251 die longobardiſche, während Paulus von der fränkiſchen Partei auserſehen geweſen ſein ſoll), welche den Archidiakon Theophylakt erhoben wollte, ihren Kandibaten fallen ließ. Daß die Partei des Theophylakt nicht die ſtärkere war, geht freilich auch aus dem Berichte des Papſtbuches [2] ſowie aus dem gleich zu erwähnenden Schreiben des Papſtes Paul I. an Pippin hervor. [3]

Papſt Stephan III. war am 24. April 757 geſtorben. Erſt am 29. Mai fand die Weihe ſeines Bruders und Nachfolgers ſtatt. Noch vor ſeiner Konſekration, wie ſich aus der Aufſchrift des Briefes ergibt, zeigte der neuerwählte Papſt dem Könige der Franken und Patrizius der Römer ſeine Wahl mit Verſicherungen der Ergebenheit an. Die Einleitung zu ſeinem Schreiben an den König, welche über den Hingang ſeines Bruders, Stephans III., handelte, entnahm der Papſt dem Liber diurnus, dann betonte er die Einmütigkeit ſeiner Wähler und bat, den fränkiſchen Geſandten Immo noch in Rom zu belaſſen, bis ſeine Kon= ſekration vollzogen ſei, damit derſelbe zugleich mit dem päpſtlichen Ge= ſandten ihm über die Lauterkeit der Liebe berichten könne, von der Papſt und Volk gegen Pippin erfüllt ſeien. Zugleich berührte der Papſt das von ſeinem Vorgänger mit dem König abgeſchloſſene Freundſchafts= bündnis, welches auch er nebſt ſeinem Volke treu und unverbrüchlich halten werde. [4] Pippin ſandte ihm hierauf das Tuch, in welchem ſeine

---

[1] Duchesne I. 463.

[2] Der Liber pontificalis (Duchesne l. c.) erzählt: „Nam dum isdem eius germanus et antecessor pontifex ad extremum pertingeret vitae, illico populus huius Romanae urbis divisus est; et alii cum Theophylacto archidiacono teuentes in eius domo congregati residebant, alii vero eodem beatissimo concordabant Paulo diacono, plurima pars judicum et populi cum eo tenentes quam cum praedicto Theophylacto archidiacono. Ipse vero sanctissimus vir nequaquam a Lateranense patriarchio recessit, sed cum ceteris fidelibus suo aegrotanti germano et praedecessori pontifici perseveranter famulabatur. Dum vero de hac vita praedictus eius germanus et praedecessor pontifex migrasset, eoque cum ingenti honore in basilica beati Petri sepulto, continuo eadem populi congregatio quae cum saepefato beatissimo Paulo tunc diacono tenebat, quoniam validior et fortior erat, eum in pontificatus culmen elegerunt. Post haec hi qui cum praefato archidiacono aggregati erant dispersi sunt."

[3] Der Papſt ſchreibt: „a cuncta populorum caterva mea infelicitas electa est."

[4] Vgl. das Schreiben bei Jaffé no. 2336 und in deſſen Cod. Carol. p. 67 sqq. (bei Mansi II. 594).

neugeborne Tochter Gislana aus der Taufe gehoben worden war, und wollte ihn so nachträglich zum Mitpaten machen.

Dieses sind die geschichtlichen Nachrichten, welche wir über die Erhebung Pauls I. auf den apostolischen Stuhl besitzen. Was uns auffallend erscheinen muß, ist die Anwesenheit eines fränkischen Gesandten in Rom gerade zur Zeit des Wahlaktes. Da uns jede bestimmte Nachricht fehlt, weshalb sich Immo nach Rom begeben mußte, können wir auch nicht mit Sicherheit sagen, ob überhaupt die Gegenwart dieses Gesandten eine Beziehung zur Papstwahl hatte. Die Meinung (Bayet 70), die längere Krankheit des Papstes Stephan III. habe Pippin veranlaßt, einen Gesandten abzuordnen, der offiziell eine etwa notwendige Neuwahl überwachen sollte, ist eine bloße Vermutung, welche weder in der Geschichte der früheren Papstwahlen (niemals war der Exarch zur Überwachung der Papstwahl nach Rom gekommen) noch auch in jener der späteren einen Anhaltspunkt hat. Vielleicht war Immo abgesandt, um mit Stephan zu verhandeln, den er jedoch bereits schwer krank oder gar nicht mehr am Leben traf. Mit ziemlicher Gewißheit läßt sich sagen, daß auch diese Wahl regelmäßig wie alle vorausgehenden vor sich gegangen sei, ohne daß die weltliche Macht (hier Pippin) ein Wort dazu geredet hätte. Die Freiheit der Wahl wurde den Römern von den Karolingern mehrmals als ihr ureigenstes Recht garantiert.

Doch die vollzogene Wahl zeigt der neuerwählte Papst dem Patrizius der Römer in einem ehrerbietigen Schreiben an. Und wie es scheint, ziemlich frühe. Denn er bittet, Immo bis zu seiner Konsekration in Rom zu belassen, erwartete also zweifellos die zusagende Antwort Pippins, ehe er die Weihe an sich vollziehen ließ. Daß sich der Papst derselben Eingangsformel bedient, wie sie der Liber diurnus verzeichnet, also in byzantinischer Zeit üblich war, daraus läßt sich nicht ohne weiteres, wie es Bayet und Lorenz thun wollen, schließen, es habe der Papst damit dem Kaiser dasselbe Recht der Bestätigung der Wahl zuerkannt, wie es die byzantinischen Kaiser und später in ihrem Namen die Exarchen geübt hatten. Denn das Schreiben Pauls I. an den Patrizius der Römer ist nicht dasselbe Formular, „welches sonst dazu diente, den Exarchen von Ravenna um die Bestätigung zu bitten" (Lorenz). Jenes Schreiben ist nicht dasselbe, wie sich aus Lorenz selbst ergibt: die Übereinstimmung beschränkt sich auf eine gleichgiltige Phrase, von einer Bitte um Bestätigung, worauf es ankäme, enthält das Schreiben keine Spur. Lorenz selbst verkennt nicht, daß der Ton des an Pippin gerichteten Schreibens des neuen Papstes vertraulicher, herzlicher sei denn in früheren Formularien; desgleichen gesteht er, daß das päpstliche Schreiben formell und sachlich weniger große Zugeständ-

niſſe enthalte als die früheren Schreiben an den Exarchen: die alte
Formel ſei in mancher Hinſicht verändert worden, auch habe man die
Zuſage, daß mit der Konſekration des Papſtes bis zur erfolgten Be=
ſtätigung gewartet werden ſollte, nicht gemacht. Der Gebrauch der
früher üblichen Eingangsformel hat ſicherlich nur einen äußeren Grund;
der Verfaſſer des Schreibens an den König bediente ſich eben der in
der päpſtlichen Kanzlei befinblichen und bis dahin gebräuchlichen Vor=
lage. Gerade das aber, was für jene Anſicht beweiskräftig wäre,
fehlt, wie bemerkt, in dem Schreiben des Papſtes, die Bitte um Be=
ſtätigung, die in jenem Formular an den Exarchen ſo deutlich aus=
geſprochen war.

Daß der Papſt aber bittet, Immo möchte bei ſeiner bevorſtehenden
Konſekration gegenwärtig ſein, wie es auch der Wunſch der römiſchen
Optimaten war, ſo beruhte dieſes, wie Martens (86) richtig bemerkt,
auf freiem Entſchluſſe und war demſelben keineswegs durch eine beſtimmte
Rechtsverbindlichkeit vorgezeichnet. Immo ſollte ſich, wie der Papſt ſelber
ſchrieb, von der dem Frankenkönige aufrichtig ergebenen Geſinnung der
Römer überzeugen, und dazu bot die Feſtlichkeit der Weihe eine paſſende
Gelegenheit. Zudem mochte ſeine Anweſenheit dem Papſte auch erwünſcht
ſein, um etwa noch bei der Weihe ausbrechende Zwiſtigkeiten, wie ſie ja
leicht von ſeiten der Partei des Theophylakt befürchtet werden konnten,
ſofort kräftig zu begegnen. [1]

Leider iſt uns das Schreiben, womit Pippin jenes des Papſtes
beantwortete, nicht erhalten. Die lange Verzögerung der Weihe wie
auch der Umſtand, daß der Papſt an den König eine Bitte bezüglich
derſelben gerichtet hatte, führt uns zur Vermutung, es ſei die Konſe=
kration erſt vollzogen worden, nachdem das Antwortſchreiben Pippins
eingetroffen war, in dem, wie ſich denken läßt, der Bitte Pauls I. gerne
Gewähr geſchenkt wurde. Demnach wohnte der Konſekration dieſes Papſtes
ein fränkiſcher Legat, und zwar auf Bitten des Papſtes ſelbſt, bei.

---

[1] Man kann darum Bayet (70) zuſtimmen: „La présence de l'envoyé
royal à la cérémonie de l'ordination fortifiera l'autorité du nouveau pape contre
les partisans de Théophylacte, mais elle n'impliquera point que le roi ait le
droit d'intervenir dans l'élection et qu'on ne puisse procéder à la consécration
qu'avec son assentiment."

§ 4.
Die Erhebung Konstantins im Jahre 767.

Noch lag Papst Paul I. im Kloster St. Paul vor den Mauern auf dem Sterbebette — sein Tod erfolgte am 28. Juni 767[1]) —, da traf bereits eine mächtige Adelspartei Anstalten, um mit Gewalt den apostolischen Stuhl zu besetzen. Dieses Unterfangen war bei der veränderten Stellung des Papsttums nicht zu verwundern. Seitdem mit der römischen Bischofswürde zugleich ein bedeutender Güterbesitz verbunden war, mußte die Gelegenheit einer Neubesetzung herrschsüchtigen Familien Anlaß zu Agitationen aller Art und selbst zu Gewaltstreichen geben, um den päpstlichen Stuhl mit Gliedern ihrer Familie zu besetzen.

Die damalige Bewegung ging von vier Brüdern aus, namens Toto, Konstantin, Passivus und Paschalis. Ueber ihren Verlauf berichtet uns eingehend der Liber pontificalis in der Vita Stephani III. c. 3 sqq.[2])

Der Herzog Toto von Nepi, einem kleinen Flecken nordwärts von Rom, drang mit tuscischen Scharen, darunter auch vielen Bauern, durch das Thor St. Pankraz in die Stadt ein, um sogleich nach dem Tode des Papstes Paul seinen Bruder Konstantin auf den Stuhl Petri zu erheben. Als Paul I. gestorben war, eilte alles nach St. Peter, und der vornehme Klerus gab dem Volke das eidliche Versprechen, daß bei der bevorstehenden Wahl mit der jedermann gebührenden Gerechtigkeit verfahren werden solle.[3]) Doch nicht der Klerus, sondern jene Adelsfaktion war Herr der Situation. Noch unter den Waffen, im Hause Totos, wie das Papstbuch hervorhebt, wählten dessen Leute Konstantin, der noch ein Laie war, zum Papste. Noch an demselben Tage, am 28. Juni 767, wurde dieser im Lateran inthronisiert; der Bischof Georg von Präneste ward gezwungen, ihn sogleich zum Kleriker, am nächsten Tage zum Subdiakon und Diakon und endlich am 5. Juli in St. Peter unter der herkömmlichen Assistenz der Bischöfe von Albanum und Porto

---

[1]) Cf. Jaffé, Reg. ed. II. p. 283.
[2]) Duchesne I. 468 sqq. (bei Vignoli II. 133 sqq.) Vgl. auch die von Cenni gesammelten Akten des Konzils von 769, Concil. Lateran. sub Stephano III. a. 769 Praef. p. XX. sqq., desgleichen Duchesne I. 480 n. 3. Von sekundären Quellen seien genannt: Staudenmaier 73. Hegel I. 243. Gregorovius II. 352. Reumont II. 120 f. Phillips V. 761. Gröne I. 332. Papencordt 91 ff. Hinschius I. 228. Abel, der Untergang des Longobardenreiches 72 f. Niehues I. 502 ff. Warmann I. 259. Elsner 409 ff. Martens 95 ff. Hergenröther I. 717 f. Bayet 54.
[3]) Conc. Lat. cit. p. 7.

zum Papste zu weihen. Hierauf ließ sich der neue Papst vom römischen Volke huldigen, »sieque universum populum sibi sacramentum prae- bere fecit«, sagt das Papstbuch,[1] wahrscheinlich, um hiedurch die Römer inniger mit sich zu verbinden, ja durch einen Eid an sich zu ketten.[2] Dann berief er ein Konzil, welches ihn bestätigen mußte. Auch dem Frankenkönige machte er von seiner Erhebung Anzeige, wie er selbst sagte, um „böse Gerüchte zu zerstreuen, die ihm (Pippin) zu Ohren ge- kommen sein möchten". Thatsächlich war es ihm darum zu thun, seine Gunst zu erwerben, da er keinen Halt bei den Römern fand.

Wir besitzen noch zwei Briefe, welche Konstantin im Jahre 767 an den Frankenkönig richtete.[3] In dem ersten zeigte er in demütigen Ausdrücken seine Erhebung an: er sei wider seinen Wunsch und Willen, ohne sein Verdienst durch das Volk der Stadt und der umliegenden Ortschaften gewählt worden. Indem er die unverbrüchliche Bewahrung des Freundschaftsbündnisses zusagt, bittet er „den neuen Moses, der nach Gottes Rat und Macht das auserwählte Volk aus der Knechtschaft befreit habe und die Kirche Petri zu erhöhen berufen sei, demütig und kniefällig, auch ihm wie den beiden Brüdern Stephan III. und Paul I. nächst Gott ein getreuer Helfer zu sein". Der zweite Brief läßt erkennen, wie unglücklich sich Konstantin bereits fühlte. Nochmals recht- fertigt er seine Erhebung und vergleicht sich mit dem Zöllner Matthäus, der trotz seines Widerstandes zum Apostel berufen worden sei. So suchte er dem König glauben zu machen, er sei wider seinen Willen, aber rechtmäßig gewählt worden.

Ohne Zweifel hatte Konstantin auch die Absicht, den Franken- herrscher zu einer Kundgebung für ihn zu veranlassen und denselben in dem bald zu erwartenden Kampfe als Bundesgenossen zu gewinnen. Doch Pippin war vielleicht (unter den gegebenen Verhältnissen war es schwierig genug, Pippin zu benachrichtigen) auch von gegnerischer Seite über die Vorgänge in Rom unterrichtet. Konstantin selbst fürchtete, „es möchten ihm böse Gerüchte zu Ohren gekommen sein." Der Franken- könig hielt sich von jeder Einmischung ferne, obwohl ihm seine Stellung als Patrizius der Römer unbestreitbar Anlaß und Befugnis gegeben hätte, in die römischen Wirren einzugreifen; er gab auch, scheint es, auf

---

[1] Duchesne I. 469.
[2] Martens (95) deutet an, Konstantin habe diese neue Maßregel getroffen, um die Respublica Romanorum auf eigene Füße zu stellen und sie von dem Schutz- verhältnisse der Franken zu befreien. Näher liegt wohl der von uns angegebene Grund; kurz darauf wandte sich ja Konstantin selbst an Pippin.
[3] Jaffé no. 1820. In dessen Cod. Carol. ep. 44 et 45. p. 147 sq.

Konstantins Briefe keine Antwort.[1] Vielleicht, sagt Clôner,[2] darf daraus, daß sich keinerlei Spur einer Einmischung desselben findet, geschlossen werden, daß er die Lösung dieser inneren Schwierig= keiten den Römern überließ; oder er wollte sich gerade durch sein Still= schweigen gegen Konstantin erklären,[3] sich jedenfalls aber, ehe er sich zu weiterem entschloß, näher informieren.

Wie Konstantin fürchten mußte, daß sich gegen seine, eines Laien Wahl, welche zudem mit Mißachtung der bisherigen Rechte des römischen Klerus und Volkes erfolgt war, bald eine Opposition erheben werde, geschah es auch. Jener Primizerius Christophorus, den Paul I. in Konstantinopel als Nuntius verwendet und als einen charakterfesten Mann gerühmt hatte,[4] und dessen Sohn Sergius, Saccellarius der römischen Kirche, suchten im Drange der Not beim Longobarden= könig Desiderius in Pavia Hilfe. Um aus Rom zu entkommen, gaben sie vor, in ein spoletanisches Kloster einzutreten. Zunächst begaben sie sich zum Herzog Theodicius von Spoleto und mit diesem zu Desiderius selbst, dessen Beistand sie erbaten, „damit der Irrtum jener Neuerung aus der Kirche getilgt werde".[5]

Es ist aufgefallen, daß sich Konstantin an Pippin wandte, während seine Gegner Hilfe bei den Longobarden suchten. Man schloß daraus, es habe damals in Rom eine fränkische und longobardische Partei ge= geben;[6] ja selbst an den Gegensatz einer orthodoxen und heterodoxen Partei glaubte man denken zu sollen, „auf welchen die Bilderfrage vielleicht von wesentlichem Einflusse gewesen sei."[7] Es soll nicht geläugnet werden, daß Christophorus, Konstantins Gegner, zugleich ein heftiger Widersacher Ostroms war und Stephan III. für das Dogma der Bilder= verehrung kräftig eintrat; aber wo bietet sich ein Anhaltspunkt, daß Konstantin in diesem Betreffe anderer Ansicht war? Daß das von Stephan III. berufene Konzil es als Aufgabe betrachtet, auch gegen die erst vor kurzem[8] stattgefundene bilderfeindliche Synode aufzutreten, darf nicht verwundern. Christophorus scheint lediglich deshalb Hilfe bei den Longobarden gesucht zu haben, weil diese, auf was es ja ankam, viel schneller und leichter zu erhalten war als eine

[1] Martens 97.
[2] S. 409.
[3] So meint Papencorbt 93.
[4] Cf. Jaffé IV. 128. 164 sq.
[5] Cf. Vita Stephani III. c. 5: „talis novitatis error", daß nämlich ein Laie auf den päpstlichen Stuhl erhoben wurde.
[6] Hegel I. 257 ff.
[7] So Clôner 413. Anm. 3.
[8] Vgl. c. 33 der vita Stephani.

fränkiſche, und zudem zwiſchen dem Papſttum und den Longobarden[1]) damals friedliche Zuſtände herrſchten.

Dem Longobardenkönige mochte es erwünſcht ſein, ſich in Roms innere Angelegenheiten einmiſchen zu können,[2]) und unter ſeinem Schutze ſammelten Chriſtophorus und Sergius Mannſchaft im Spoletiniſchen. Am 28. Juli 768 erſcheinen ſie plötzlich an der Spitze eines anſehnlichen Heeres vor den Mauern Roms an der ſalariſchen und milviſchen Brücke. Von Freunden unterſtützt, dringen ſie zur Nachtzeit in die Stadt. Herzog Toto und Paſſivus eilen am anderen Tage mit zahlreicher Mannſchaft durch das Thor St. Pankraz ihrem Bruder zu Hilfe. Der Kampf entbrennt. Ein gewaltiger Longobarde, der auf den Herzog eindringen will, wird von dieſem zum Schrecken der übrigen niedergemacht. Da wird Toto von dem Secundicerius Demetrius und dem Chartularius Gratioſus niedergeſtoßen. Mit ſeinem Tode war auch der Kampf ent= ſchieden. Paſſivus hinterbrachte ſeinem Bruder die Schreckenskunde, und dieſer floh, von allen verlaſſen, in die Kirche des hl. Venantius, von wo er in die Gefangenſchaft wanderte.

Dreizehn Monate hatte ſich Konſtantin auf dem uſurpierten Stuhle gehalten.

Im longobardiſchen Heere befand ſich als Bevollmächtigter des Königs ein Prieſter aus der ſabiniſchen Abtei Farfa, namens Waldipert. Dieſer glaubte auf eigene Hand, ohne Rückſicht auf Chriſtophorus, die römiſchen Verhältniſſe ordnen zu ſollen und benützte zunächſt die Ge= legenheit, einen den Longobarden „günſtigen“ Papſt zu erheben.[3]) Im Namen der Sieger diktierte er die Wahl eines frommen Mönches, Philipp, aus dem Kloſter St. Vitus auf dem Esquilin; vereinigt mit einigen Römern[4]) riefen die Longobarden: „St. Petrus hat Philipp erwählt“ und führten ihn in den Lateran, wo er am 31. Juli inthroniſiert wurde. Doch Gratioſus und die übrigen Römer ließen ihn dort nicht heimiſch werden, und wohl nicht ungern ließ ſich Philipp wieder vom Lateran in ſein Kloſter zurückgeleiten.[5])

---

[1]) Wie Olsner ſelbſt betont.

[2]) Reumont II. 121.

[3]) Daraus erſieht man deutlich das Gefährliche des Unternehmens des Chriſto= phorus, ſich an die Longobarden zu wenden. Philipp ſollte ein willenloſes Werk= zeug der Longobarden in Rom ſein!

[4]) Nach Gröne I. 333 von der Partei Konſtantins, was doch nicht recht glaubwürdig ſcheint.

[5]) Der Angabe Niehues' (Jahrbuch 1880, 141), „nur mit Mühe und nach langen Kämpfen ſei es der national=römiſchen Partei gelungen, Philipps Ent= fernung und Rücktritt ins Kloſter zu erzwingen“, ſtehen die Daten entgegen; am 29. Juli erfolgte die Abſetzung Konſtantins und am 1. Auguſt die Wahl Stephans IV.

§ 5.
Wahl Stephans IV. im Jahre 768.

Tags darauf, am 1. August, versammelte Christophorus den römi
schen Klerus, das Heer und das Volk, klein und groß, auf dem Forum,
der alten Wahlstätte für Könige und Konsuln, damals nach den Statuen
dreier Sibyllen Tria fata geheißen. Die Wahl, ordnungsmäßig vorgenommen,[1] fiel auf einen gelehrten und tugendhaften Benediktinermönch
vom Titel St. Cäcilia im Trastevere: ein Sizilianer von Geburt, wie
seine Vorgänger Agatho, Leo II. und Sergius ein Jahrhundert zuvor, in
der Klosterzelle gereift für die schweren Aufgaben einer bewegten Zeit,
ward Stephan IV. sogleich inthronisiert und Sonntags darauf, am
7. August, in St. Peter feierlich konsekriert.

Die Konsekration folgte also fast unmittelbar auf die Wahl,
eine Eile, welche durch die damaligen besonderen Umstände veranlaßt war.

Doch bevor noch die Weihe stattfand, sollte Rom aufs neue der
Schauplatz schrecklicher Ereignisse werden. Es war der fanatische
Pöbel, welcher dieselben veranlaßte, und die Longobarden hatten weder
Lust noch Macht, wie es scheint, solchem Unwesen zu steuern. Zunächst
wählte sich die Parteileidenschaft zwei Anhänger Konstantins aus, den
Bischof Theodorus und den Passivus. Letzterer wurde geblendet
und in einem Kloster gefangen gehalten, nachdem man seine Güter
geraubt und geplündert hatte. Theodorus wurde nicht nur geblendet,
sondern auch grausam an der Zunge verstümmelt; schließlich mußte er
in einem Kloster verhungern.[2]

Dann kam die Reihe an Konstantin selbst.[3] Dieser wurde von
der verwilderten Menge aus dem Gewahrsam, in welchen man ihn ge-
sperrt hatte, herausgezogen, mißhandelt und beschimpft. Man setzte ihn

---

[1] Ueber die Wahl berichtet das Papstbuch: „Sicquo praefatus Christophorus primicerius alio die aggregans in Tribus satis omnes sacerdotes ac primatus
cleri et optimates militiae atque universum exercitum et cives honestos, omnisque
populi Romani coetum, a magno usque ad parvum, pertractantes pariter con-
cordaverunt omnes una mente unoque consensu in persona praefati beatissimi
Stephani." Duchesne I. 471.
[2] Vita Stephani III. c. 12. Duchesne ib.
[3] Martens 118 wundert sich, daß Philipp, der doch auch als Prätendent
des Pontifikates aufgetreten sei, völlig unbehelligt blieb. Wir haben schon oben angedeutet, daß wir uns Philipp als ganz energielosen Mann denken; auch der Pöbel
mochte einsehen, wie wenig Philipp selbst an seiner Erhebung schuldig war.

auf ein Pferd über einen Weibersattel und führte ihn, die Füße mit
Gewichtern beschwert, spottend in das Kloster Cella nova auf dem Aventin.
Noch nicht genug! Der Chartular Gratiosus, der den Toto mitnieder=
stieß, führte, nach Blut dürstend, Landvolk aus Tuscien und der Kam=
pagna in die Stadt, und wieder führte man Konstantin aus seinem
Gewahrsam, rieß ihm die Augen aus und ließ ihn auf der Straße liegen.
Die besiegte Partei hatte die Rache der Sieger zu fühlen.

Doch auch die Helfer zum Siege mußten ein Opfer liefern.
Waldipert, der longobardische Königsbote, ward beschuldigt, daß er
eine Verschwörung gegen Christophorus und andere angezettelt und Rom
an die Longobarden habe ausliefern wollen. Auch über ihn stürzte sich
ein Volkshause her, er floh in das alte Pantheon und umklammerte
den Altar der heiligen Jungfrau: doch man achtete nicht des Asyles,
rieß ihm Zunge und Augen aus und warf ihn in einen schmutzigen
Kerker. Das Papstbuch selbst gibt uns über die anarchischen Zustände
dieser Tage getreue Kunde.

Wie deutlich ersieht man aus dem Vorgehen des Pöbels gegen
Waldipert die Ohnmacht der Longobarden! Der fränkische Patrizius der
Römer, der berufen gewesen wäre, den Wirren zu steuern, war zu weit
entfernt, um der oft so plötzlich ausbrechenden Leidenschaft des Volkes
wirksam und zur rechten Zeit entgegenzutreten, in diesem Falle auch
sicher nicht über den Umfang der Bewegung unterrichtet; denn wer hätte
es, nachdem einmal der Kampf entbrannt, noch gewagt, bis zu ihm vor=
zudringen und ihm Kunde von dem Zustande in Rom zu bringen?
Da suchte der neue Papst selbst, Mittel und Wege zu finden, um solch
revolutionärem Treiben für alle Zeit die Quelle zu verschließen.

Stephan IV. berief auf den April des Jahres 769 ein Konzil
nach Rom. Auch an die erlauchten Männer Pippin, Karl und Karl=
mann, Könige der Franken und Patrizier der Römer, richtete er ein
Schreiben, [1]) sie bittend und ermahnend, sie möchten einige kenntnisreiche,
in allen hl. Schriften und im Kirchenrechte unterrichtete und wohler=
fahrene Bischöfe aus dem Frankenlande nach Rom zu dem Konzile ent=
senden, welches gegen die gottlose und verwegene Neuerung Konstantins
abgehalten werden sollte. Doch Sergius, des Christophorus Sohn,
welchen der Papst mit der Überbringung des Schreibens beauftragt
hatte, traf Pippin nicht mehr am Leben; dieser war am 24. September
768 [2]) gestorben. Deshalb begab er sich zu Pippins Söhnen, welche

[1]) V. Stephani III. c. 17. Duchesne I. 473. Abel I. 63.
[2] Annal. lauriss. u. a. Vgl. Mühlbacher 112 a.

ihn mit großem Wohlwollen empfingen und dem Wunsche des Papstes willfahrend zwölf wohlunterrichtete und erprobte Bischöfe zum Konzile nach Rom abordneten. [1]

§ 6.

Die Lateransynode vom Jahre 769 und ihre einschneidenden Bestimmungen bezüglich der Papstwahl.

Diese Synode, welche auch bezüglich der Papstwahl Beschlüsse faßte, wurde im April 769 in der Salvatorbasilika unter dem Vorsitz des Papstes Stephanus IV. abgehalten. [2] Derselben wohnten im ganzen 53 Bischöfe oder bischöfliche Stellvertreter aus dem Frankenreiche und Italien an — die 12 fränkischen Bischöfe hatten den Vorrang vor den letzteren — außerdem waren mehrere Priester, weltliche Optimaten, Offiziere, Bürger und viel Volk anwesend. In vier Sitzungen vom 12. April ab wurden drei Hauptgegenstände verhandelt: die Absetzung Konstantins, die Ordnung der Papstwahl für die Zukunft, das Verhältnis zu den Griechen. [3]

Absetzung Konstantins. Zunächst berichtete Christophorus, wie es bei der Erhebung dieses Afterpapstes zugegangen war. Er selbst sei in Lebensgefahr geraten; St. Peters Dom habe ihm und seinen Söhnen kaum Schutz gewährt. Dann wurde, wie das Papstbuch weiter berichtet, Konstantin vorgeführt und befragt, wie er als Laie habe wagen können, den päpstlichen Stuhl zu besteigen. Er gab die Antwort, daß

---

[1] Deren Namen f. im Liber pontificalis (Duchesne I. 473); bei Mansi XII. 714 sq. Abel I. 52. Hefele III. 435 f.

[2] Vgl. über diese Synode Hefele III. 434 ff. Die Akten derselben sind uns nicht vollständig erhalten. Cenni hat die Ueberreste gesammelt: „Concilium Lateranense Stephani III." Romae 1735; abgedruckt mit Ausnahme der kirchlich-geographischen Dissertation bei Mansi XII. 713, vollständig in Mansis erstem Supplementbande zur Coletischen Ausgabe der Konzilien. Ein Summarium gibt Wasserschleben 162. Die Kanones sind auch in der Sammlung des Anselm von Lucca enthalten, woraus sie Holstenius (Coll. Rom. veterum hist. monum. 257 sqq.) und nach ihm Cenni gibt; ferners in jener des Deusdedit l. II. c. 131 ed. Martinucci 240; daraus c. 3. D. LXXIX. Weiland 86. Abel I. 64. Niehues I. 506 ff.

[3] Vgl. V. Stephani III. c. 16—24. (Duchesne I. 475 sqq. Vignoli II. 146 sqq.) Jaffé, Reg. 285. Gregorovius II. 310 ff. Malfatti, Imperatori e Papi II. 12 sqq.

er durch des Volkes Willen hiezu gezwungen worden. Dann warf er sich auf den Boden, breitete seine Hände aus und bekannte sich schuldig. Seiner Sünden seien mehr als der Sand am Meere, doch die Synode möge Mitleiden mit ihm haben. Sie hoben ihn vom Boden auf und fällten an diesem Tage kein Urteil mehr.

Als Konstantin in der zweiten Sitzung am nächsten Tage wiederum gefragt wurde, wie er solches habe unternehmen können, bestritt er, daß er allein so gehandelt habe: auch Sergius, der Erzbischof von Ravenna (der durch einen Diakon auf der Synode vertreten war), und Stephanus, der Bischof von Neapel, seien vom Laienstande aus Bischöfe geworden. Der weitere Verlauf seiner Rede erbitterte die Anwesenden so sehr, daß sie von Eifer für die kirchliche Tradition übermannt ihm ins Angesicht und in den Nacken schlagen ließen und ihn zur Kirche hinauswarfen.[1]

Darauf wurden die Akten des von Konstantin gehaltenen Konzils verbrannt. Daran schloß sich die Ablegung eines allgemeinen Schuldbekenntnisses. „Sich auf die Erde werfend und rufend Kyrie eleyson mit ungeheurem Flehen bekannten der heiligste Papst Stephanus mit den gesamten Bischöfen[2] und dem römischen Volke, daß sie alle gefehlt haben, deshalb, weil sie aus den Händen jenes Konstantin die heilige Kommunion empfangen hätten. Allen wurde eine Buße auferlegt."[3] Endlich wurde nach genauer Untersuchung der alten Kanones die Erhebung eines Laien auf den päpstlichen Stuhl bei Strafe des Anathems verboten.

Die Beschlüsse über die Papstwahl. Um für die Zukunft Unregelmäßigkeiten und Gewaltscenen, wie sie nach dem Tode Pauls I. zu tage getreten waren, zu vermeiden, wurden auf der Lateransynode des Jahres 769 nachstehende Beschlüsse über die Papstwahl gefaßt:

---

[1] „... illico irati zelo ecclesiasticae traditionis universi sacerdotes alapis ejus cervicem caedere facientes, eum extra eandem ecclesiam ejecerunt." Vgl. über diese Stelle Martens 120 f. Er meint nach dem Zusammenhange mit Muratori (Annales ad ann. 769) u. a., die Konzilsväter selbst, wenn auch nicht alle im buchstäblichen Sinne, seien über Konstantin hergefallen. Hergenröther I. 719 betont das facientes und sagt, daß die entrüstete Versammlung „ihn schlagen und wegbringen ließ." Ebenso Hefele III. 437. Damberger II. 415 weiß gar: „Nur ein Diakon vergaß sich so weit, den blinden Redner auf den Mund zu schlagen," ohne eine Quelle anzugeben. Ebenso Gröne I. 334. Baxmann I. 265 sagt: „und sie schlugen ihn ... und warfen ihn zur Kirche hinaus. Wer war da der Nachfolger Christi?" Er übersieht also das „facientes" ganz.

[2] Auch den fränkischen?

[3] Vita Steph. c. 20.

4*

1. „Künftighin soll niemand aus den Laien noch aus einer anderen Ordnung, wenn er nicht durch die verschiedenen Stufen aufsteigend (Kardinal-)Diakon oder (Kardinal-) Priester derselben Kirche[1]) geworden ist, zum Papste gewählt werden."[2])

Es kann keinem Zweifel unterliegen, daß dieser Kanon durch die Erhebung des noch im Laienstande befindlichen Konstantin veranlaßt wurde.[3]) Fortan sollte die Wahl eines Laien von vornherein ausgeschlossen sein; ja nur ein zur römischen Kirche gehöriger Geistlicher, welcher unter richtiger Beobachtung der Weihestufen Diakon oder Presbyter geworden, also nur Kardinäle[4]) sollten zum Papste gewählt werden können. Damit wurde übrigens nichts neues festgesetzt, sondern nur eine bisher schon geübte Gewohnheit gesetzlich fixiert.[5]) Erst durch die Praxis des zehnten Jahrhunderts, in dem wir Bischöfe fremder Diözesen den Stuhl Petri besteigen sehen, und weiters durch das Wahldekret vom Jahre 1059 wurde diese Bestimmung, daß nur ein Kardinal zum Papst gewählt werden könne, wieder beseitigt und seitdem nicht mehr erneuert.[6]) Wenn gleichwohl die Kanonisten des zwölften Jahrhunderts den angeführten Kanon wiederholen, also in einer Zeit, in welcher jede Gefahr, daß ein Laie gewählt werde, durch das geordnete Wahlverfahren beseitigt war, so geschah dieses, um die Wahl eines auswärtigen Bischofes soviel als möglich zu erschweren.[7])

Zur Ergänzung dieses Kanons wurde in der nächsten Sitzung von der Synode verboten, wider die Vorschriften der Kanones und heiligen Väter sich in das Kardinalskollegium einzudrängen.[8])

2. Doch die Laien sollten auch das aktive Wahlrecht verlieren, und vom Wahlort und Wahlakt alle Störungen durch Laien künftig fernegehalten werden. Deshalb verordnete die Synode in der dritten Sitzung:

---

[1]) Die Worte „ejusdem ecclesiae" fehlen in der Vita Stephani, wie auch bei Gratian, sind jedoch (vgl. Hinschius I. 229. Anm. 1) in den Text hinein zu interpretieren, wie sich auch aus dem weiteren Kanon desselben Konzils ergibt (c. 5. Dist. LXXIX. Mansi XII. 720). Zum Text dieses Kanons vgl. auch Grauert 543.

[2]) c. 4. D. LXXIX. Mansi XII. 719.

[3]) Zöpffel 41.

[4]) Cenni berechnet (LXVIII.) ihre damalige Zahl auf 35.

[5]) Hinschius I. 229.

[6]) Näheres vgl. bei Hinschius I. 229.

[7]) Zöpffel 41.

[8]) c. 5 D. LXXIX.

„Unter der Strafe des Bannes soll sich bei der Wahl[1]) kein Laie von der bewaffneten Mannschaft oder aus irgend einem anderen Stande einfinden, sondern die Wahl von den dazu bestimmten[2]) Priestern und den Vornehmen der Kirche und von dem gesamten Klerus vollzogen werden. Nachdem[3]) aber die Wahl vollzogen und der Gewählte in das Patriarchium geführt worden ist, sollen sich alle Offiziere und das gesamte Heer sowie die angesehenen Bürger zur Begrüßung des neuen Papstes als den Herrn aller einfinden, und wenn das Wahlprotokoll nach alter Sitte angefertigt sei, dieses alle einträchtig unterschreiben. So soll es auch in anderen Kirchen (bei den Bischofswahlen) geschehen.[4]) Von den in Tuscien und Kampanien stationierten Heeren oder aus anderen Orten dürfe niemand während der Wahlzeit nach Rom kommen, noch dürfe jemand Bewohner von dort zur Herüberkunft einladen oder in die Stadt einführen, auch weder die Diener der Kleriker noch die Militärpersonen, welche der Wahl anwohnen, Waffen oder Stöcke mit sich führen."

---

[1]) „in electione."

[2]) „a certis"; Weiland 86 verbessernd: „a cunctis."

[3]) Anselm von Lucca hat: „priusquam pontifex electus fuerit", wozu Hinschius I. 228 Anm. 7. bemerkt, diese Schwierigkeit lasse sich durch die Annahme beseitigen, daß von jetzt an die Beteiligung der Laien bei der Feststellung des Kandidaten ausgeschlossen sein, ihnen vielmehr nur ein Akklamationsrecht und das Recht, das Dokument über die demnächst vorzunehmende Wahl mitzuunterschreiben, zukommen sollte. Doch von einer „Aufstellung des Kandidaten" ist im Kanon nicht die Rede. Niehues (Jahrbuch 142, Anm. 4) bemerkt, der Ausdruck „priusquam electus fuerit" bedeute einfach: „bevor die Wahl vollzogen ist" oder „während des Wahlaktes" und übersetzt: „Bevor aber die Wahl vollzogen und der Gewählte in das Patriarchium geführt sei, sollten sich alle ... zur Begrüßung des neuen Papstes als ihres künftigen Herrn („sicut omnium dominum") einfinden. Hefele III. 438 sagt nur: „Bevor der Gewählte in das Patriarcheion geführt werde, sollten zc." Die Schwierigkeit löst sich am einfachsten, wenn priusquam getilgt und dafür „postquam" gesetzt wird, wie in der That die Kanonessammlung des Deusdedit hat (l. II. c. 131. p. 240). Weiland bemerkt 86 Anm. 9 treffend: „Bei Annahme der Lesart priusquam ist man genötigt anzunehmen, daß die Ausdrücke electio und eligere kurz hintereinander in verschiedenem Sinne gebraucht seien, zuerst als Wahlhandlung im engeren Sinne, dann als das ganze Wahlgeschäft bis zur Unterzeichnung des Protokolls; da die handschriftliche Beglaubigung von beiden Worten die gleiche ist, möchte ich postquam vorziehen." Für letztere Lesart entschieden sich auch Zöpffel 186 Note 482 und Grauert 552 Anm. 1.

[4]) In dieser Beziehung hatte die Wahlordnung kurz darauf eine schwere, aber siegreiche Probe zu bestehen. Vgl. Bazmann I. 267.

3. „Wenn aber jemand ben Prieſtern und Primaten ber
Kirche ober bem geſamten Klerus die Wahl des Papſtes
nach bieſer kanoniſchen Überlieferung ſtreitig zu machen
(resistere) ſich herausnimmt, ſei er im Banne."[1]
Hinſchius V. 763 überſetzt bieſen Kanon: „Die gleiche Strafe
(des Bannes) ſollte auch biejenigen treffen, welche gegen die recht=
mäßig geſchehene Wahl Widerſpruch erheben würden." Wollte die
Synode eine berartige Beſtimmung treffen, müßte ber bezügliche Kanon
offenbar einen anberen Wortlaut haben; Hinſchius ſelbſt bemerkt
(Anm. 10), bieſer Kanon wolle gewiß nur die im c. 5. D. LXXIX.
enthaltenen Beſtimmungen wieberholen. Sonach handelt es ſich bei
bieſem Kanon gleichfalls nur um Ausſchluß bes Laienelementes
vom aktiven Wahlrechte.[2]

In berſelben britten Sitzung wurde auch beſtimmt, was mit ben
von Konſtantin Orbinierten geſchehen ſolle.[3] Alle von ihm geſpenbeten
Sakramente, außer ber Taufe und bem Chrisma, ſollten wieberholt
werden.

Verhältnis zu ben Griechen. Die vierte Sitzung ber Synode
von 769 beſchäftigte ſich mit ber Bilberverehrung. Über die bilber=
feindliche Synode ber Griechen vom Jahre 754 wurde bas Anathem
geſprochen.

Nachbem die Sitzung geſchloſſen war, zogen die Väter barfuß
unter Hymnengeſang burch die Stadt nach St. Peter. Hier wurben
die gefaßten Beſchlüſſe vom Ambo herab feierlich verkündigt. Jebe Ab=
weichung von benſelben wurde mit bem Banne belegt.

Sonach ſollte von jetzt ab die Beteiligung ber Laien an ber
Papſtwahl weſentlich beſchränkt werden. Sie ſollten fortan nicht mehr
an ber Wahl ſelbſt teilnehmen bürfen, bieſes ſollte vielmehr ein Vor=
recht bes römiſchen Klerus bilden. Die Laien ſollten, ähnlich wie
es bas Dekret von 1059 beſtimmt, auf eine „weſenloſe Akklamation",[4]
auf ein „rechtlich irrelevantes accedere nach ber Wahl",[5] beſchränkt
werden; bem neugewählten Papſt zu hulbigen und bas Wahlprotokoll
mitzuunterſchreiben, bieſes ſollte fortan ber Anteil ber Laien an ben

---

[1] „Si quis resistere praesumpserit sacerdotibus atque primatibus ecclesiae
vel cuncto clero ad eligendum sibi pontificem secundum hanc canonicam traditionem anathema sit."

[2] Vgl. die Beſtimmung über die Papſtwahl auf bem römiſchen Konzil von
863 (862?).

[3] Näheres Hefele III. 438.

[4] Martens 122.

[5] Grauert 584.

Papstwahlen sein. Die Wahl selbst sollte durch den Klerus geschehen, und niemand, auch keine Waffengewalt, die Ausübung des Stimmrechtes und die freie Wahl demselben verwehren. „Das ist die epochemachende Lateransynode des April 769!" ruft Baxmann[1]) aus. „Der Kirchenstaat empfing damit die Gestalt einer geistlichen Wahlmonarchie. Die Priesteraristokratie setzte fortan das Haupt des kleinen italienischen Staates zugleich zum Souverän der Christenheit ein, der die Hegemonie über alle Fürsten und Völker Europas und der Welt für sein zuständiges, heilig verbrieftes Privilegium erklärte. Das Laienelement auch in Rom hat lediglich zuzusehen und bei der Huldigung zuzujauchzen und was für Roms obersten Bischof hier festgesetzt war, das sollte auch als durchschlagendes Gesetz für die Bischöfe aller Diözesen durch die ganze Stufenfolge der Hierarchie Geltung haben. Auf oberster Stufe stand die Geistlichkeit, tief unten die weltliche Macht . . ."

In der That eine wichtige Synode, wenn auch gerade nicht von dieser epochemachenden Bedeutung! Der Primat des Nachfolgers Petri auf dem Stuhle zu Rom hat einen viel tieferen Grund als die Aus= schließung des Laienelementes von der Papstwahl. Letztere aber — die Ausschließung der Laien — war nach den Vorgängen bei der Erhebung Konstantins eine gewiß nicht ungerechtfertigte Maßregel. Und daß hierzu die Synode das Recht besaß, ist keine Frage. Wir hören auch von keinem Widerstande, der sich in der Laienwelt Roms gegen die Beschlüsse der Synode erhoben hätte. Und das Volk von Rom hatte sich doch kurz zuvor so thatenlustig gezeigt! Vielleicht erkannten die Rädelsführer des Volkes mit diesem selbst das Wohlthätige der neuen Papstwahl= ordnung.

* * *

Die Regierungszeit Stephans IV. füllen zum teile die unerquick= lichen Kämpfe des Primizerius Christophorus und seines Sohnes Sergius, zugleich die Häupter der antilongobardisch=fränkischen Partei, mit dem päpstlichen Kämmerer Paul Afiarta aus,[2]) der selbst die Longobarden nach Rom berief. Während es Afiarta gelang, seinen Gegnern den Untergang zu bereiten, vermochte er die nächste Papstwahl doch nicht nach seinem Willen zu lenken.[3])

---

[1]) I. 266.
[2]) Vgl. hierüber näheres bei Reumont II. 121 ff. Martens 126 f. Hergenröther I. 719. Richter II. 37 a.
[3]) Niehues I. 513. Abel I. 133.

§ 7.
Wahl des Papstes Hadrian I. im Jahre 772.

Nach Stephans IV. Tod, der Ende Januar oder anfangs Februar 772 erfolgte,[1]) wurde Hadrian zum Papste erwählt. Er bekleidete die Würde eines Kardinaldiakons und war aus einer angesehenen Familie Roms entsprossen; sein Vater oder Großvater Theodat hieß consul und dux.[2]) Früh verwaist wurde er von priesterlicher Hand erzogen und allmählich in die Ämter der Kirche Roms eingeführt. Mit einem reich ausgestatteten Geiste verband Hadrian eine tiefe Frömmigkeit.

Die Wahl erfolgte unverzüglich nach dem Tode Stephans. Das Papstbuch erzählt: »Dum de hac vita migraret antefatus domnus Stephanus papa, ilico, dum ferventissimo affectu a populo Romano diligeretur, isdem praecipuus ac sanctissimus vir et Dei cultor Hadrianus ad sacrum pontificatus electus est culmen«,[3]) eine Erzählung, welche Jaffé in der ersten Ausgabe der Regesten (p. 202) sogar zur Annahme verleitete, Hadrian I. sei bereits gewählt worden, da Stephan IV. seine letzten Züge noch nicht gethan hatte. Hadrians Wahl erfolgte gemäß der jüngst (im Jahre 769) festgesetzten Wahlordnung.[4])

Die Weihe Hadrians fand etwa acht Tage nach seiner Erwählung statt. Daß Hadrian keinerlei Wahlanzeige an den fränkischen Patrizius der Römer gesandt hat, wie Martens 129 annimmt, ist zu bezweifeln. Wenn Desiderius alle Anstrengung gemacht, »beatissimum pontificem a caritate et dilectione excellentissimi Caruli regis Francorum et patricii Romanorum separare«, aber erfolglos, da Hadrian »favente Deo sicut lapis adamans ita firmus atque fortissimus in suo corde exstitit«,[5]) so muß zwischen Hadrian und Karl doch eine nähere Konnexion bestanden haben. Und obige Nachrichten gibt das Papstbuch! Daß Hadrian zur antilongobardischen Partei gehörte, hiefür möchte auch angeführt werden, daß Hadrian „vom ersten Tage seines Pontifikates

---

1) Nach den Ann. auscienses (Scr. III. 171) u. a. fand Hadrians Wahl am 1. Februar statt; ist diese Angabe richtig, so würde, da nach der Vita Stephani III. c. 33 (Duchesne I. 480) die Sedisvakanz acht Tage dauerte, Stephans Tod auf den 24. oder 25. Januar fallen. Vgl. Abel I. 133. Anm. 1.
2) Vgl. hierüber Duchesne I. 514 n. 1 et 2.
3) Duchesne I. 486.
4) So nimmt auch Barmann an 1. 273.
5) Duchesne I. 488.

an"[1]) mit der longobardischen Partei brach und die Parteigänger des
Christophorus und Sergius aus dem Exil, bezw. Gefängnis befreite.[2])
Freilich mußte der Papst bald den Zorn des Desiderius fühlen
und sich mit der Bitte um Hilfe an den fränkischen Patrizius wenden.

§ 8.
Karls des Großen Romfahrt im Jahre 774.[3])

Zu Diedenhofen, wo Karl der Große den Winter 772 auf 773
verlebte,[4]) empfing er Gesandte des Papstes Hadrian I., welche über den
Longobardenkönig Desiderius Klage führen sollten, der nicht aufhörte,
die Respublica Romanorum zu bedrängen, und die Herausgabe der
dem hl. Petrus entrissenen Ortschaften verweigerte. Karl ordnete hierauf
zur genaueren Prüfung der Sachlage[5]) Gesandte[6]) an den päpstlichen
Hof ab. Diese empfingen den Bericht des Papstes und zugleich Briefe
von demselben, in denen der Papst ermahnte, der König solle das, was
er mit seinem Vater Pippin dem heiligen Petrus versprochen habe,
erfüllen.[7])
Auch an den Hof des Desiderius begaben sich dem Wunsche Karls
gemäß die Gesandten, um ihn zur Rückgabe des dem hl. Petrus entrissenen Gebietes zu bewegen; doch dieser weigerte sich dessen durchaus.[8])
Als die Gesandten ins Frankenreich zurückgekehrt waren, ließ der König
nochmals den Desiderius zur friedlichen Rückgabe auffordern und erbot
sich sogar zu einer Entschädigungssumme von 14,000 Goldgulden, doch
weder Bitten noch Geschenke vermochten den starren Sinn des Longo-
bardenfürsten zu beugen.[9])

---

[1]) Richter II. 41 a.
[2]) Cf. Vita Hadriani c. 4. (Duchesne I. 486). Richter a. a. O.
Abel I. 135.
[3]) Vgl. Abel I. 136 ff.
[4]) Annal. laur. 773.
[5]) Auch Desiderius scheint, wie man aus der Vita Hadriani c. 26 (Duchesne
I. 494) schließen kann, Gesandte an den Frankenkönig geschickt zu haben. Richter II.
45 und Abel I. 137 nehmen dieses gleichfalls an.
[6]) Vgl. Richter II. 46.
[7]) So die Ann. laur. l. c. Hiedurch wird die Annahme bestätigt, die Scheu-
kung Pippins sei hinter dem von ihm gegebenen Versprechen zurückgeblieben.
Vgl. Scheffer-Boichorst 195 N. 2 unten.
[8]) Cf. Vita Hadriani c. 26. 27.
[9]) Ib. c. 28.

Darauf berief Karl der Große eine Reichsversammlung nach Genf
ein, auf welcher der Krieg gegen Desiderius beschlossen wurde.[1]
Über den Mont Cenis und den Großen St. Bernhard rückte der
Frankenkönig in Italien ein. Wie einst Pippin, gelang es auch seinem
großen Sohne, die ihm von Desiderius an die Klausen von Susa ent-
gegengeschickten Heeresmassen zu umgehen,[2] wodurch dieser zum Rück-
zuge nach Pavia gezwungen wurde, dessen Belagerung nun der
Frankenkönig (Ende September oder Anfang Oktober[3]) 773) begann.
Da sich dieselbe in die Länge zu ziehen schien, ließ Karl seine Gemahlin
Hildegard mit seinen Söhnen ins Lager nachkommen.[4] Während des
Winters unternahm er einen Streifzug gegen das von Adalgis, dem
Sohne und Mitregenten des Desiderius, verteidigten Verona, nach dessen
Übergabe er zum Heere nach Pavia zurückkehrte.[5]

Während die Belagerung Pavias noch fortdauerte, beschloß Karl
nach Rom zu reisen, das er noch niemals gesehen hatte und dort das
Osterfest zu feiern.[6] Der Papst bereitete ihm einen glänzenden Empfang,
„wie es Sitte ist, den Exarchen[7]) oder den Patrizius zu
empfangen“.[8]

Die ersten Tage (der König kam am Karsamstage in Rom an)
vergingen unter gottesdienstlichen Feierlichkeiten. Am Mittwoch nach
Ostern aber — es war am 6. April 774 — unterredete sich Hadrian I.
mit dem Frankenherrscher und „drang beharrlich und inständig in ihn
und ermahnte ihn voll väterlicher Liebe, jenes Versprechen, welches sein
Vater König Pippin und Karl selbst mit seinem Bruder Karlmann und
allen fränkischen Großen dem heiligen Petrus und seinem Stellvertreter,
dem Papste Stephan, als dieser ins Frankenreich kam, gegeben hätten:
nämlich verschiedene Städte und Gebiete jener Provinz Italien[9]) dem

---

[1] Abel I. 141.
[2] Ebd. 141 ff.
[3] Vgl. Abel I. 148 mit N. 3.
[4] V. Hadriani c. 34.
[5] Näheres bei Abel 150 f. und Richter II. 47.
[6] Einhards Annalen ad. ann. 774 berichten, Karl habe sich nach Rom „orandi gratia“ begeben wollen; die Vita Hadriani c. 35 gibt an: „... magnum desiderium habuit ad limina apostolorum properandi, considerans quod et sacratissima paschalis festivitas appropinquasset.“ Richter II. 48 a und andere meinen, er habe auch andere Zwecke mit der Romreise verfolgt, besonders die Ordnung der italienischen Angelegenheiten.
[7] Das letzte Mal wurde ein Exarch 752 feierlich eingeholt.
[8] Cf. V. Hadriani c. 36. Abel I. 155 ff.
[9] Daß hierunter das Exarchat von Ravenna und das Dukat von Rom zu verstehen ist, zeigt Scheffer-Boichorst 200 f.

heiligen Petrus und allen seinen Nachfolgern zu ewigem Besitze zu übergeben — in allem zu erfüllen."[1]

Darauf[2] ließ sich der König das Versprechen, das in Quierzy
gegeben worden, vorlesen und erklärte sich (wie auch seine Großen) mit
allen Bestimmungen desselben einverstanden. Und freiwillig und aus
eigenem Antriebe ließ er[3] ein Schenkungsversprechen, wie es das frühere
war, durch seinen Notar und Kanzler Itherius[4] schreiben, indem er die
nämlichen Städte und Gebiete dem heiligen Petrus zuwies und sie dem
Papste zu übergeben versprach unter Bezeichnung der Grenzen. . . .
Hernach[5] unterschrieb der König dasselbe mit eigener Hand und ließ
auch alle Bischöfe, Äbte, Herzöge und Grafen unterschreiben. Dann
legten sie es zuerst auf dem Altare des heiligen Petrus und dann auf
seiner Confessio selbst nieder und übergaben es dem heiligen Petrus und
seinem Stellvertreter, dem Papste Hadrian, indem sie mit einem entsetz-
lichen Schwure gelobten, alles zu halten, was jene Schenkung bestimme.
Eine Abschrift der Schenkung aber, welche er gleichfalls von Itherius
anfertigen ließ, legte Karl mit eigener Hand bei dem Grabe des heiligen
Petrus unter dem Evangelium, welches dort verehrt wird, als sicherste
Bürgschaft und zum ewigen Gedächtnis seines und des fränkischen Namens
nieder. Eine zweite Abschrift, welche der Scriniar der Kirche ausfertigte,
nahm der König mit sich nach Hause.

So berichtet die Vita Hadriani, welche allem Anscheine nach gleichzeitig verfaßt wurde;[6] nur die nähere Bezeichnung der Grenzen des

---

[1] V. Hadriani c. 41. Vgl. Richter II. 682 f.

[2] Ibidem. c. 42. Zur Frage der Glaubwürdigkeit dieser Mitteilungen vgl.
auch Sickel, Privilegium Ottos I. 25 ff.

[3] „. . . et aliam donationis promissionem ad instar anterioris Carolus
Fr. rex adscribi iussit . . . ubi concessit easdem civitates et territoria b. Petro
easque pontifici contradi spopondit per designatum confinium . . ." Zu „easdem"
vgl. Scheffer-Boichorst 194 f.

[4] Dieser begleitete nachweisbar (Böhmer-Mühlbacher Nro. 156. 163)
den König. Ob er beide Würden besessen hat, ist nicht von wesentlichem Belange.

[5] „Factaque eadem donatione"; daß die Vita fortan von donatio redet,
eingangs aber nur von donationis promissio, sucht Scheffer-Boichorst 196 f.
gleichfalls zu erklären. Vgl. einige Briefe des Papstes bei Jaffé Cod. Carol. ep.
52. 53. 54 et 56 (in dessen Reg. pont. 2409, 2413, 2414 und 2416), in denen überall
nur von einer promissio und sponsio des Königs die Rede ist (Richter II. 57 f.)

[6] So sucht Scheffer-Boichorst 198 ff. darzuthun. Vgl. zur Schenkungsurkunde Karls auch Richter II. 681 ff. Dieser sagt 683 N. 1: „Der Nachweis von
Irrtümern und Fehlern in dem Bericht der Vita Hadriani, welchen v. Sybel,
Martens u. a. versucht haben, um ihr verwerfendes Urteil zu begründen, ist nicht
gelungen."

Schenfungsversprechens, wie sie die Vita aufführt, ist der Zusatz eines späteren.

Ohne Zweifel ist dieses Schenkungsversprechen die wichtigste Aktion des Frankenkönigs auf seiner Romfahrt. Doch noch andere Beschlüsse wurden zwischen Papst und König im Jahre 774 gefaßt.

Schon bei der ersten Begrüßung geloben sie sich Treue. Der König bittet, wie die Vita Hadriani c. 39 erzählt, inständig den Papst, die ewige Stadt betreten zu dürfen, um in den verschiedenen Kirchen sein Gebet zu verrichten. »Et descendentes pariter ad corpus beati Petri tam ipse sanctissimus papa quamque antefatus excellentissimus Francorum rex cum iudicibus Romanorum et Francorum, seseque mutuo per sacramentum munientes, ingressus est continuo Romam cum eodem pontifice ipse Francorum rex cum suis iudicibus et populo.«[1] Dieses gegenseitige Gelöbnis der Treue mag sich jedoch nicht nur auf gegenseitige Sicherheit während Karls Aufenthalt in Rom bezogen haben: wahrscheinlicher ist es, daß hieburch der Freundschaftsbund, welcher einst zwischen Pippin und Stephan III. geschlossen worden, auch zwischen Karl und Hadrian feierlich eingegangen wurde.[2] Deshalb konnte Hadrian (ep. 53, Jaffé, Cod. Carol. p. 176) schreiben: »... sed firmi et stabiles in vestra permanemus caritate. Absit namque a nobis, carissime et nimis nobis dulcissime fili, ut ea, quae inter nos mutuo coram sacratissimo corpore fautoris tui beati apostolorum principis Petri confirmavimus atque stabilivimus, per quemvis modum irritum facere attentemus. Quoniam et nos satisfacti sumus, et vos in nostra caritate firmiter esse permansuros.«

Und in ep. 54 (ib. p. 181): »Optime enim cognoscimus, qualis firmitas et integritatis stabilitas inter nos Deo auspice in apostolica aula corroborata est.«

Ähnlich in ep. 55 (ib. p. 182): »... in vestro permantes amore, juxta quod inter nos praesentialiter in aula apostolica confirmatum est.«

In ep. 57 (ib. p. 189) schreibt der Papst u. a.: »Omnino confidimus et certi sumus: quod tua a Domino protecta excellentia in his, quae pariter loquentes inter nos convenerunt, firmiter atque immutabiliter permanere studeat et caritatis vinculum in medio nostrum corroboratum observare procuret; dum nos, Deo propitio in ea ipsa habita in invicem dilectionis concordia cum magna sinceritate mentis satagimus perseverandum.« Fernere: »Magna

---

[1] Duchesne I. 497.
[2] Vgl. Waitz 180 n. 3.

iuter nos atque insolubilis caritatis concordia corroborata est; per-
manentes in his, quae mutuo inter nos asserentes confirmavimus.«[1])
Wohl auf Grund dieser Stellen glaubte Lorenz (S. 35 ff.) aus=
sprechen zu sollen, daß 774 zwischen Karl und Hadrian mancherlei
Verträge staatsrechtlichen oder völkerrechtlichen Charakters abgeschlossen
worden seien, worunter selbstverständlich auch an die Gewährung eines
Einflußes auf die Papstwahlen zu denken sei.

Soviel steht wohl unläugbar fest, daß der König, der für den
Papst den Zug gegen die Longobarden unternommen hatte, denselben
sich aufs neue hieburch verpflichtete. Auch ist es beachtenswert, daß
Karl der Große nach dem Vorbilde Pippins in den ersten Jahren seiner
Regierung den Titel eines „Patrizius der Römer", den er doch schon
im Jahre 754 zugleich mit seinem Vater und Bruder erhalten hatte,
nicht führte, denselben jedoch vom Jahre 774 an — zwar nicht schon
seit seiner Romfahrt, sondern erst nach dem vollständigen Sturze des
longobardischen Reiches — in amtlichen Urkunden gebrauchte. Wir
müssen Martens beistimmen, wenn er sagt (S. 195), der König habe
dieses aus politischen Motiven gethan; er habe damit auf die
Respublica Romanorum einen größeren Einfluß gewinnen wollen. Denn
von nun suchte Karl der Große, freilich nicht ohne dadurch den Wider=
spruch Hadrians hervorzurufen, auf einzelne Gebiete der Respublica
bestimmend einzuwirken. Auch Abel (vgl. I. 173) kommt zu einem ähn=
lichen Resultate: der König, sagt er, beanspruchte nunmehr über das
römische, den Griechen nicht mehr unterthänige Italien die Oberhoheit
und habe „damit die Pflichten und Rechte des Patriziates zur Geltung
bringen wollen, aber nicht im Namen des Kaisers, auch nicht in dem
des Papstes, sondern in seinem eigenen Namen."[2])

Noch soll beigefügt werden, daß seit 774 die Bezeichnung »Respublica Romanorum« in den Urkunden verschwindet.

Wenn darum Einhard in seiner Vita Caroli c. 6 das Resultat
des Feldzuges von 774 kurz in die Worte zusammenfaßt: »Finis huius
belli subacta Italia,« so will er damit nicht bloß sagen, daß durch
diesen Krieg der Longobardenherrschaft in Italien ein Ende gemacht
wurde, er will vielmehr im Geiste seines Königs das Resultat dieses
Feldzugs als einen Erfolg Karls registrieren, den dieser weiter aus=
zunutzen wohlberechtigt gewesen sei.

---

[1]) Auch Karl der Große selbst erkennt an, daß ein solches Bündnis zwischen
ihm und dem Papste geschlossen worden, und er wünscht angelegentlich, „das unver=
letzliche Bündnis derselben Treue und Liebe", welches er mit Hadrian geschlossen,
auch mit Leo III. einzugehen. Cf. Jaffé, Cod. Carol. ep. 10. p. 354 sqq.

[2]) Vgl. auch Rlehnes I. 526 ff.

Doch kehren wir wieder zu Karl dem Großen zurück. Von Rom begab sich der Frankenkönig wieder zu seinem Heere vor Pavia. Dieses ergab sich anfangs Juni[1]) dem Belagerer. Karl ließ den Desiderius nebst seiner Familie und den erbeuteten Schätzen ins Frankenreich bringen. Er selbst trat dessen Erbe an und fügte fortan seinem Titel „König der Franken" auch den eines Königs der Longo= barden (und Patrizius der Römer) bei. Nur Benevent blieb unter dem Herzog Arichis, dem Schwiegersohne des Desiberius, noch unabhängiges longobardisches Gebiet.[2])

§ 9.
Das angebliche Dekret Habrians I. vom Jahre 774.[3])

Gegen Ende des eilsten Jahrhunderts begegnen wir der Nachricht, es habe Habrian I. auf einer Lateransynode des Jahres 774 in Ver= bindung mit 153[4]) Bischöfen, Prälaten und Abten Karl dem Großen das Recht zugestanden, nicht etwa nur an der Papstwahl und Papst= weihe irgendwie teilzunehmen und den Papst zu bestätigen, sondern: „den obersten Pontifex zu erwählen und den apostolischen Stuhl zu besetzen; auch die Würde des Patrizius gestanden sie ihm zu: ebenso wurde festgesetzt, daß die Erzbischöfe und Bischöfe in den einzelnen Pro= vinzen von ihm die Investitur empfangen und daß ein Bischof, wenn er nicht vom Könige ernannt und investiert ist, von niemanden ge= weiht werde."[5])

Die erste Kunde von der Existenz eines derartigen Dekretes erhalten wir von Wido von Ferrara,[6]) der nach dem Tode Gregors VII. zur Partei Wiberts, des Gegenpapstes, überging. Auch Landulph, ein

---

[1]) Chron. s. Bened. SS. Lang. 487: „mense iunio die martis." Cf. Pauli Gesta episc. mett. Scr. II. 265.
[2]) Näheres bei Richter II. 50 f.
[3]) Vgl. Abel I. 175 ff.
[4]) So die Anchinischen Zusätze zu Sigeberts Chronik; andere geben die Zahl auf 150 und 103 an.
[5]) Am ausführlichsten finden sich die litterärgeschichtlichen Nachrichten über dieses angebliche Dekret bei Bernheim 635 ff; kurz bei Hinschius I. 229 Anm. 3. Floß 54 u. a.
[6]) In seiner Schrift „De schismate Hildebrandi" (Scr. XII. 177, 35), welche er auf Wiberts Ansuchen in den Jahren 1086 bis 1092 schrieb. Wattenbach II. 205.

63

Schriftsteller derselben Zeit, erwähnt eines solchen,[1]) ferner hat das Dekret[2]) dem Verfasser der Annales Romani vorgelegen.[3]) Wahrscheinlich in Italien ist auch ein Excerpt aus dem Dekrete entstanden, welches in Jvo von Chartres' Kirchenrechtssammlung, die Panormia genannt,[4]) und von da in Gratians Dekret (c. 22. D. LXIII.) übergegangen ist. Auch in die sog. Anchinischen Zusätze zur Chronik Sigeberts von Gembloure[5]) wurde dieses Excerpt aufgenommen, desgleichen in das Chronicon Casauriense[6]) sowie in die Geschichte der römischen Päpste des Mönches von Zwetl.[7])

In Deutschland wurde zum ersten Male bei den Verhandlungen Heinrichs V. mit Paschalis im Jahre 1107 zu Chalons unseres Dekretes erwähnt.[8]) Später berief sich der König selbst in seinem Berichte über die Vorfälle des Februar 1111 zu Rom an die Parmesen ausdrücklich auf das Privilegium Hadrians,[9]) dessen Grundsätze er schon lange genug zur Rechtsbasis seines Auftretens gegen die Kirche gemacht hatte. Auch der Verfasser des im Jahre 1109 geschriebenen Traktats »De investitura episcoporum«[10]) beruft sich auf dieses Dekret und führt die Hauptbestimmungen desselben an; er hatte jedoch ein stark interpoliertes[11]) Exemplar vor sich, an dem er noch aus eigener Erfindung änderte, was ihm passend schien.[12])

Es ist allbekannt, daß diese Urkunde in das Reich der Fabeln gehört. Schon der Umstand, daß die Nachrichten über ein solches Dekret sämtlich erst aus dem Ende des eilften und Anfang des zwölften Jahr-

---

[1]) In seiner „Historia Mediolanensis" II. 11. (Scr. VIII. 49, 34. Muratori, Scr. IV. 74), verfaßt um 1080.

[2]) Dieses selbst, vgl. Bernheim 635 Anm. 1.

[3]) Scr. V. 469, 18.

[4]) Ed. Brand 1489. VIII. 134.

[5]) Scr. VI. 393, 5; also nicht bei Sigebert selbst, der bereits 1113 starb; jenes Excerpt wurde viel später, nach 1148 im Kloster Anchin bei Douay beigefügt. Hierüber verbreitet sich ausführlich Bernheim 637. Hefele III. 620 nennt noch Sigebert.

[6]) Muratori Scr. II. 2, 776; verfaßt nach 1180.

[7]) Pez, Thes. Anecd. T. I. P. III. 369; aus dem Ende des zwölften Jahrhunderts, bis 1191 reichend.

[8]) Ekkehard in den Scr. VI. 242, 13.

[9]) Jaffé, Bibl. rer. Germ. V. 269.

[10]) Goldast, Apologiae pro Henrico IV. 226 ff; bei Schard, Syntagma tractatuum de imperiali jurisdictione und in der Tübinger Quartalschrift 1837, 187; 1838, 339.

[11]) Daß schon frühe das Dekret interpoliert wurde, zeigt Bernheim 637.

[12]) Bernheim 636 f. — Hinschius I. 229 meinte deshalb, dieser teile das Privileg „in anderer Form" mit.

hunderts stammen, aus einer Zeit, in welcher der Inveſtiturſtreit am heftigſten tobte und viele Kontroversſchriften hervorrief, macht das Dekret ſelbſt verdächtig. Seine Unächtheit erhellt mit Evidenz aus folgenden Umſtänden:[1]

1. Das Dekret erzählt,[2]) daß ſich Karl von der Belagerung Pavias weg nach Rom begeben und dort zu Oſtern (774) beim Papſte die ehrenvollſte Aufnahme gefunden habe. Hernach kehrte er nach Pavia zurück und beſiegte vollends den Deſiberius, worauf er ſich zum zweiten Male nach Rom begab und dort mit Hadrian eine Synode abhielt, welche den betreffenden Beſchluß gefaßt haben ſoll. Von dieſer zweiten Romfahrt des Königs berichtet uns jedoch ſonſt keine Quelle; im Gegenteil iſt Karl von Pavia nach dem Frankenreiche zurückgekehrt. Die Übergabe Pavias erfolgte anfangs Juni 774; am 16. Juli weilte Karl, die Angelegenheiten des eroberten Landes zu ordnen, noch in Pavia und ſtellte hier eine Schenkungsurkunde für das Kloſter St. Martin in Tours aus; am 14. Auguſt wohnte er bereits einer Kircheinweihung in Lorſch (in Heſſen) bei.[3]

2. Hadrian hat in zwei Schreiben[4]) an den König, welche ſicher ſpäter als ins Jahr 774 zu ſetzen ſind, die Freiheit der Biſchofs- wahlen als geltendes Recht Karl dem Großen gegenüber zu wahren geſucht, indem er auf die Wahl durch den Klerus und das Volk ſowie die päpſtliche Beſtätigung als kanoniſchen Modus hinwies. Wie hätte dieſes der Papſt noch thun können, wenn im Jahre 774 ein derartiges Dekret erlaſſen worden wäre?

3. Es wäre ferners unerklärlich, daß ſich die deutſchen Könige nicht ſchon früher auf ein ſo bedeutendes Privilegium berufen hätten.

4. Der weitere Verlauf der Papſtwahlen zeigt deutlich, daß die in der Folgezeit geübte Praxis mit jenem Privilegium nicht überein- ſtimmt. Wir verweiſen nur auf die gleich zu ſchildernde, ohne einen ſolchen Einfluß des fränkiſchen Königs erfolgte Wahl des unmittelbaren Nachfolgers Hadrians, Leo III. Hätte Karl der Große ein ſo weit- gehendes Recht beſeſſen, wie es jenes Dekret ausſpricht, er wäre der erſte geweſen, der es geltend gemacht hätte.

5. Die Würde eines Patrizius der Römer iſt Karl nebſt ſeinem Bruder Karlmann viel früher verliehen worden,[5]) und könnte es ſich jedenfalls nur um eine erneute Verleihung derſelben handeln.

[1]) Vgl. Hinſchius I. 230.
[2]) Vgl. z. B. c. 22 D. LXIII.
[3]) Mühlbacher 163 und 163 c.
[4]) Cf. Jaffé, Cod. Carol. ep. 88 et 98 (p. 267. 287).
[5]) Vgl. S '42.

6. Karl suchte allerdings auf die Besetzung der Bischofsstühle großen Einfluß zu gewinnen und es gelang ihm in der That, weitgehende Ansprüche durchzusetzen.[1]) Aber nicht ohne Widerspruch des päpstlichen Stuhles, wie wir eben gehört haben, und des Klerus und Volkes der betreffenden Diözesen. Dieser Widerstand wäre nicht zu begreifen, wenn Karl ein derartiges Privileg besessen hätte, noch weniger aber, daß sich Karl selbst niemals auf ein solches Privileg berufen hätte. Auch ist in den jeweiligen Verhandlungen betreffs der Besetzung eines Bischofsstuhles niemals von einer „Investitur" des Königs die Rede.

7. Wir erinnern endlich an die einmütige Verurteilung dieser angeblichen Urkunde durch sämtliche Geschichtsforscher ohne Rücksicht auf ihre Parteistellung. Schon Alexander Natalis weist mit 8 schlagenden, teils negativen, teils positiven Gründen ihre Unächtheit nach. Ihm schlossen sich an Baronius,[2]) Marca,[3]) Petrus Gallade, der im Jahre 1755 über unser angebliches Dekret eine eigene Dissertation schrieb,[4]) Kunstmann,[5]) Gieseler,[6]) Hirsch,[7]) Rettberg,[8]) Waitz,[9]) Phillips,[10]) Floß,[11]) Abel,[12]) Hinschius,[13]) Lorenz,[14]) Hefele[15]) u. a.

Das angebliche Dekret gehört sonach nicht der Regierung Hadrians I., sondern der Zeit des Investiturstreites an, in welche es mit jeder Silbe paßt. Es entstand aus dem Bedürfnisse des Königs und seiner Partei, sich im Kampfe gegen das Papsttum neue Rechtsquellen zu schaffen. Wie Bernheim 632 ff. überzeugend nachweist, hatte es zu seinem Urheber denselben Fälscher, der in den Jahren 1084 bis 1087 den längeren Text des Privilegiums Leos VIII. für Otto I. aus dem kürzeren sich zurecht machte. Bereits als er mit der Abfassung dieses Textes sich beschäftigte, schwebte ihm der fertige Plan einer zweiten Fälschung

---

[1]) Waitz III. 420. Hinschius II. 522 ff.
[2]) Annal. ad ann. 774. n. 10 sqq.
[3]) De concordia sacerdotii et imperii VIII. 12.
[4]) Dissertatio ad Cap. „Hadrianus" c. 22 D. LXIII. bei Schmidt, Thesaurus juris ecclesiastici I. 252 sqq., f. namentlich 257 sqq.
[5]) Tübinger Theologische Quartalschrift 1838, 349.
[6]) II. 1, 40.
[7]) De Sigeberto Gemblac. Berolini 1841, 42 sqq.
[8]) I. 576.
[9]) III. 2. Aufl. 182.
[10]) V. 763.
[11]) S. 55.
[12]) I. 176 f.
[13]) I. 229.
[14]) S. 36.
[15]) III. 620. Vgl. Bayet 71.

vor, welche der ersteren zur Stütze dienen sollte, durch eine Stelle in seiner Vorlage selbst hiezu verführt, und diese zweite Fälschung ist das Decretum Hadriani, für welches er augenscheinlich [1]) sowohl beide Texte jenes Privilegiums als die angebliche Schenkungsurkunde Leos VIII. benützt hat.

* * *

Beruht die Angabe, Papst Hadrian I. habe im Jahre 774 Karl dem Großen ein soweit gehendes Privilegium verliehen, auf einer Fälschung, so frägt es sich, wie es mit der Glaubwürdigkeit eines anderen Berichtes steht, wonach Karl wenigstens die Befugnis eingeräumt worden, einen fränkischen Bevollmächtigten zu den Papstwahlen zu senden.

Es ist eine bereits dem zehnten Jahrhundert[2]) angehörige Quelle, der sogenannte >Libellus de imperatoria potestate in Urbe Roma<, welche berichtet,[3]) „Karl sei nach Rom gereist und habe einen Bund mit den Römern und ihrem Papste geschlossen auch über die Ordination des Papstes, daß derselben ein Legat beiwohne und selbst Streitigkeiten entscheide.‟

Doch ist dieser Bericht gleichfalls nicht glaubwürdig.[4]) Nicht nur daß die gleichzeitigen Schriftsteller gänzlich von der Verleihung eines derartigen Rechtes schweigen, steht ihm besonders auch der Verlauf der nächsten Papstwahlen entgegen, welche ohne jegliche Konkurrenz eines fränkischen Legaten vor sich gingen.[5])

[1]) Vgl. Bernheim 633 f.

[2]) Vgl. J. Jung in den „Forschungen zur deutschen Geschichte XIV. (1874). 411 ff. Über die Zeit der Entstehung des Libellus S. 414 f.

[3]) Scr. III. 721. Watterich I. 627.

[4]) Vgl. Abel I. 178 Waitz III. 2. Aufl. 182 N. 3. Hinschius I. 230. Bayet 71. Ferd. Hirsch in den Forschungen zur deutschen Geschichte XX. 139 ff.

[5]) Eine andere Frage ist, ob (später) in Rom ein ständiger Missus im Namen des Kaisers als oberster Justizbeamter fungiert habe, was Jung a. a. O. 437 bejaht. Simson I. 226. Anm. 3 macht allerdings dagegen geltend, daß „zur Prüfung der Papstwahlen‟ 827 und 844 besondere Missi abgeschickt worden seien, was unverständlich wäre, wenn ein ständiger kaiserlicher Missus in Rom gewesen wäre. Dem entgegnet Jung (N. 1), daß die ständigen Missi eben nur richterliche Funktionen übten, zu politischen Sendungen indes „wanderude‟ Boten gebraucht wurden. Vgl. Giesebrecht I. 865. Ficker II. 50 ff. 127. Bayet 87 f.

§ 10.

Wahl des Papstes Leo III. im Jahre 795 und dessen Beziehungen zum Frankenkönige.

Hadrian I. ging am 25. Dezember 795[1]) mit Tod ab. Schon am folgenden Tage[2]) fand die Neuwahl statt, aus welcher mit einer ans Wunderbare grenzenden Übereinstimmung des Klerus, Adels und Volkes von Rom — letzterem war durch die Bestimmungen der Synode von 769 das Recht der Akklamation belassen worden — Leo als Papst hervorging. Das Papstbuch verfehlt nicht, die einmütige Wahl göttlicher Eingebung und göttlichem Willen zuzuschreiben: »divina inspiratione, una concordia eademque voluntate, a cunctis sacerdotibus seu proceribus et omni clero, necnon et optimatibus vel cuncto populo Romano, Dei nutu«, sei Leo erwählt worden. Derselbe war römischen Geschlechtes und im Patriarchium aufgewachsen, ein gelehrter, beredter und wohlthätiger Mann, wie seine Zeitgenossen ihn schildern.

Unmittelbar an die Wahl[3]) schloß sich die Weihe Leos an, welche bereits am 27. Dezember vollzogen wurde.

Im Januar 796[4]) schickte sodann der neue Papst an König Karl ein Schreiben, welches zwar nicht mehr vorhanden ist, auf dessen Inhalt wir jedoch vor allem aus dem Antwortschreiben des Königs[5]) schließen können. Der Papst meldete dem Frankenherrscher den Hingang Hadrians sowie seine eigene, mit Einstimmigkeit erfolgte Erwählung. Auch das Wahlprotokoll legte er bei und versprach dem König Gehorsam und Treue.

Nach den Ann. lauriss. 796 schickte der Papst Gesandte mit Geschenken an den König, darunter auch Reliquien von den Ketten des hl. Petrus (»... claves etiam confessionis s. Petri«) sowie das Banner der Stadt Rom. Daß unter den claves confessionis s. Petri nicht die wirklichen Schlüssel zur Confessio des hl. Petrus zu verstehen sind, dürfte aus Gregor. M. VI. ep. 6. ad Childeb. hervorgehen. Die Gläubigen ließen sich, wie Gregor von Tours berichtet, goldene Schlüsselchen anfertigen zum Aufschließen der Schranken, welche die Confessio

---

[1]) So die Ann. laubac. (Scr. I. 15) et lauresham. 795 etc. Vgl Abel II. 108. n. 2.

[2]) V. Leonis III. c. 2 (Duchesne II. 1. Vignoli II. 237). Abel II. 111. N. 3.

[3] Vita Leonis III. ib.: „sequenti die in natale sancti Johannis apostoli et evangelistae ... ordinatus est." Duchesne II. 1.

[4] Richter sagt II. 132 c.: „Er zeigte dem König sofort seine Wahl an", doch scheint die Konsekration dieser Anzeige noch vorausgegangen zu sein.

[5] Ep. 10 bei Jaffé, Cod. Carol. p. 354 sqq.

umgaben; diese legten sie als Opfergabe am Grabe des Apostelfürsten
nieder und erhielten dafür jene, mit welchen bisher die Schranken ver-
schlossen worden waren. Gewöhnlich wurden in diese Schlüssel einige
Feilspäne von den Ketten Petri oder beider Apostel eingeschlossen.
Besonders geschah dieses, wenn die Päpste selbst solche Schlüssel
anfertigen ließen, um dieselben Fürsten zum Geschenke zu machen.[1]
Man trug diese Schlüssel am Halse nach Art der Medaillen und gebrauchte
sie auch, um sie den Kranken aufzulegen.[2] Wohl irrtümlich redet deshalb Richter I. 200 (II. 133) von „goldenen Schlüsseln als Symbol
der Schutzpflicht über das Grab Petri"; die Bedeutung dieser Schlüssel
war vielmehr eine andere, wie auch Leo III. selbst Karl dem Großen
schreibt: »De b. Petri Apostoli rebus, quamvis parvae sint quae
offeruntur, pro magna semper benedictione suscipiendae sunt.«[3]

Den Bericht der Ann. lauriss. vervollständigen die Annalen Einhards durch die Mitteilung: »Rogavitque ut aliquem de suis optimatibus Romam mitteret, qui populum Romanum ad suam fidem atque
subjectionem per sacramenta firmaret.«[4]

Es frägt sich nun, wie es mit der Richtigkeit dieser Angaben
sich verhält. Nach den Ann. laur. soll der Papst an den fränkischen
König das Banner der Stadt Rom überschickt, nach Einhards Bericht
ihn gebeten haben, einen seiner Großen zu entsenden, der dem römischen
Volke den Eid der Treue und Unterwürfigkeit abnehmen
solle. Riehues (I. 554 M. 5) hält Einhards Mitteilung für so unwahrscheinlich, daß er meint, der fränkische Chronist habe sich durch die
späteren Zustände und Beziehungen Roms zum Kaiser Karl täuschen
lassen. Und Grashof vermag sich die Ursachen einer solchen Handlungsweise gleichfalls nicht recht zu erklären. „Verfolgten die Päpste", frägt
er (42, 218), „wirklich schon langsam, aber konsequent diesen Plan (ein
abendländisches Kaisertum zu etablieren) oder befürchtete Leo bereits
damals politische Stürme in Rom (durch die Adelsparteien) . . . oder
geschah es im Hinblick auf den . . . Nutzen, den die Kirche bis jetzt
schon aus dem Patriziate Pippins und Karls gezogen hatte . . .?"

Zunächst wird die Angabe der Annal. laur., Leo III. habe dem
Frankenkönig das Banner der Stadt Rom übersendet, durch ein Mosaik-

---

[1] „Claves s. Petri", schreibt Gregor der Große an Childebert, „in quibus
de vinculis catenarum ejus inclusum est, excellentiae vestrae direximus, quae
collo vestro suspensae a malis vos omnibus tueantur." Ep. VI. lib. 6.
[2] Vgl. de Waal, des Apostelfürsten Petrus glorreiche Ruhestätte 97 f.
Döllinger, Lehrbuch I. 451. Hergenröther I. 725 M. 2. Anders Kraus 275.
[3] Cenni, Monum. Pontif. I. 329.
[4] Scr. I. 183.

bilb beſtätigt, welches derſelbe Papſt im Triklinium des Laterans an=
fertigen ließ. Dasſelbe ſtellt den hl. Petrus dar, wie er dem rechts
von ihm knieenden Papſte ein Pallium überreicht, dem links von ihm
knieenden Könige aber eine Fahne. Dieſes Bild auf die Kaiſerkrönung
Karls zu beziehen, wie Mabillon thut, [1]) hindern ſowohl die Unterſchrift
(»domno Carolo regi«) als auch der Umſtand, daß gelegentlich der
Kaiſerkrönung Karls nirgends von der Überreichung einer Fahne die
Rede iſt.[2])

Iſt demnach die Überſendung des Banners der Stadt Rom an
Karl den Großen nicht unglaubwürdig, ſo kann es auch nicht mehr die
Nachricht Einharbs ſein. Denn was ſoll jene Überſchickung der
Fahne anderes bedeuten als die Ergebenheit und Treue der Stadt Rom
gegen den Frankenkönig? In etwa wird die Nachricht Einharbs auch
durch den Poëta Saxo beſtätigt, der (Scr. I. 283, l. III. v. 278 sqq.)
ſchreibt:

>Admonuitque piis precibus, quo mittere vellet
Ex propriis aliquos primoribus ac sibi plebem
Subdere Romanam, servandae foedere cogens
Hanc fidei sacramentis promittere magnis.‹

Allerdings redet das erwähnte Antwortſchreiben Karls nicht aus=
drücklich weder von dem Banner noch der geſtellten Bitte, die Römer
in Pflicht nehmen zu laſſen; doch iſt dieſes noch kaum ein Grund, an
jenen Nachrichten zu zweifeln.[3]) Denn was der König thut, ſteht den=
ſelben nicht entgegen, ja trägt viel eher zu deren Glaubwürdigkeit bei.
Er ſchreibt an den Papſt, wie ſehr ihn das Verſprechen der Treue
und des Gehorſams gefreut habe. »Perlectis excellentiae vestrae
litteris et audita decretali cartula, valde, ut fateor, gavisi sumus
seu in electionis unanimitate seu in humilitatis vestrae (? nostrae
vgl. Waitz III. 167. u. 1.) obedientia et in promissionis ad nos
fidelitate‹. Die Treue und der Gehorſam des Papſtes gegen den
fränkiſchen Patrizius bedingt auch die Treue und den Gehorſam der
Römer gegen den Frankenkönig. Darüber hat Karl keinen Zweifel
und indem er einen Boten nach Rom entſendet, den Abt Angilbert,
erinnert er auch den Papſt an ſeine Bitte, die Römer vereidigen zu
laſſen, und willfahrt ihr zugleich.

[1]) Ann. Bened. II. 342. Hier befindet ſich auch eine Abbildung desſelben,
desgleichen bei Stacke, Deutſche Geſchichte I. 184.

[2]) Abel II. 112 N. 3.

[3]) So auch Richter II. 132 c. Derſelbe erinnert zugleich an die thatſächliche
Ausübung von Hoheitsrechten in Rom durch den König (Waitz III. 184). Vgl.
Abel II. 112. N. 2.

Welches ist nun der Inhalt des königlichen Schreibens an den Papst Leo III.?[1]) Der König schreibt an den Papst, welchen Schmerz er über den Tod seines heißgeliebten Vaters und treuesten Freundes Hadrian empfindet. Diese Trauer war keine erheuchelte. Denn trotz vieler sachlicher Differenzen, welche zwischen dem Papst und ihm bestanden, trotz der vielen Klagen und Beschwerden, womit ihn zu belästigen sich der Papst veranlaßt sah (hatte sich doch einmal das Gerücht verbreitet, König Offa von Mercia habe Karl geraten, Hadrian abzusetzen und einen fränkischen Geistlichen an dessen Stelle zu setzen, vgl. Jaffé, Cod. Carol. 280 sqq.), obwohl endlich auch dogmatische Streitigkeiten beide getrennt hatten, hatte Karl für Hadrian dennoch eine aufrichtige persönliche Freundschaft bewahrt, die sich nun auch beim Tode des Papstes in der Tiefe seiner Trauer bekundete.[2]) Des weiteren schreibt der König, wie herzlich er sich nach dem Durchlesen des päpstlichen Briefes und nach Vernehmung des Wahlprotokolls (»audita decretali cartula«) über die Einstimmigkeit von Leos Wahl und das Versprechen der Treue und des Gehorsams gegen seine Person gefreut habe. „Einen großen Trost", heißt es im Briefe, „dachte uns die göttliche Gnade zu, indem sie Euch, ehrwürdigster Vater, an seine Stelle setzte, damit jemand wäre, der täglich beim hl. Apostelfürsten Petrus für die Befestigung der ganzen Kirche und unser und unserer Getreuen Heil, ja auch für die Wohlfahrt des ganzen uns von Gott verliehenen Reiches fürspreche und mit väterlicher Liebe uns als seinen geliebten Sohn annehme."

Indem sich der König sodann auf die seinem Gesandten Angilbert erteilten Aufträge in Betreff der römischen Kirche und seines Patriziates bezieht (dieses liegt ihm sehr am Herzen), spricht er den Wunsch aus, mit Leo das Kompaternitätspaktum zu erneuern, welches er dereinst mit Hadrian abgeschlossen habe. „Ihm (Angilbert) haben wir alles aufgetragen, was sowohl uns wünschenswert als Euch notwendig erschien; daß ihr in gegenseitiger Besprechung festsetzet, was zur Erhöhung der hl. Kirche Gottes und zur Festigkeit (stabilitas) Eueres Ansehens und zur Befestigung (firmitas) unseres Patriziates ihr als notwendig erachtet. Sowie ich nämlich mit dem heiligsten Vater (Hadrian), Euerem Vorgänger, das Bündnis heiliger Kompaternität (so verbessert Jaffé für »paternitas« der älteren Ausgaben) eingegangen habe, so wünsche ich auch mit Euerer Heiligkeit das unverletzliche Bündnis derselben Treue

---

[1]) Cf. Jaffé, Cod. Carol. ep. 10. p. 354 sqq. Mansi XIII. 980. Bouquet v. 625. Abel II. 114 f.
[2]) Abel II. 108.

und Liebe zu schließen, auf daß durch die Bitten Euerer apostolischen Heiligkeit, mit Anrufung der göttlichen Gnade, mich überall der apostoliſche Segen begleite und der heiligſte Stuhl der römiſchen Kirche mit der Gnade Gottes immer durch unſere fromme Geſinnung (devotio) verteidigt werde."

Karl faßt dieſes Bündnis, wie ihre beiderſeitige Stellung überhaupt, dahin auf, daß es ſeine, des Königs, Pflicht ſei, den römiſchen Stuhl ſtetig zu beſchützen, die chriſtliche Kirche nach außen gegen die Heiden und Ungläubigen mit Waffengewalt zu verteidigen und ſie auch innerlich durch die Erkenntnis des katholiſchen Glaubens zu befeſtigen; Sache des Papſtes dagegen, ihm die Gnade Gottes für dieſes Thun zu erflehen und ihn überall mit ſeinem apoſtoliſchen Segen zu begleiten. „Unſere Sache iſt es", ſchreibt der König, „gemäß der Hilfe der gött= lichen Gnade die überall heilige Kirche Chriſti vor einem Einfalle der Heiden und vor Verwüſtung der Ungläubigen mit Waffengewalt nach außen zu verteidigen und nach innen durch Erkenntnis (agnitione) der katholiſchen Wahrheit zu befeſtigen.[1] Euere Aufgabe iſt es, heiligſter Vater, mit Moſes mit zu Gott erhobenen Händen unſeren Kriegsdienſt (militia, welche etwa gegen die Heiden und Ungläubigen notwendig ſein ſollte) zu unterſtützen, damit durch Euere Fürſprache unter der Führung und Waltung Gottes das chriſtliche Volk über die Feinde ſeines heiligen Namens überall und allzeit den Sieg davontrage und der Name unſeres Herrn Jeſu Chriſti auf dem Erdkreiſe verherrlicht werde."

Weiters ermahnt der König den neuen Papſt, ſich überall ſtrenge an die kanoniſchen Satzungen zu halten und durch ſeinen Wandel und durch Ermahnung der Chriſtenheit voranzuleuchten. „Die Klugheit Euerer Auktorität jedoch hänge allzeit an den kanoniſchen Satzungen und ·be= ſolge immer die Vorſchriften der heiligen Väter, damit die Beiſpiele voll= kommener Heiligkeit allen in Euerem Umgange ſichtbar erſtrahlen und die Ermunterung heiliger Ermahnung vom Erdkreiſe gehört werde, auf daß euer Licht leuchte vor den Menſchen und ſie euere guten Werke ſehen und eueren Vater preiſen, der im Himmel iſt."

Karls Schreiben ſchließt mit der Adreſſe, wobei der Name des Königs dem Adreſſaten vorangeſetzt iſt: ›Karolus gratia Dei etc. Leoni papae.‹

---

[1] Es dürfte zu weit gehen, mit Abel II. 115 zu ſagen, der König wolle hiermit die Fürſorge für die Chriſtenheit auch hinſichtlich der Reinheit der Lehre für ſich in Anſpruch nehmen und dem Papſte nur die Aufgabe zuweiſen, ihn dabei mit ſeinem Gebete und ſeinem Segen zu unterſtützen.

In der Instruktion für Angilbert, welcher den Papst eben=
falls zu einem ehrbaren Leben und zur Beobachtung der Kanones
ermahnen soll (›ammoneas eum diligenter etc.‹), wird noch hinzu=
gefügt, daß er besonders auf Abstellung der Simonie dringen und die
Aufmerksamkeit des Papstes auch auf die übrigen Mißstände lenken solle,
welche in den Unterredungen zwischen Karl und Angilbert häufig Gegen=
stand der Klage gewesen seien.

* * *

Sonach hat der Papst, wie wir aus dem Antwortschreiben des
Königs ersehen, nicht nur seine Erhebung auf den apostolischen Stuhl
dem Patrizius der Römer angezeigt, sondern seinem Schreiben, welches
zugleich das Versprechen des Gehorsams und der Treue gegen den
König enthielt, auch die decretalis cartula beigefügt, worunter zweifellos
das Wahlprotokoll selbst zu verstehen ist. Warum dieses? Wollte der
Papst damit den König um die Bestätigung der Wahl bitten, wie
früher die byzantinischen Kaiser jegliche Neuwahl bestätigt hatten? Doch
die Konsekration war aller Wahrscheinlichkeit nach schon vorüber, ehe
nur die Wahlanzeige mit dem das Ergebnis der Wahl offiziell beglau=
bigenden Dekret in Rom abgeschickt worden war. Ein Gesuch um
Bestätigung nach bereits vollzogener Weihe wäre etwas Absonder=
liches, im besten Falle eine lediglich formelle Bitte gewesen, welche der
fränkische Patrizius der Römer zu erfüllen gezwungen gewesen wäre.
Auch erwähnt der König in seinem Antwortschreiben mit keiner Silbe
einer Genehmigung der Wahl, sagt vielmehr nur, wie sehr ihn die
Nachricht von der Einmütigkeit der Wähler und das Treuversprechen
des Papstes gefreut habe. „Einen großen Trost dachte uns die gött=
liche Vorsehung zu, indem sie Euch an dessen Stelle setzte.“ Wenn
der neue Papst der Wahlanzeige an den fränkischen König auch das
Wahlprotokoll beifügte, so konnte er es nur mit der Absicht thun, der
König solle durch Einsichtnahme des Protokolls sich vom rechtmäßigen
Verlaufe der Wahl überzeugen; der König solle aus dem Wahldekrete
selbst ersehen, daß Leo rechtmäßig gewählter Papst sei. Die Übersendung
des Wahlprotokolles diente sonach zur Beglaubigung seiner Wahl.

Dabei bleibt die Frage offen, ob dem fränkischen Patrizius bereits
früher, vielleicht schon im Jahre 774, ein diesbezügliches Recht, sich
durch Einsichtnahme des Wahlprotokolles über den kanonischen Verlauf
des Wahlaktes zu orientieren, eingeräumt worden oder ob Leo III. zum
ersten Male und aus freien Stücken dem Patrizius dieses Recht zuge=
standen hat. Das letztere erscheint uns für wahrscheinlicher um des=

willen, weil derselbe Papst zugleich mit der Wahlanzeige und dem Wahlprotokolle auch das Banner der Stadt Rom dem König überschickt und ihn gebeten hat, einen seiner Großen abzuordnen, um dem römischen Volke den Eid der Treue abzunehmen. Auch bleibt es gleichgiltig, ob damit der Papst dem Patrizius nur für den einen Fall seiner eigenen Erwählung oder auch für alle Zukunft ein solches Recht vindicieren wollte. Leo III. mußte, wenn anders er noch freiwillig diesen Schritt that, sich notwendig die Frage vorlegen, ob der fränkische König nicht hiedurch veranlaßt werden konnte, in Zukunft bei jedem Falle der Neu= besetzung des päpstlichen Stuhles dasselbe Recht für sich in Anspruch zu nehmen und zwar mit Berufung auf das Beispiel des Jahres 796. Papst Leo III. verlieh durch seine Aktion dem Patrizius zwar kein geschriebenes Recht in diesem Betreffe, aber er gab ihm hiedurch ein Mittel in die Hand, in Zukunft nicht mehr bloß wie bisher die Wahl= anzeige, sondern auch die Übersendung des Wahlprotokolls selbst zu verlangen, um sich von der Rechtmäßigkeit der Papstwahl zu überzeugen und zwar nach der sichersten Quelle, die es geben konnte.

Doch wie unterschied sich dieses Verlangen des fränkischen Königs, den Verlauf der Papstwahl wenigstens nachträglich zu kontrolieren, von dem Rechte, wie es die byzantinischen Kaiser ehemals ausgeübt hatten? Zur Zeit des byzantinischen Kaisertums mußten die Römer mit der Vor= nahme der Konsekration warten, bis eine förmliche Bestätigung des neu= gewählten Papstes, sei es wie früher von Byzanz her, sei es wie später durch den Exarchen von Ravenna, eingetroffen war. So entstanden zwischen Wahl und Weihe eines Papstes oft lange Sedisvakanzen. Nach dem im Jahre 796 eingeschlagenen Verfahren konnte die Weihe zwar unmittelbar auf die Wahl folgen; doch hatte der fränkische König die Macht, nachträglich noch, also obgleich schon die Konsekration vollzogen war, die Papstwahl nach ihrem kanonischen Verlaufe zu prüfen. Und dieses Verlangen, welches der fränkische Patrizius, wenn nicht schon nach früheren Abmachungen, so wenigstens nach dem Beispiele Leos III. stellen konnte, mußte die Römer zwingen, für einen durchaus regelrechten Verlauf jeder Neuwahl Sorge zu tragen. Sie hatten die Wahl im Bewußtsein, daß dem mächtigen fränkischen Patrizius das Protokoll zur Einsichtnahme vorgelegt werde, einzuleiten und durchzuführen und mußten fürchten, derselbe werde alle geringeren Verstöße gegen die Wahlordnung rügen, ja sich selbst mit dem Gedanken vertraut machen, derselbe werde gegenüber schwereren Verstößen gegen die Kanones erklären: „Diese Wahl ist wider die Kanones, also ungiltig" und demgemäß dem neuen Papste seine Anerkennung versagen. Und was hätten die Römer bei ihrer abhängigen Stellung zum fränkischen König, wie sie derselbe Papst Leo fixiert hatte, zu einem derartigen Spruche des Patrizius sagen können? Sie hätten ihn auf die bereits vollzogene Weihe verweisen können, doch ist es wahrscheinlich, daß sich hieburch der fränkische König, besonders wenn es sich um einen mißliebigen Papst gehandelt hätte, in seinem Urteile über die Papstwahl, das ja auf dem klaren Wortlaute des Wahl- dekretes basierte, hätte beirren lassen?

So hatte der König durch die Uebersendung des Wahlprotokolles, wenn nicht schon durch frühere, uns unbekannte Verhandlungen ihm ein förmliches Recht hiezu zugestanden worden, wenigstens die Machtbefugnis erlangt, noch nachträglich von dem Verlauf der Wahl Einsicht zu nehmen; eine Machtbefugnis, welche jedenfalls im Jahre 824 eine rechtliche Grundlage und, wie sich zeigen soll, zugleich eine weitere Ausdehnung erhalten hat.

Zweiter Abschnitt.
Die fränkische Kaiserwürde.

---

§ 11.
Kaiserkrönung Karl des Großen im Jahre 800.

Am 25. April 799 geschah es, daß eine aufrührerische Partei in Rom den Papst Leo III. bei Gelegenheit der St. Marcusprozession schwer mißhandelte.[1] Der Papst wurde vom Pferde gerissen, zu Boden geworfen, geschlagen und ausgeplündert, sodann halbtot liegen gelassen. Auf die Kunde hievon eilte der Herzog Winigis von Spoleto, ein fränkischer Königsbote, rasch zum Schutze des Papstes herbei und brachte denselben nach Spoleto. Von hier aus unternahm Leo III. eine Reise zum Frankenkönige, um bei ihm Hilfe zu suchen. Dieser gab Befehl, den Stellvertreter Christi auf Erden mit gebührenden Ehren zu ihm zu geleiten. Im Juli 799 kam der Papst in Paderborn an und wurde vom Könige auf glänzende Weise empfangen. Vor ihm waren jedoch schwere Anklagen eingetroffen, welche seine Gegner ihm an den königlichen Hof vorausgeschickt hatten. Obgleich Karl diese Klagen nicht unbeachtet lassen, sondern einer späteren Untersuchung vorbehalten wollte, befahl er, einem Rate Alcuins Folge leistend, den Papst nach Rom zurückzuleiten und ihn wieder in seine Würde einzusetzen zu lassen.[2]

---

[1] Cf. Liber pontif. Vita Leo III. c. 11. (Duchesne II. 4 f, vgl. 35 ff.) Annal. lauriss. Ann. Einh. Abel II. 163 ff. 583 ff. Erf. I. Richter II. 141 b. Über die vermutlichen Gründe der Empörung f. ebd, dann Abel II. 169 N. 1 und dazu den Exkurs I. 583 ff. Niehues I. 557. Bayet, L'élection de Léon III., la revolte des Romains en 799 et ses conséquences in Annuaire de la Faculté des Lettres de Lyon 1883, 181 ff.

[2] Cf. Einh. Ann.: „iterum Romam ... reductus atque in locum suum restitutus est." Andere Stellen vgl. Abel II. 185 N. 3.

Mit dem Auftrage, Leo III. nach Rom zurückzuführen und in seinen früheren Stand wieder einzusetzen, wurden die Erzbischöfe von Köln und Salzburg, vier Bischöfe und drei Grafen[1] betraut. Dem Papste wurde in Rom, wie wenigstens das Papstbuch berichtet, von allen Seiten der freudigste und ehrenvollste Empfang bereitet.

Die fränkischen Missi, welche den Papst zurückgeführt hatten, begannen alsbald eine Untersuchung über die Urheber und Mitschuldigen der Empörung gegen Leo III. Als diese keine begründete Klage wider den Papst vorbringen konnten, wurden sie gefangen über die Alpen zu Karl dem Großen geführt.

Dieser brach im August des Jahres 800 nach Rom auf, um die gegen den Papst erhobenen Anklagen selbst an Ort und Stelle zu prüfen[2] und die völlig zerrütteten Zustände Roms wieder in Ordnung zu bringen. Der Einzug des Königs in Rom erfolgte am 24. November: Karl wurde glänzend empfangen.[3]

Sieben Tage nach seiner Ankunft versammelte der König in St. Peter eine große Synode, welche sich in erster Linie mit einer Untersuchung der Anklagen gegen den Papst beschäftigte.[4] Da von keiner Seite Stichhaltiges gegen den Papst vorgebracht werden konnte (Ann. Lauresham.) oder wenigstens sich niemand bereit fand, die gegen den Papst vorgebrachten Anschuldigungen eidlich zu erhärten (Ann. Lauriss.), scheint man es schließlich dem Papste anheimgestellt zu haben, sich noch durch einen Eid, der jedoch den Charakter vollkommener Freiwilligkeit tragen sollte, von jedem Verdachte zu reinigen. Schon ein Jahr vorher hatte man in Paderborn an einen solchen Reinigungseid des Papstes gedacht, doch Alcuin hielt es damals für des Papstes unwürdig, diesen Eid zu leisten. Jetzt ging Leo selbst darauf ein. Er bestieg in Gegenwart des Königs, der Synode und des Volkes, mit dem Evangelienbuch in der Hand, den Ambo in der St. Peterskirche und leistete vor der Confessio des Apostelfürsten unter Anrufung der hl. Dreifaltigkeit mit deutlich vernehmbarer Stimme den Reinigungseid,[5] — „aus freiem Willen, von niemanden verurteilt oder gezwungen, nicht als ob es so die Kirchengesetze verlangten, oder als ob er damit seinen Nachfolgern oder Brüdern und Mitbischöfen ein Beispiel geben wolle".

---

[1] Ihre Namen s. in der Vita Leonis III. c. 20. Abel II. 186 f. Richter II. 142 e.

[2] Vgl. den Reinigungseid des Papstes vom 23. Dezember 800. Jaffé IV. 378. Abel II. 118 und N. 4. Riehues I. 565.

[3] Abel II. 222 f.

[4] Vgl. über diese Synode Abel II. 221 ff.

[5] Vgl denselben bei Abel II. 230 f. Jaffé IV. 378 sq. Duchesne II 37.

Zwei Tage, nachdem sich der Papst durch diesen Eid von allen
Anschuldigungen, die wider ihn vorgebracht worden, gereinigt hatte, am
Weihnachtsfeste des Jahres 800 fand jene Handlung von welt-
geschichtlicher Bedeutung statt, welche durch die wider den Papst aus-
gebrochene Empörung[1] und die Zustände in Rom überhaupt mindestens
beschleunigt worden war: die Krönung Karl des Großen zum
Kaiser. An diesem Tage setzte Papst Leo III. dem Frankenkönige, der
dem feierlichen Hochamte in St. Peter beiwohnte und vor dem Altare
des Apostelfürsten kniete, die Kaiserkrone auf, während das Volk rief:
„Dem von Gott gekrönten Kaiser Karolus Augustus Heil, Leben und
Sieg."[2] Hierauf adorierte der Papst den neuen Kaiser und salbte
dessen gleichnamigen ältesten Sohn zum Könige.[3]

Es ist nicht sicher bekannt, wann die Idee, den großen Frankenkönig mit der Kaiserkrone zu schmücken, zuerst aufgetaucht ist, und wer
der Urheber derselben gewesen ist. Einhard erzählt (V. Car. c. 28), Karl
sei durch jenen Akt des Papstes so aufgebracht gewesen, daß er versicherte, er würde an jenem Tage die Kirche nicht betreten haben, wenn
er die Absicht Leos gekannt hätte, — wozu Abel (II. 239) bemerkt:
„Dieser Bericht, mit dem auch einzelne andere Angaben (s. ebd.) übereinstimmen, hat schon durch seinen Gewährsmann einen gewissen Anspruch
auf Glaubwürdigkeit." Andere Berichte melden freilich anders. So die
Annal. lauresham. 801, es habe Papst Leo und die versammelte
Synode beschlossen, Karl Kaiser zu nennen, weil damals bei den
Griechen der Name des Kaisers cessierte (Irene war Kaiserin), während
sich doch Karl im Besitze Roms, wo gewöhnlich der Sitz der Kaiser
gewesen, und auch der übrigen alten Kaisersitze des Abendlandes befand
(»... ipsam Romam tenebat«). Als sie ihn deshalb um Annahme jenes
Titels baten, wollte er diese Bitte nicht ablehnen, empfing jedoch in
aller Demut den Namen des Kaisers zugleich mit der Weihe des Papstes.
Nach einer anderen Meinung (vgl. Kraus 294, Gasquet 282) beriet
sich der Papst zuvor mit dem König und den Bürgern der Respublica
über die Verleihung des Kaisertitels.

Daß eine Besprechung der Sache zuvor — vermutlich schon in
Paderborn[4]) — stattgefunden, ist kaum zu bezweifeln. Auch erscheint es uns

---

[1] So Abel II. 163.
[2] Ann. Laur. 801. V. Leonis III. c. 23 (Duchesne II. 7, vgl. 37 ff.
Vignoli II. 253). Poëta Saxo (Scr. I. 259). Abel II. 236 N. 1.
[3] Über diese Salbung vgl. Duchesne II. 38.
[4] So nehmen an: Martens 207. Barmann I. 311. Richter II. 133.
Grashof 41, 215 meint gar, daß schon 754 „in einem der beteiligten Kreise" dieser
Gedanke aufgetaucht sein könne. Vgl. über diese Frage auch Gasquet 278 ff.

unwahrscheinlich), daß die Verleihung des Kaisertitels vom Papste allein
(vgl. Hergenröther I. 734) ausgegangen ist: die Erlangung der Kaiser=
würde gehörte sicher zu den Zielen, welche sich der Frankenkönig gesteckt
hatte. Weshalb der König über den Akt des Jahres 800 eine solche
Bestürzung äußerte, — ob aus Scheu vor der ihn erwartenden Aufgabe,
wie Phillips II. 81 annimmt, ob aus Überraschung über die schnelle
Ausführung einer noch nicht völlig gereiften Idee, wie Richter II. 147
meint (bekanntlich nehmen viele an, Karl habe durch gütliche Unter=
handlungen mit Byzanz die kaiserliche Würde erhalten wollen,[1] ob aus
Ärger, daß ihm der Papst das Diadem aufsetzte, während er es sich
selbst hätte aufsetzen wollen,[2] oder aus Rücksicht auf Byzanz — läßt
sich nicht feststellen, und ändert dieses auch nichts an der Thatsache:
der Frankenkönig empfing mit dem Kaisertitel auch die Kaiserwürde,
war neben dem byzantinischen Kaiser vollberechtigter Kaiser im Abend=
lande.

Wenige Tage nach seiner Krönung zum Kaiser hielt Karl Gericht
über die Ankläger des Papstes, und zwar mit dem Ergebnisse, daß die=
selben als Majestätsverbrecher (Ann. laur. 801) zum Tode verurteilt,
durch die Fürbitte des Papstes aber begnadigt und nur mit Verbannung
bestraft wurden.[3]

Noch den ganzen Rest des Winters blieb Karl in Rom, fort=
während mit der Ordnung der Verhältnisse der Kirche, der Stadt Rom
und des übrigen Italiens beschäftigt.[4]

Hier interessiert uns die Frage, welches fortan die Beziehungen
des neuen Kaisers zur Respublica Romanorum waren, des weiteren,
welche Rechte die Kaiserwürde bezüglich der Besetzung des päpst=
lichen Stuhles einschloß.

Wir erinnern nochmals, daß Leo III. schon bei seiner Thron=
besteigung das Banner der Stadt Rom dem fränkischen König über=
sandte und zugleich die Bitte an ihn richtete, durch einen Bevollmächtigten

---

[1] Vgl. Niebues I. 576 f. Waitz III. 193 meint, Karl sei deshalb so
überrascht gewesen, weil er selbst dem Gedanken, der seine Umgebung beschäftigte,
noch nicht zugestimmt hatte.
[2] So nehmen an Thijm 343, Barmann I. 317, Martens 213 u. a.
Ähnlich Ranke, Weltgeschichte V. 2. Abt. 186. Vgl. auch Richter II. 557 und
560. Deshalb habe auch Ludwig der Fromme zu Aachen aus der Hand des
Vaters die Kaiserkrone empfangen; desgleichen verfügte Ludwig sogar unter aus=
drücklicher Berufung auf seinen Vater Karl frei über die Kaiserkrone.
[3] Ann. laur. 801. Vita Leonis c. 26 (Duchesne II. 8. 38. Vignoli II.
256). Abel II. 242 f. Richter II. 148. Niebues II. 9.
[4] Cf. Einh. Ann., dann dessen Vita Car. c. 28, endlich Ann. Max. p. 23.

die Römer in Pflicht nehmen zu lassen. Hierdurch schon war dem
König ein mächtiger Einfluß, ja geradezu die Oberherrlichkeit über
die Respublica Romanorum seitens des Papstes zugestanden, und es
begreift sich, daß der fränkische Patrizius über diesen Zuwachs seines
Einflusses auf Rom und das römische Gebiet, wie er so ganz seinen
Wünschen entsprach, eine große Freude hatte. In seinem Schreiben an
den Papst gibt er denn auch seiner Freude über das Versprechen der
Treue und des Gehorsams gegen seine Person unverhohlen Ausdruck,
ein Versprechen, welches durch die bloße Erneuerung des Freundschafts-
oder Liebesbundes, wie er vorher zwischen Papst und König bestand,
nicht gefordert gewesen wäre. Fortan waren sonach die Bürger der
Respublica Romanorum, und an ihrer Spitze der Papst, dem Frankenkönige, ihrem Patrizius, kraft eines Eides Treue und Gehorsam
schuldig, wie sie es früher den byzantinischen Kaisern geschuldet hatten.

„Durch den Eid der Treue huldigte das römische Gemeinwesen 796
Karl und kannte damit die Oberherrlichkeit des königlichen Patriziers an
Stelle des byzantinischen Hofes an", sagt Kraus (272); „von da ab
war die Oberherrlichkeit des Frankenfürsten an die Stelle der byzantinischen
getreten" (S. 275).

Wie gestalteten sich nun durch den Akt des Jahres 800 die
Beziehungen der Römer zum neuen Kaiser?

Martens sagt (211): „Die Respublica Romanorum hatte durch
die Konstituierung des Imperium Romanorum ihre bisherige, rechtlich
autonome Existenz eingebüßt; bemerkenswert ist, daß seitdem auch
die Bezeichnung Respublica Romanorum verschwindet.[1]) Leo III. hatte
also, wenn wir uns scharf ausdrücken wollen, die Politik seiner Vorfahren
verläugnet und deren Werk zerstört..." „Karl übte fortan über die
bisherige Respublica Romanorum eine unbestrittene Oberhoheit und Leo
erkannte dieselbe unumwunden an..." (Ebd.) „Durch das Imperium
erhielt Karl eine juristisch definierbare Oberhoheit über die dem römischen
Stuhle untergeordneten Landschaften" (S. 217 ff.).

Granderath (VIII. 184) erblickt in der Karl dem Großen verliehenen christlich-römischen Kaiserwürde nichts anderes als die Würde
des höchsten Schirmherrn der Kirche.

Hergenröther (I. 731) sagt: „Das Kaisertum sollte nach der
Auffassung des krönenden Papstes wie des gekrönten Kaisers und nicht

---

[1]) Die vorletzte Erwähnung der Respublica Romanorum geschieht bereits 772
(cf. Giorgi o Balzani, Regesto di Tarfa II. 85), die letzte in der Vita Hadriani
c. 1, welche (vgl. S. 59) dem Jahre 774 angehört. Demnach ist Martens' Behauptung zu korrigieren. Vgl. Scheffer-Boichorst 200 f.

weniger ihrer Zeitgenossen im Occident eine doppelte Idee vertreten und verwirklichen:

1. die der obersten Schutzmacht über die Christenheit. Karl sollte von nun an Schutzherr der ganzen katholischen Kirche sein, und da diese die Bestimmung hatte, sich über alle Völker des Erdkreises zu verbreiten, so lag in der Idee des Kaisertums nicht nur die Idee eines Vorranges vor allen anderen Fürsten, sondern auch die der Welt=herrschaft (imperium mundi), wie sie das alte Rom geübt (I. 734). Sohin

2. die der Oberhoheit oder doch des Vorranges über alle anderen christlichen Fürsten zur Verteidigung der Kirche und der allgemeinen christlichen Interessen.

Über die Stellung des Papstes äußert er sich (I. 734) wie folgt: „Wie die übrigen Fürsten, so blieb auch der bis dahin unabhängige Papst Herrscher im Kirchenstaate; keineswegs hatte er sich und seinen Nachfolgern durch die ganz von ihm ausgegangene Wiederaufrichtung des Kaisertums einen Gebieter geben wollen". . . „Nur bedurfte der Papst bei der damaligen Parteizerrüttung eines starken Beistandes, den ihm der Kaiser lieh; zur Ausübung desselben stand dem Kaiser eine Gerichtsbarkeit zur Seite . . . ., deshalb mußten die Römer, wie dem Papste, so auch dem Kaiser Treue zuschwören, jenem als Landesherrn, diesem als Beschützer und Advolatus. Insoferne dann der Kaiser eine gewisse Oberhoheit über alle Fürsten hatte, unbeschadet ihrer Landes=hoheit, hatte er sie auch über den Papst als weltlichen Herrscher. . ."

Riehues schreibt (II. 12): „Karl trat mit der Übernahme der Kaiserwürde Rom und dem Papste gegenüber in die Stellung ein, welche bis dahin die byzantinischen Kaiser eingenommen hatten. Diese aber besaßen schon seit dem Jahre 740 keinerlei politische Rechte mehr über den Kirchenstaat. Was sie nicht besaßen, konnte Karl nicht von ihnen erben. So weit er also in deren Erbschaft eintrat, war die Gelangung zur Kaiserwürde für ihn eine Rangerhöhung, ein Zuwachs an An=sehen in Rom, keine Vermehrung politischer Gerechtsame."

Grashof (42, 224 f.) urteilt über diese Frage also: „An der Souveränität und der eigentlichen Herrschaft des Papstes über Rom ward durch die Erhebung des seitherigen Patrizius zum Kaiser nichts geändert; der Papst unterordnete sich aber in seiner weltlichen Stellung, insofern er Souverän eines bestimmten Gebietes war, dem Kaiser, dem Inhaber des Imperium mundi wenigstens für die west=liche Reichshälfte, innerhalb deren Rom lag. Die Rücksicht auf die Oberhoheit, die dem Kaiser zukam, die also keineswegs mit einer Territorialherrschaft zu verwechseln ist, war es auch, die den Papst beſtimmte, dem Kaiſer die Adoration entgegenzubringen . . ." „Die Oberhoheit des Kaiſers findet ihren Ausdruck darin, daß vom Jahre 800 an die römiſchen Urkunden mit dem Regierungsjahre des Kaiſers bezeichnet wurden und die römiſchen Münzen den Namen des Kaiſers trugen .. Deutlicher noch . . . in der Ausübung der Rechtsverwaltung . . ."[1]) Grashof nimmt (vgl. 42, 225) mit Berufung auf den Libellus de imperatoria potestate in Urbe Roma an, daß von nun an ein ſtändiger kaiſerlicher Miſſus ſich in Rom befand, der im Namen des Kaiſers beim Lateran oder bei St. Peter die oberſte Gerichtsbarkeit ausübte.

Was iſt kritiſch zu ſagen? Sicherlich betrachtete es Karl der Große, wie ſchon als Patrizier, ſo nun auch als Kaiſer als ſeine Aufgabe, die Kirche zu ſchirmen und zn ſchützen; dieſes ergibt ſich aus ſeinen Briefen (Ep. Car. 27. 29. 40. Jaffé p. 391, 395, 415 sq.), ſowie aus Einhards Annalen ad ann. 806.[2]) Doch würde man ſich ſehr täuſchen, wollte man in dieſer Aufgabe und Würde Karls, höchſter Schirmherr der Kirche zu ſein, den Inbegriff der Kaiſerwürde ſelbſt ſuchen. Die Kaiſerwürde Karls beſtand vielmehr im imperium mundi, in der wirklichen Oberherrſchaft über die weſtliche Hälfte des Abendlandes, inbegriffen Italien und die Respublica Romanorum, alſo auch über alle Fürſten, welche noch innerhalb des Gebietes der weſtlichen Hälfte regierten. Und zu letzteren gehörte auch der Papſt, dem der Kaiſer ſonach als Oberherr befehlen konnte und den er auch als ſeinen erſten Reichsbiſchof betrachtete. Nicht läugnen läßt ſich, daß der Papſt innerhalb der Respublica Romanorum mit Landeshoheit gebot und dieſe gegenüber dem Kaiſer zu verteidigen Anlaß nahm. Leo III. wahrte das Recht der von ihm beſtellten Beamten gegen die Einmiſchung einiger Leute der kaiſerlichen Sendboten, unterſchied genau die Grenzen des Kirchenſtaates vom kaiſerlichen Gebiete und traf in voller Selbſtändigkeit Maßregeln für die Sicherheit ſeines Gebietes. Auch der Kaiſer erkannte wiederum die Autonomie des päpſtlichen Gebietes an, indem er im Jahre 806 im Reichsteilungsgeſetze ſeinem Sohne Karl italieniſche Gebietsteile nur ʼusque ad terminos s. Petriʼ zuwies.[3]) Sohin grenzte an kaiſerlich-fränkiſches Gebiet in Italien das Gebiet des Papſtes unter kaiſerlich-fränkiſcher Oberhoheit. Wenn auch hin und wieder über den Umfang der kaiſerlichen Rechte über die Respublica

---

[1]) Cf. Ann. Einh. (Scr. I. 189), Bernoldi Chronicon (ib. VII. 419).
[2]) Scr. I. 193. Vgl. Grashof 42, 221 ff. und bezüglich der ſpäteren Kaiſer ebd. 228 ff.
[3]) Leges I. 141. no. 4.

Differenzen entstanden, so läßt sich doch nicht behaupten, Karl der Große habe seine ihm durch den Akt des Jahres 800 verliehene Gewalt über die Respublica von Anfang an als Territorialgewalt aufgefaßt. Dem steht nicht entgegen, daß der Kaiser bald nach seiner Krönung über die Empörer nochmals Gericht hielt (hatte er doch zuvor eine Untersuchung über die Sache des Papstes vorgenommen) und vielleicht auch — denn dieses berichtet lediglich der dem zehnten Jahrhundert angehörige Libellus de imperatoria potestate in Urbe Roma — fortan ein kaiserlicher Justizbeamter sich in Rom aufhielt: beides war im Interesse des persönlichen Schutzes des Papstes gelegen, den dieser in Paderborn gegen eine aufrührerische Partei von Karl dem Großen erbeten hatte.

Dem Frankenherrscher lag seit dem Jahre 754, seit der ersten Unterwerfung der Longobarden, sehr viel daran, daß das römische Gebiet, auf welches der byzantinische Kaiser noch immer Anspruch erheben konnte, nicht mehr in die alte Abhängigkeit von Ostrom zurückfalle. Zu sorgen, daß dieses Gebiet diesem für immer entrissen bleibe, betrachtete er für seine Aufgabe. Um dieses zu erreichen, war es nicht nothwendig, dem Papste die Souveränität über dasselbe zu entreißen und sich selbst zuzueignen; es genügte vielmehr, wenn es ihm gelang, den Papst und die Römer für die Dauer an sich zu ketten. Indem die Longobarden fortgesetzt das Gebiet der Respublica Romanorum bedrängten, arbeiteten sie zugleich dem Frankenkönige in die Hände. Die Römer und der Papst sahen sich gezwungen, wiederholt den fränkischen König zu Hilfe zu rufen, und indem dieser öftere und beschwerliche Kriegszüge zum Schutze der Respublica unternahm, verpflichtete er sich Papst und Römer immer mehr. Zwar fand Karl des Großen Plan, nach der völligen Unterwerfung der Longobarden, auch auf die Respublica Romanorum einen höheren politischen Einfluß zu gewinnen, am Papste Hadrian Widerstand; indes ließ dessen Nachfolger Leo III., über ein bloßes Freundschafts- oder Liebesbündnis hinausgehend, die Römer dem Frankenkönige Treue und Gehorsam geloben. Hiedurch hatte der Frankenherrscher schon im Jahre 796 die Oberherrlichkeit über die Respublica Romanorum erlangt. Doch noch inniger sollten die Bande, welche die Römer und den Papst mit dem Frankenkönige verknüpften, geschlungen werden. Und dieses geschah durch die Kaiserkrönung Karl des Großen. Durch die Übertragung der Kaiserwürde an Karl ward dieser dem byzantinischen Kaiser als ebenbürtig entgegengestellt und dadurch nicht nur die Unabhängigkeit des von Byzanz abgerissenen Gebietes der Respublica befestigt, sondern auch die bereits vom Frankenkönige über dieses Gebiet erlangte Oberherrschaft — wie es besonders das Münzrecht beweist — noch erweitert. Der Frankenkönig war nunmehr Kaiser auch des Gebietes, welches vordem zum byzantinischen Reiche gehört, dann aber, als es die notwendige Hilfe gegen die Longobarden von Byzanz nicht erlangen konnte, sich als Respublica konstituiert und den Frankenkönig um Schutz angerufen hatte.

So war zum eiblichen Versprechen der Römer, welches sie im Jahre 796 gegeben hatten, Karl dem Großen Treue und Gehorsam zu leisten, ein neuer Rechtstitel gekommen, nach dem der Frankenkönig von ihnen Treue und Gehorsam zu fordern berechtigt war: der Kaiser= titel. Karl der Große gebot mit kaiserlicher Gewalt auch über die Respublica Romanorum. Selbstverständlich wurde hiedurch auch die Stellung des Papstes gegenüber den aufrührerischen Parteien, wie sie sich in der letzten Zeit hervorgethan hatten, noch mehr befestigt.

* * *

Wenden wir uns nun der weiteren Frage zu, ob dem Franken= herrscher durch die Kaiserwürde auch weitere Rechte bezüglich der Papstwahlen, als es die bisherigen waren, gewährt worden sind.

Von verschiedenen Seiten wurde dieses behauptet und geradezu bemerkt, es seien dem neuen Kaiser dieselben Rechte verliehen worden, wie sie vordem der byzantinische Kaiser geltend gemacht hatte, nämlich die Papstwahlen zu bestätigen. So von Staudenmaier (142), der sich über diese Frage also äußert: „Wie Karl der Große schon die Bischöfe in seinem Lande frei wählen ließ" — thatsächlich ernannte er jedoch alle Bischöfe selbst und nur ausnahmsweise erkannte er auch einzelnen Kirchen, z. B. der von Reggio (Mühlbacher 230) und der von Aquileja (ebb. 310) das Recht der freien Wahl zu; im letzteren Falle jedoch »salva principali potestate nostra« (Hinschius II. 253) — „so griff er auch in die Papstwahlen selbst nicht ein, sondern ließ sie frei durch Volk und Klerus geschehen und behielt sich nur das Bestätigungs= recht vor... Der Papst wurde in Gegenwart der kaiserlichen Missen — Kommissarien — gewählt, und erhielt die Konsekration nicht eher, als bis die kaiserliche Konfirmation erfolgt war". Auch Simson (231) nimmt an, daß es aller Wahrscheinlichkeit nach zu den Hoheitsrechten gehörte, welche sich Karl der Große nach seiner Kaiserkrönung vor= behalten hatte, daß der Konsekration des Papstes die kaiserliche Bestätigung vorangehen müsse.

Grashof (42, 226 ff.) spricht sich unentschieden aus. „Ob und welche Abmachungen stattfanden zwischen dem Papste und dem Kaiser hinsichtlich des kaiserlichen Einflusses auf die Papstwahl[1]) . . ., ist . . nicht leicht zu erkennen". . . „Es mag sein, daß am Tage der Kaiser= krönung und infolge der bei dieser Gelegenheit vollzogenen Vermählung der beiden großen von Gott gesetzten Gewalten dem Kaiser vom Papste ein gewisser Einfluß auf die Besetzung des päpstlichen Stuhles zuge= standen ist. Eben weil dem Papste das Recht der Kaiserkrönung zustand (gerade so, wie das Recht der Verleihung des Patriziates früher in der Hand der Päpste gelegen hatte), was die Kaiser nie in Abrede stellten, vielmehr oft ausdrücklich anerkannten,[2]) so würde es nicht befremden, wenn etwa die Bestimmung getroffen wäre, daß der Kaiser seine Zustimmung zur vollzogenen Papstwahl zu geben habe. Die damaligen Quellen verraten uns nicht, ob und mit welchem Erfolge dieser Punkt von den zwei maßgebenden Seiten besprochen ist; auch aus den etwa nachfolgenden Ereignissen läßt sich für den Einfluß Karls auf die Papstwahl nichts abnehmen; denn während Karls Regierung und kirchlicher Schutzherrschaft fand keine Erledigung und Wiederbesetzung des päpstlichen Stuhles statt." (S. 328.)

Andere Geschichtsforscher läugnen, daß dem Kaiser ein Anteil an der Papstwahl zuerkannt worden sei. So Duchesne, der (II. 50 n. 3) sagt: »Il est impossible de démontrer que Charlemagne ait réglé cette question ou laissé des instructions pour la réglér après lui. Elle ne se posa, en fait, qu'après sa mort, Etienne IV ayant été le premier pape élu depuis le rétablissement de l'em- pire. A Rome on ne jugea pas que cette circonstance (que l'empire avait été rétabli en Occident eût créé des obligations nouvelles.« Floß bemerkt kurz (S. 54), bei der Erneuerung des abendländischen Kaisertums sei die Stellung des neuen Kaisers zur Papstwahl nicht zur Frage gekommen; „beide Teile mochten ihre guten Gründe haben, die Frage vorläufig mit Stillschweigen zu übergehen." Und Niehues sagt (II. 23): „Daß in dieser Hinsicht besondere Vereinbarungen zwischen Karl und Leo getroffen wären, ist nicht wahrscheinlich, da die Kirche diese Angelegenheit stets als eine rein kirchliche behandelt und aus sich geregelt hat." Ähnlich urteilen Granderath (VIII. 182), Martens (231), Hinschius (I. 230) u. a. Freilich mußten sich diese

---

[1]) Grashof fährt fort: „und demgemäß auch auf die Wahl der Bischöfe und Äbte", denn beides stehe (vgl. Anm. 5, dann S. 239 f. und 345) im engsten Zusammenhange: „Die Hebung oder Minderung des kaiserlichen Einflusses auf die Papstwahl hat jedesmal ganz konsequent auch einen erhöhten oder verminderten Ein= fluß des Kaisers auf Bischofs= und Abtwahlen zur Folge."

[2]) Grashof verweist (N. 1.) an das Schreiben Kaiser Ludwigs II. an den griechischen Kaiser bei Pertz, Mon. Germ. III. 521 sqq.

notwendig die Frage stellen: Erscheint es denn nicht befremblich, daß ein Karl, welcher doch sonst in die kirchlichen Angelegenheiten seiner Zeit in so bestimmender Weise, ja nach der Weise Justinians selbst in Fragen dogmatischer Natur eingegriffen[1]) und namentlich hinsichtlich der Besetzung der bischöflichen Stühle aufs freieste geschaltet hat,[2]) daß Karl nicht auch auf die Besetzung des päpstlichen Stuhles einen Einfluß zu gewinnen gesucht hat?

Man suchte dieses hauptsächlich aus vier Gründen zu erklären, nämlich:

a) aus der langen Regierungsdauer der Päpste Habrian I. und Leo III.; Kaiser Karl hätte es an der rechten Gelegenheit gefehlt, sich in die Papstwahlen einzumischen.

b) daraus, daß das Papsttum und fränkische Kaisertum die gleichen Interessen aufs engste miteinander verbanden, sohin auch vonseiten des Kaisers alles vermieden wurde, was zu einem Bruche hätte Anlaß geben können.

c) daraus, daß das beiderseitige Verhältnis zwischen Kaiser und Papst durch Verträge geregelt war;[3]) endlich

d) daß die Kaiserherrschaft Ostroms noch fortbestand (wenn auch ohne alle Bedeutung für Rom), demnach ein Titel für eine Einwirkung des fränkischen Kaisers nach dem bestehenden Rechte nicht gefunden werden konnte.

Hören wir nun die Gründe, welche darlegen sollen, es seien Karl dem Großen und seinen Nachfolgern durch die Kaiserwürde dieselben Rechte bezüglich der Papstwahlen verliehen worden, wie sie dereinst die oströmischen Kaiser geübt hatten.

Man erinnerte vor allem daran, daß Karl dem Großen zugleich mit seinem Vater und Bruder im Jahre 754 der Titel eines Patriziers der Römer verliehen worden sei. Diesen Titel habe zwar Karl bei seiner Kaiserkrönung abgelegt, indes seien alle Rechte desselben, mithin auch das Recht, den Papst zu bestätigen, auf den Kaiser übergegangen, der Patriziat einfach vom Kaisertitel absorbiert worden.

Papst Leo III. habe Karl dem Großen jenes Recht schon zugestanden, noch ehe derselbe in das völlige Kaiserverhältnis zu den Römern getreten war. Aus einer Stelle der Kapitularien (I. 271) gehe nämlich

---

[1]) Dümmler I. 12.
[2]) Vgl. Waitz III. 420. Hinschius II. 522 ff.
[3]) Hinschius (I. 230 N. 1) erinnert an die Briefe Habrians (Cod. Carol. 57. et 59.) und an das Schreiben Karls des Großen an Leo III. vom Jahre 796 (Jaffé, Cod. Carol. 189. 195. 356).

hervor, daß Leo dem fränkischen König bald nach seiner Erwählung das Wahldekret zugeschickt habe.[1]

Dieses ergebe sich sodann aus dem Begriffe der Kaiserwürde selbst, ob man nun diese als Restitution des mit Romulus Augustus zu Grabe getragenen abendländischen Kaisertums, wie es die gewöhnliche Auffassung ist,[2] oder als eine förmliche translatio imperii ab oriente in occidentem[3] auffasse. Sowohl die römischen Kaiser wie die byzantinischen hätten ein Bestätigungsrecht bezüglich der Papstwahlen besessen. Wenn auch bei der Erhebung Stephans V. (816) und Paschalis' I. (817) die kaiserliche Genehmigung nicht abgewartet wurde, sondern bereits früher die Konsekration stattfand, so hätten sich dieselben beim Kaiser deshalb entschuldigt.[4]

Die Kaiser hätten es auch fortan „als ihr unzweifelhaftes Recht in Anspruch genommen, daß die Weihe des Gewählten erst nach der Prüfung der Wahl durch einen kaiserlichen Missus erfolgen dürfe. Sie ließen es sich nicht bieten, daß man dieses Recht in Rom zu umgehen suchte" (Simson 231). Beweis hiefür seien die Vorgänge bei der Erhebung Gregors IV. (827) und Sergius' II. (844).

Sind diese Gründe beweiskräftig genug, sowohl für die Annahme, daß mit der Kaiserwürde thatsächlich soweit gehende Rechte bezüglich der Papstwahlen verliehen wurden, als auch für die Behauptung, daß die Kaiser faktisch solche Rechte geltend gemacht haben?

Wir haben bereits gezeigt, daß mit dem Titel „Patrizius der Römer", selbst wenn mit demselben die kaiserliche Stellvertretung in Italien verbunden gewesen, keine soweit gehenden Rechte bezüglich der Papstwahlen verknüpft waren.

Desgleichen haben wir dargethan, daß Papst Leo III. durch die Übersendung des Wahldekrets an Karl den Großen noch kein förmliches Bestätigungsrecht der Papstwahl durch den fränkischen König zugestanden hat, wenn auch die Einsichtnahme in das Wahlprotokoll, wenngleich erst nach bereits vollzogener Weihe, die Bedeutung einer Kontrole über den kanonischen Verlauf der Wahl unbestreitbar haben muß.

Wenn auch die römischen Kaiser und weiterhin die byzantinischen ein Bestätigungsrecht bezüglich der Papstwahlen thatsächlich übten und dieses durch die Longobardenkriege und die Bildung der Respublica Romanorum nicht untergegangen wäre: so läge doch im Begriffe

---

[1] Diesen Grund macht Staudenmaier für seine obige Behauptung geltend.

[2] Vgl. Neumont II. 132 ff. Historisch-politische Blätter XXXI. 666 ff. Laacher Stimmen X. 198. 264.

[3] Cf. Bellarmin, De translatione imperii etc. Phillips III. 51 ff.

[4] Darauf verweist Simson 231.

des neuen Kaisertums an sich noch kein derartiges Recht eingeschlossen; denn die Stellung des Papstes im neuen Kaisertum war nicht in all= weg dieselbe wie im alten byzantinischen. Mit der Errichtung des Kaisertums war sohin noch nicht, ohne weitere spezielle Ab= machungen, Karl dem Großen dieselbe Befugnis bezüglich der Papst= wahlen eingeräumt, wie sie vormals der byzantinische Kaiser ausgeübt hatte.

Doch suchte nicht Kaiser Karl, auch wenn ihm mit der Kaiserwürde selbst noch kein derartiges Recht zugestanden war, ein solches Recht vom Papste zu erlangen? Wir haben gehört: Bereits im Jahre 796 über= sandte Leo III. nebst dem Schreiben, in dem er seine Wahl anzeigte und Treue und Gehorsam versprach, auch das Wahlprotokoll an den König, aus dem sich Karl über den Verlauf der Wahl orientieren und sohin prüfen konnte, ob die Wahl nach den Kanones verlaufen war. Dieses sollte — darüber wird kaum ein Zweifel möglich sein — auch nunmehr, da Karl mit der Kaiserwürde geschmückt war, fortdauern und sohin der Kaiser eine Kontrole über die Papstwahl ausüben. Läßt sich nun denken, Karl der Große werde sich mit einer solchen Kontrole begnügt haben, wenn die Anzeige von einer Neuwahl und das Wahlprotokoll erst in seine Hände gelangten, nachdem der Erwählte schon geweiht und so vom päpstlichen Stuhle Besitz ergriffen hatte? Wird er sich nicht die Schwierigkeiten überlegt haben, die entstehen konnten, wenn er sich auf Grund des Wahlprotokolles zur Erklärung genötigt sah, die Wahl sei gegen die Kanones verlaufen? Und entsprach es nicht besser dem Wesen und der Bedeutung einer Kontrole, auch den Bescheid über die Rechtmäßigkeit einer Wahl abzuwarten und erst dann zur Konsekration des Erwählten zu schreiten?

Es scheint uns letzteres, nämlich mit der Konsekration bis zur kaiserlichen Verbescheidung zu warten, allerdings der Wunsch und Wille Karls des Großen gewesen zu sein. Nicht nur die Stellung Karls zur Kirche überhaupt legt uns dieses nahe, wir möchten dieses mit Wahr= scheinlichkeit auch daraus schließen, daß sich Stephan V. wegen seiner Konsekration beim Kaiser Ludwig entschuldigte, wie es die fränkischen Quellen berichten. Nicht mit Bestimmtheit, weil, wie sich zeigen wird, die Entschuldigung Stephans, wie es bei jener Paschalis' I. fast über allen Zweifel erhaben ist, sich möglicher Weise auch auf einen anderen Umstand beziehen kann.

Daß es im Willen des Kaisers lag, die Konsekration eines neu= erwählten Papstes solle erst dann vorgenommen werden, wenn er über das ihm vorgelegte Wahlprotokoll eine Entscheidung getroffen, möchten wir ferners daraus schließen, daß im Jahre 824 die Römer eidlich ge= loben mußten, „soviel an ihnen sei, nicht zuzulassen, daß eine Papst=

wahl anders als auf kanonische und rechtmäßige Weise stattfinde und die Weihe des Erwählten erfolge, bevor derselbe in Gegenwart eines kaiserlichen Missus und vor allem Volke eine gleiche Verpflichtung über= nommen, wie sie Papst Eugen aus freien Stücken schriftlich gegeben", d. h. den Treueid geleistet hat. Damals war die Papstwahl stürmisch verlaufen, das Volk hatte sich dem Verbote von 769 entgegen in dieselbe einzudrängen gesucht, und dies einen Zug Lothars nach Rom veranlaßt. Im dritten Kapitel der damals erlassenen Konstitution ward verordnet: Alle Unbefugten sollen strenge von der Wahl ausgeschlossen sein; nur diejenigen Römer, welche nach altem Herkommen hiezu berechtigt sind, sollen die Wahl vornehmen. Dieser Erlaß ist durch die erwähnten Vor= fälle vollkommen erklärlich. Doch wozu jener Eid der Römer? Die rasche Vollziehung der Konsekration war geeignet, etwaigen Unruhen ein Ende zu machen, und warum nun eine geflissentliche Verschiebung der= selben? Es kann sein, daß dieser Anlaß dem Kaiser wie erwünscht kam, um das gesetzlich zu fixieren, was schon Karl der Große gewollt und beansprucht hatte, was aber bisher nur mangelhaft beobachtet worden war. Lothar benützte einen günstigen äußeren Anlaß, um die Römer sogar eidlich zu verpflichten, mit der Konsekration eines Neu= erwählten solange zu warten, bis ein kaiserlicher Gesandter zur Ver= eidigung des Papstes nach Rom gekommen war. Die Römer hüteten mit Eifersucht ihr Wahlrecht und ließen sich von niemanden dieses ihr altes Recht beeinträchtigen. Lothar mußte die lästige Seite besagter Bestimmung dadurch wohl zu verbergen, daß er sagte, es handle sich nicht um die Freiheit der Papstwahl, die er ihnen sogar feierlich im 3. Kapitel der Konstitution garantierte, sondern lediglich um die Vereidigung des Erwählten; nur deshalb, um dem neuerwählten Papste den Treueid abzunehmen, soll mit der Konsekration bis zur Ankunft eines fränkischen Legaten gewartet werden.

Freilich ist zu bemerken, daß im Jahre 824 überhaupt eine schärfere Betonung der kaiserlichen Oberherrlichkeitsrechte unverkennbar statthatte, nicht also bloß eine gesetzliche und feierliche Fixierung bereits mündlich zugestandener Rechte, sodaß auch eine Erweiterung des seit 796 gepflogenen Gebrauches bezüglich der Papstwahlen, welche also erst in dieses Jahr zu setzen wäre, nicht ausgeschlossen erscheint.

Auch erhellt aus dem ferneren Verlaufe der Papstwahlen nicht zur Genüge, daß seitens der Karolinger fortan eine Prüfung der Wahl in der Weise, daß hievon erst die Bestätigung derselben und dann erst die Vollziehung der Konsekration abhängig gewesen wäre, oder ein Nach= suchen um Genehmigung in jeglichem Falle einer Neubesetzung des apostolischen Stuhles beansprucht worden wäre.

Noch ist hier zur völligen Würdigung der Frage über den Einfluß der fränkischen Kaiser auf die Papstwahlen die bekannte, hieher einschlägige Stelle des Diakons der Lyoner Domschule, Florus, zu berücksichtigen. Florus verfaßte um das Jahr 822,[1] also acht Jahre nach dem Hingange Karls des Großen, angeregt durch einen Erlaß Ludwig des Frommen, die Schrift: »De electionibus episcoporum.«[2] Hier verbreitet sich der genannte Magister über die Besetzung der Bistümer und sagt: „Allen, welche das Priestertum in der Kirche Gottes versehen, ist es bekannt, was die Autorität der hl. Kanones und die kirchliche Gewohnheit gemäß der Anordnung des göttlichen Gesetzes und der apostolischen Tradition zu beobachten befiehlt: daß nämlich nach dem Tode des Hirten und der Erledigung des bischöflichen Stuhles einer aus dem Klerus der Kirche, welchen die gemeinsame und einträchtige Zustimmung eben dieses Klerus und der ganzen Gemeinde erwählt und durch öffentlichen Beschluß feierlich bestimmt, von der gesetzlichen Zahl der Bischöfe feierlich konsekriert die Stelle des verstorbenen Bischofes ordentlicher Weise einzunehmen habe; und es kann nicht bezweifelt werden, daß auf Urteil und Anordnung Gottes beruht, was von der Kirche Gottes in so heiliger Ordnung und rechtmäßiger Übung beobachtet worden ist. Wenn aber in einigen Reichen späterhin die Gewohnheit sich bildete, daß die Ordination zum Bischof mit Zustimmung des Fürsten geschieht, so gilt dieses allerdings als das vollste Maß der Brüderlichkeit wegen des Friedens und der Eintracht mit der weltlichen Gewalt, nicht aber um die Wahrheit und Kraft der heiligen Ordination vollgiltig zu machen, welche keineswegs durch königliche Gewalt, sondern nur durch Gottes Wink und durch die Übereinstimmung der Gläubigen der (erledigten) Kirche jemanden verliehen werden kann; denn die bischöfliche Würde ist kein menschliches Amt, sondern eine Gabe des hl. Geistes."

Nun fährt Florus fort:

„Aber in der römischen Kirche sehen wir bis auf den heutigen Tag, daß ohne Anfrage bei einem Fürsten, allein nach dem Urteile der göttlichen Anordnung und nach der Wahl der Gläubigen regelmäßig die Bischöfe geweiht werden, und so thöricht ist wohl niemand, daß er meinte, dort werde eine geringere Gnade göttlicher Heiligung empfangen, weil keine weltliche Macht einen Einfluß ausübt."[3]

---

[1] Vgl. Bähr, Geschichte der römischen Litteratur im karolingischen Zeitalter 448. Simson 231. N. 4. Kirchenlexikon IV. 1582.

[2] Zuerst gedruckt in den Opp. s. Agobardi ed. Baluze II., dann in der Bibl. Patr. Lugd. XV. und bei Migne CXIX.

[3] „Sed et in Romana ecclesia usque in praesentem diem cernimus, absque interrogatione principis solo dispositionis judicio et fidelium suffragio

Es ist eigentümlich, wie verschiedene Schriftsteller diese — offenbar deutliche — Stelle aufgefaßt haben. Hinschius z. B. (I. 237 N. 1) fand darin eine „Übertreibung", „wie sich aus den Verhältnissen zur Zeit der römischen Kaiser und aus den Berichten des Papstbuches über diese Periode ergebe." Dümmler (I. Aufl. I. 237. N. 27) hielt auf Grund dieser Stelle dafür, daß man die Wahl „trotz der Prüfung durch kaiserliche Legaten für eine vollkommen freie" angesehen habe. Bayet (77) wollte aus dieser Stelle schließen, »qu' à ce moment tout un parti proposait d'établir le droit de confirmation«, gegen welches Bestreben sich demnach Florus gerichtet hätte. Simson endlich (231) sagt, die Behauptung des Verfassers treffe in Ansehung der Konsekration (im Unterschiede von der Wahl) nicht völlig zu, indem der Konsekration die kaiserliche Genehmigung hätte vorangehen müssen.

Florus befand sich zu der Zeit, als er jene Schrift verfaßte, noch in jungen Jahren; er wurde gegen das Ende des achten Jahrhunderts geboren und starb im Jahre 860.[1] Offenbar wollte er das zu seiner Zeit bei den Papstwahlen übliche Verfahren, soweit er es selbst erlebt (die Wahlen Stephans V. und Paschalis' I. hatten sechs, bezw. fünf Jahre vor Abfassung jener Schrift stattgefunden) oder von früher her aus Urkunden oder mündlichen Berichten kannte, darstellen, ohne auf die Zeit der römischen und byzantinischen Kaiser Rücksicht zu nehmen. Die Päpste Stephan V. und Paschalis I. sowie auch deren Vorgänger im achten Jahrhunderte waren nun durch freie Wahl des römischen Klerus erhoben und unmittelbar nach ihrer Erwählung auch konsekrirt worden, ohne daß eine weltliche Macht einen Einfluß geübt hätte, ohne daß eine Anfrage bei einem Fürsten erfolgt wäre und dieser seine Zustimmung gegeben hätte. Bei den Bischofswahlen hat sich freilich — so führt Florus aus — mit der Zeit in einigen Reichen die Gewohnheit gebildet, daß die Ordination nur mit Zustimmung des Fürsten erfolgt; allein deshalb verleiht nicht die weltliche Macht das Amt, sondern lediglich Gott. Und nur um des Friedens und der Eintracht mit der weltlichen Gewalt wegen hat man zugegeben, daß auch die Zustimmung des Fürsten zu erholen ist. Dieses ist aber „das vollste Maß der Brüderlichkeit." Eine solche Gepflogenheit, die Zustimmung eines

---

legitime pontifices consecrari nec adeo quisquam absurdus ut putet, minorem illic sanctificationis Divinae esse gratiam, eo quod nulla mundanae potestatis comitetur auctoritas."

[1] Vgl. Streber im Kirchenlexikon IV. 1581 ff. Ebert, Allgemeine Geschichte der Litteratur des Mittelalters im Abendlande II. 268 ff. Dümmler im Neuen Archiv der Gesellschaft für ältere deutsche Geschichtskunde IV. 296 ff. 581. 630. Poet. lat. II. 507—566.

Fürsten zu erholen, herrscht jedoch bei Besetzung des päpstlichen Stuhles bis auf den heutigen Tag nicht. In der römischen Kirche wird die Ordination des Erwählten vollzogen ohne Anfrage bei einem Fürsten, und niemand glaubt deshalb, der römische Bischof empfange eine geringere Weihegnade, weil die weltliche Macht dabei keinen Einfluß ausübt, d. h. nicht wie sonst öfters bei der Bischofsweihe ihre Zu= stimmung gibt.

Dieses sind die Ausführungen des genannten Lyoner Magisters, und es läßt sich nicht sagen, daß sie mit den von uns gewonnenen Resultaten im Widerspruch stehen. Denn eine Zustimmung zur Weihe, wie sie in fränkischer Zeit bei den Bischofswahlen und in byzantinischer Zeit auch bei der Papstwahl üblich war, mußte aller Wahrscheinlichkeit nach vom erwählten Papste nicht erbeten werden, wie sie auch der Kaiser nicht förmlich erteilte, und wenn es auch im Wunsche und Willen des letzteren lag, es möge mit der Konsekration des Erwählten gewartet werden, bis er sich auf Grund des ihm eingesandten Wahl= protokolls über die Rechtmäßigkeit der Wahl geäußert habe, so fand faktisch sowohl die Weihe Stephans V. als jene Paschalis' I. statt, ehe der Spruch des Kaisers oder die Ankunft eines kaiserlichen Legaten abgewartet worden war. Auch läßt sich nicht sagen, es sei durch die Übersendung des Wahldekretes an den Kaiser bei diesem „eine Anfrage gestellt" worden; der Kaiser hatte lediglich zu prüfen, ob die Wahl gesetzlich verlaufen war, aber nicht nach freiem Gutdünken seine Zustimmung zur Weihe zu erteilen, bezw. zu versagen, wie dieses bei den Bischofswahlen nach dem Zeugnisse des Florus der Fall war.

---

§ 12.

Wahl und Konsekration Stephans V. im Jahre 816.

Papst Leo III. erlag im 21. Jahre seines Pontifikates, am 11. Juni 816, einer Krankheit.[1] Am 12. Juni bestattete man ihn in der St. Peters= kirche. Bald darauf wurde zur Neuwahl geschritten, welche auf den Diakon Stephanus fiel. Auch dieser war gleich seinem Vorgänger ein Römer von vornehmer Geburt,[2] der von frühester Jugend an im

---

[1] Cf. V. Leonis III. c. 113 (Duchesne II. 34. Vignoli II. 315). Vgl. über seinen Todestag auch Simson I. 66. N. 1 und Riehues II. 62.

[2] V. Stephani IV. c. 1 (Duchesne II. 49. Vignoli II. 316).

Lateran erzogen worden war und von Leo III. die Weihe des Sub=
diakonats und Diakonats erhalten hatte. Seine Wahl erfolgte ein=
mütig; „ihn führten sie alle", erzählt der Liber pontificalis, „in
einer Zuneigung und in gleicher Liebe nach der Kirche des hl. Apostels
Petrus, und so wurde er nach der Fügung der göttlichen Vorsehung
zum obersten Bischofe des ganzen Erdkreises konsekriert."

Welcher der damals in Rom herrschenden Parteien der Neu=
erwählte angehörte, läßt sich nicht mit Gewißheit bestimmen. Simson
(I. 66) behauptet, Stephan habe seine Wahl den Gegnern seines Vor=
gängers verdankt,[1]) und Richter (II. 218): „Er gehörte, wie es scheint,
zu der Partei der Freunde der fränkischen Herrschaft . . ."
Stephan V. wurde, wie das Papstbuch (Vita Leonis III. c. 113)
berichtet, nach zehntägiger Sedisvakanz, ohne daß hierzu eine Genehmigung
des Kaisers vorliegen konnte, geweiht.

Doch der neugeweihte Papst hat sich, wie uns fränkische Quellen
berichten, beeilt, an Kaiser Ludwig Gesandte abzuschicken, welche diesem
seine Konsekration anzeigen und „die kaiserliche Genehmigung zu der=
selben gewissermassen nachträglich einholen sollten!"[2])

Sehen wir uns zunächst jene Stellen an, welche uns von dieser
„nachträglichen Einholung der kaiserlichen Zustimmung" berichten. Die
Reichsannalen erzählen: „Stephanus strebte zwei Monate nach seiner
Konsekration in Eilmärschen zum Kaiser zu gelangen, nachdem er inzwischen
2 Gesandte abgeschickt hatte, welche gleichsam für seine Konsekration beim
Kaiser eintreten sollten" (>missis duobus legatis, qui quasi pro sua
consecratione imperatori suggererent.‹ Ann. laur.) Der unbekannte
Biograph Ludwigs, gewöhnlich Astronomus genannt, berichtet: „(Der
Papst) schickte eine Gesandtschaft voraus, welche für seine Ordination
dem Kaiser Genugthuung leisten sollte" (>quae super ordinatione eius
imperatori satisfaceret.‹ Scr. II. 620).

Es ist interessant, die Meinungen der neueren Geschichtsforscher
über den Inhalt und die Tragweite dieser beiden Stellen kennen zu
lernen. Neumont (II. 190) weiß nur, der Papst habe durch eine
Gesandtschaft an Ludwig über seine Ordination berichtet. Phillips
(V. 767), er habe alsbald eine Gesandtschaft abgeordnet, durch welche er,
die erhabene Stellung des Kaisers wie billig ehrend, seine Erhebung
anzeigte. Nach Riehues (Historisches Jahrbuch 1880, 149) sollten die
Gesandten den Papst deshalb entschuldigen, weil er sich habe konsekrieren

---

[1] Vgl. Floß 56.
[2]) Simson I. 66. Hefele IV. 7. Kraus sagt (295), Stephan habe Ludwig
den Frommen in Rheims gesalbt und sei dagegen kaiserlicherseits anerkannt worden.

laſſen, ohne die kaiſerliche Gegenantwort auf die Nachricht abzuwarten, daß er das römiſche Volk ſogleich nach ſeiner Erhebung dem Kaiſer habe Treue ſchwören laſſen. Hinſchins (I. 231) ſagt, nur die Praxis laſſe ſich fortan ſicher konſtatieren, daß der neue Papſt wie früher dem Frankenkönige als Patrizier, jetzt als abendländiſchem Kaiſer ſeine Wahl und Konſekration anzeigte. Simſon (I. 66 N. 7) dagegen meint, die „unbeſtimmten" Worte der Reichsannalen bedeuten mehr als dieſes; nicht die früheren Rechte des römiſchen Patrizius, ſondern diejenigen der römiſchen Kaiſer ſeien hier maßgebend: wenn auch Stephans Weihe, die erſte eines Papſtes, nachdem das Kaiſertum auf den Franken= könig übertragen wurde, ohne Anfrage beim Kaiſer erfolgt ſei, erkannte der Papſt wenigſtens im Grundſatze an, daß dieſelbe ſeiner Genehmi= gung bedürfe. In der von Simſon beſorgten zweiten Auflage der Jahrbücher des fränkiſchen Reiches unter Karl dem Großen bemerkt der= ſelbe (II. 245 N. 2) zum Beginnen des Papſtes nur kurz: „Alſo eine Rechtfertigung wegen eigenmächtiger, ohne Einholung kaiſerlicher Ge= nehmigung erfolgter Konſekration." Die von Simſon hervorgehobene Unbeſtimmtheit der Angaben der fränkiſchen Chroniken veranlaßte ſicherlich auch Richter zu ſagen (II. 218 b): „(Der Papſt) meldete dem Kaiſer durch zwei Geſandte ſeine erfolgte Weihe vermutlich mit der Bitte um Beſtätigung der ohne Befragung des Kaiſers geſchehenen Wahl." Staudenmaier (143) berichtet gar, Stephan ſei in Gegenwart kaiſer= licher Miſſen gewählt worden und habe das Wahldekret dem Kaiſer zur Beſtätigung zugeſchickt, — nicht zu reden von der Anſicht Bayets (74), die gedachten Stellen ſeien auf die Kaiſerkrönung Ludwigs zu beziehen.

Suchen wir uns ſelbſt ein Urteil über die beiden Berichte zu bilden. Soviel iſt ausgemacht, daß ſowohl die Wahl als die Konſekration des Papſtes ohne die Gegenwart fränkiſcher Geſandten und ohne die kaiſer= liche Genehmigung abzuwarten, ſtattgefunden hat. Doch Stephanns ſieht ſich genötigt, deshalb Geſandte an den Kaiſer zu ſchicken, damit, wie die Reichsannalen ſagen, „dieſelben gleichſam für ſeine Konſekration beim Kaiſer eintreten würden"; alſo ihn entſchuldigten, daß die Konſekration vollzogen worden ſei, dem Kaiſer darſtellten, ſie ſei aus wichtigen Grün= den vorgenommen worden, und bewirkten, daß der Kaiſer zu dem Ge= ſchehenen ohne weiteres Ja und Amen ſage. Der unbekannte Biograph Ludwigs berichtet, die Geſandten ſollten dem Kaiſer für die Ordination des Papſtes Genugthuung leiſten, alſo geradezu für ein verletztes Recht ihm Sühne bieten. Offenbar hat hier der Biograph Kaiſer Ludwigs wie auch ſonſt (vgl. Wattenbach I. 198) die Reichsannalen nach= geſchrieben. Hätte er nur allein jene Nachricht, ließe ſich, da weitere Quellenberichte nicht vorhanden ſind, annehmen, es habe dieſer Chroniſt die zu seiner Zeit (die Vita Hludowici entstand erst nach 843, da sie Nithards Werk, welches mit dem März 843 abbricht, noch benützt; vgl. Simjon II. 294. Exkurs II.) bereits bestehende Praxis, nach der vor der Weihe des Papstes kaiserliche Gesandte eintreffen mußten — dieses war vom Jahre 824 an der Fall — in die Zeit der Erhebung Stephans V. übertragen, und da die Konsekration dieses Papstes ohne die Gegenwart kaiserlicher Abgeordneter erfolgte, den von Stephan erst nach derselben abgesandten Boten deshalb jene Entschuldigung in den Mund gelegt.[1]) Doch wie gesagt, berichten auch die Reichsannalen hievon, wenn auch unläugbar in noch unbestimmterer Weise als Ludwigs Biograph. Beide Quellen lassen uns darüber im Ungewissen, weshalb sich denn der Papst wegen der Konsekration beim Kaiser entschuldigen mußte. Hatte er es überhaupt unterlassen, die Anzeige von seiner Wahl zu machen und dem Kaiser das Wahlprotokoll zu übersenden und sieht er sich jetzt, da er mit dem Kaiser eine persönliche Zusammenkunft wünscht, deshalb veranlaßt, sich beim Kaiser zuvor entschuldigen zu lassen? Oder hat er wirklich, wie es besonders die Nachricht des Astronomus nahe legen möchte, einen zurecht bestehenden Vertrag ver- letzt, nach dem die Weihe eines neuen Papstes erst nach vorher erfolgter Rückäußerung des Kaisers erfolgen durfte, einen Vertrag, von dessen Existenz wir hier die erste Kunde erhalten, oder wenigstens dem dies- bezüglichen bestimmten Willen des Kaisers entgegengehandelt?

Eine derartige Unbotmäßigkeit, wenn es sich wirklich um einen rechtlichen Vertrag handelte, vom Papste anzunehmen, finden wir nirgends eine Ursache, ja wir haben vielmehr Grund zu einer gegenteiligen An- nahme. Nicht nur daß Stephan V. vielleicht ohnehin zur Partei der Freunde der fränkischen Herrschaft gehörte, suchte er von Anfang an die in der letzten Zeit der Regierung Leos III. in etwa gelockerten Be- ziehungen zum Frankenreiche wieder zu befestigen. ›Qui (Stephanus) statim postquam pontificatum suscepit, jussit omnem populum romanum fidelitatem cum juramento promittere Hludo- wico‹, berichtet Thegan. de gestis Ludovici Pii 816 c. 16 (Scr. II. 594) vom Papste Stephan V. Indem der neue Papst unmittelbar nach seiner Erhebung die Römer dem Kaiser Treue schwören ließ, suchte er vom ersten Augenblicke seiner Regierung an die Sympathien Ludwigs zu erlangen. Diesen suchte er auch für einen weiteren Plan zu gewinnen, zu dessen Ausführung er bereits zwei Monate nach seiner Thron- besteigung in Eilmärschen zum Frankenherrscher zu gelangen suchte; doch zuvor ordnete er jene Gesandtschaft an denselben ab.

---

[1] Dieses betont Duchesne II. 50 n. 3.

Welche Zwecke der Papst mit seiner Reise zum Kaiser verband, geben die Quellen nicht an. Die Vita Stephani sagt in c. 2: ›Ille (Stephanus) pro confirmanda pace et unitate ecclesiae ad Franciae (partes) arripuit iter apud Ludovicum imp.‹ Aber wenn es um nichts anderes als die Festigung des Friedens und der Einheit der Kirche gehandelt hätte, wäre unerklärt, warum Stephan V. persönlich und so eilig zum Kaiser zu gelangen trachtete. Aus der Angabe der Annal. Iauriss.: ›... amicitia vicissim firmissimo robore constituta aliisque utilitatibus ecclesiae dispositis pontifex Romam petiit‹ können wir schließen, daß zwischen Papst und Kaiser ein besonders freundschaft= liches Verhältnis zu stande gekommen und verschiedene für die Kirche segenvolle Bestimmungen getroffen worden seien; der Ausdruck ›aliisque utilitatibus ecclesiae dispositis‹ steht etwa analog dem Worte ›unitas ecclesiae‹ im Papstbuche. Zu beachten ist das Wort: ›aliis‹; außer dem schätzenswerten Vorteile, den die hohe persönliche Freundschaft zwischen Papst und Kaiser an sich schon der Kirche bot, wurden noch andere, bestimmte Vorteile zum Besten der Kirche durch diese Reise des Papstes erlangt. Richter (II. 220 b) vermutet, die Forderungen des Papstes hätten sich auf die Ausführung der von Pippin und Karl gemachten Schenkungen an die römische Kirche bezogen, während Martens (223) meint: „Mit großer Wahrscheinlichkeit läßt sich annehmen, der Papst habe vom Kaiser bestimmte Garantien und eine definitive juristische Anerkennung für seine weltliche Herrschaft erbeten." Sei dem, wie ihm wolle, jedenfalls verfolgte der Papst, wie wir schon daraus, daß derselbe persönlich und mit solcher Eile zum Frankenherrscher zu gelangen trachtete, ersehen können, einen Plan, der ihm von großer Wichtigkeit schien.

Ist es nun leicht denkbar, daß Papst Stephan V. um eine persönliche Zusammenkunft mit Kaiser Ludwig dem Frommen nachsuchen durfte, kurz nachdem er einen rechtlich bestehenden Vertrag gebrochen hatte, und deshalb den Kaiser um Nachsicht bitten und demselben Genug= thuung anbieten mußte? ja, daß dieselben Gesandten (wie es auch Simson annimmt) um das eine wie um das andere nachsuchen sollten? Bereits zwei Monate nach der Konsekration wollte Stephan mit dem Kaiser zusammentreffen; sollte er nicht auch schon bei seiner Konse= kration und vor derselben (von der Wahl bis zur Weihe verflossen wenigstens acht Tage) mit demselben Plane umgegangen sein und leicht haben berechnen können, daß er sich, falls er bestehende Ver= träge verletze oder dem bestimmt ausgesprochenen Wunsche des Kaisers ohne genügende Ursache zuwiderhandle, gewiß nicht den Kaiser zum Freunde machen werde, woran ihm doch so viel gelegen sein mußte?

Ferners, wie wäre es zu erklären, daß Stephan V. sich auf der einen
Seite so ergeben dem Kaiser zeigte, wie er es durch die sofortige
Abnahme des Treueides bewies, auf der anderen Seite aber wider-
spenstig gewesen wäre? Wie zu erklären, daß er trotzdem auf das
ehrenvollste — so berichtet wenigstens das Papstbuch — vom Kaiser
empfangen wurde und die Gewährung aller seiner Wünsche bei demselben erlangt hat?

Diese Umstände alle führen uns zur Vermutung, Papst Stephan V.
habe wenigstens keinen zu Recht bestehenden Vertrag verletzt und sich
deshalb nun beim Kaiser entschuldigen müssen. Aber was wir zugeben
wollen, ist: der Papst habe durch irgendwelche Verhältnisse genötigt dem,
wie wir annehmen, bereits von Karl dem Großen ausgesprochenen
Wunsche, mit der Konsekration zu warten, bis eine kaiserliche Rückäußerung auf die eingesandte Wahlanzeige (mit Protokoll) erfolgt sei,
nicht willfahren; und darum Gesandte vorausgeschickt, welche ihn
deshalb entschuldigen und den Kaiser durch Darlegung aller Verhältnisse
für den nachkommenden Papst geneigt machen sollten. Mehr scheint uns auch
die Stelle der Reichsannalen: »qui quasi pro sua consecratione imperatori suggererent« nicht zu sagen. Die Gesandten sollten die Gründe
darlegen, weshalb jenem Wunsche nicht willfahren worden sei. Und
dadurch suchte der Papst zu erreichen, den Kaiser, der ja durch Nicht-
erfüllung jenes Wunsches leicht verstimmt sein konnte, wieder zu ver-
söhnen.

Daß durch den Papst keinerlei Vertrag verletzt wurde, mag
auch nachfolgende Erwägung zeigen. Gesetzt den Fall, Stephan V. habe
sich wirklich einer Vertragsverletzung schuldig gemacht, welchen Inhalt
mag dieser Vertrag gehabt haben? Offenbar keinen anderen, als den,
es solle mit der Konsekration eines neuerwählten Papstes gewartet
werden, bis eine kaiserliche Verbescheidung in Rom und zwar durch
Gesandte eingetroffen wäre. Hätte aber ein solcher Vertrag bereits zur
Zeit der Erhebung Stephans V. bestanden, wäre unbegreiflich, daß
hernach — noch mehrfacher Annahme schon im Jahre 816 — ein
Gesetz erlassen wurde, welches wiederum die Abordnung kaiserlicher
Gesandter zur Konsekration verfügt hätte. Und wie wäre damit die
Bestimmung des sogenannten Privilegiums vom Jahre 817 zusammen-
zureimen, nach der es den Römern erlaubt war, den neugewählten
Papst ohne Umschweif und Widerspruch nach kanonischer Weise zu konsekrieren; erst, wenn er geweiht wäre, sollen Gesandte an den Kaiser
und Frankenkönig abgeordnet werden, um zwischen ihm und dem Papste
einen Bund der Freundschaft, der Liebe und des Friedens zu schließen.

Der Kaiser bewilligte dem Papste die erbetene Zusammenkunft: dieselbe fand in R h e i m s statt, wo Stephan an Ludwig und seiner Gemahlin die Krönung und Salbung vollzog.[1]

§ 13.
Das angebliche Wahldekret des Papstes Stephan V.

Dem Papste Stephan V., der, wie bemerkt, sich „wegen seiner Konsekration" beim Kaiser entschuldigen ließ, wird eine Verordnung des Inhaltes zugeschrieben, „daß der Papst in Zukunft von den Kardinal= bischöfen und dem gesamten römischen Klerus zu wählen sei, a b e r erst in Gegenwart kaiserlicher Legaten konsekriert werden dürfe."

Diese Verordnung findet sich zuerst in der Panormia des Ivo (III. 1. § 1), wo sie unter dem Titel ›Stephanus papa‹ der päpst= lichen Fassung des Wahldekrets Nikolaus' II. angehängt ist. Aus der Panormia ging sie unter der nämlichen Überschrift in eine Überarbeitung derselben im Codex Vindob. jus can. 91 aus den Jahren 1130 bis 1131, ferners in die Collectio Caesaraugustana[2] und in das G r a t i a = nische Dekret c. 28. D. LXIII. über.

Ihrem W o r t l a u t e nach bestimmte diese Verordnung:[3]
„Da die römische Kirche, welcher wir nach Gottes Willen vorstehen, beim Tode eines Papstes von seiten mehrerer Gewaltthätigkeiten erleidet, welche ihr deshalb zugefügt werden, weil die Konsekration des Papstes ohne Kenntnis des Kaisers geschieht und nicht nach kanonischem Ritus vom Kaiser gesandte Sendboten zugegen sind, welche Ungesetzlichkeiten verbieten, so bestimmen wir: daß, wenn der päpstliche Stuhl wieder besetzt werden muß, die Wahl des zu Ordinierenden von den zu diesem Zwecke versammelten Bischöfen und dem Klerus vollzogen werde mit

---

[1] Über die Zusammenkunft vgl. V. S t e p h a n i IV. c. 2. (Vignoli II. 317 sq.), A n n l a u r i s s., V. Illud. c. 26 und Theg. c. 16. Ferners P h i l l i p s V. 768. S i m s o n I. 67 ff. F i c k e r, Forschungen II. 346. M ü h l b a c h e r 613 a. J a f f é, Reg. 316 sq. W a i z III. 259. R i c h t e r II. 218 ff.

[2] Vgl. S c h e f f e r = B o i c h o r s t, Die Neuordnung der Papstwahl durch Niko= laus II. S. 10.

[3] Vgl. dieselbe in den L e g e s II. app. 158, bei D a m b e r g e r IV. Kritik= heft 71. Über die verschiedenen Textesrezensionen vgl. J u n k im Historischen Jahrbuch 1888 (IX) 298 N. 2.

Berücksichtigung der Wünsche[1]) von Senat und Volk, und daß der also von allen Gewählte in Gegenwart kaiserlicher Legaten konsekriert werde, und daß sich niemand ohne eigene Gefahr Eide oder andere Versprechen durch neue Erfindung zu erpressen erlaube, als welche die alte Gewohnheit erfordert, damit nicht die Kirche geärgert und das kaiserliche Ansehen vermindert werde."

Dieses Dekret hat den ausgesprochenen Zweck, gegen die bei der Weihe des Papstes stattfindenden Unordnungen Vorkehrung zu treffen. Die römische Kirche, wird gesagt, erleide diese Unbilden, weil die Weihe des Papstes ohne Wissen des Kaisers stattfindet und keine kaiserlichen Gesandten anwesend sind, welche diese Gewaltthätigkeiten verhindern, wie es doch dem kanonischen Gebrauche entsprechen würde. Deshalb wird bestimmt, daß in Zukunft die Konsekration des erwählten Papstes nur in Gegenwart kaiserlicher Legaten stattfinden solle.

Das Dekret enthält nicht die Forderung, es müsse in Zukunft die Wahl des Papstes durch den Kaiser bestätigt werden. Staudenmaier, der mit aller Entschiedenheit den Karolingern ein Bestätigungsrecht zuweist, urteilt über das Dekret (151): „Aus diesem Regulativ geht klar hervor, daß jenes alte, bedeutende kaiserliche Recht, die Papstwahlen zu konfirmieren, nun (er weist das Dekret Johann dem IX. 898 zu) zerfallen war. Denn es ist hier der ganze kaiserliche Anteil bloß darauf eingeschränkt, zu der Ordination eines jeden neuerwählten Papstes Kommissarien zu schicken, deren einziges Geschäft sein sollte, tumultuarische Auftritte und Gewaltsamkeit zu verhindern. Von der Zuziehung der Legaten aber zum Wahlakte selbst und von einer kaiserlichen Bestätigung derselben vor der Ordination enthält die Urkunde kein Wort. Und da sehr deutlich der Zweck der Zulassung der Kommissarien ausgesprochen war, konnte der Kaiser nicht eine stillschweigende Anerkennung seines früheren Rechtes erschließen, das er als Schutzherr der Kirche zu erfüllen habe..." Will das Dekret dem Kaiser kein Bestätigungsrecht zuerkennen, so will es doch, daß die Konsekration jedes neuerwählten Papstes bis zur Ankunft kaiserlicher Legaten verschoben werde. Es überträgt

---

[1]) Zweifellos ist die Lesart „expetente senatu" die richtige; so hat Wibo von Osnabrück (s. u.) und Mansi XVIII. 221 (Konzil von 898). Ivos Panormie hat „ex presente", es lag nahe, dieses in „presente senatu et populo" zu verbessern, wie auch Niehues (Jahrbuch l. c. 145) liest; expetente dagegen Hinschius I. 231. Loges II. app. 158. Weiland 86 N. 3 („nach Maßgabe des Wunsches von Senat und Volk"). Phillips V. 784. Gröne I. 409: „Volk und Senat sollten den zu Wählenden vorschlagen und die Bischöfe mit dem übrigen Klerus die Wahl vollziehen."

nämlich dem Kaiser, dem berufenen Beschützer der Kirche, den Schutz der Weihe des rechtmäßig erwählten Oberhauptes der Kirche. Zwar lag es überhaupt schon im Begriffe der Kaiser-, wie früher der Patriziatswürde, den rechtmäßig erwählten Papst gegen etwaige Usurpatoren und gewaltthätige Widersacher zu vertheidigen. Doch sollte der Kaiser bisher nur eventuell, d. h. im Notfalle mit seinem helfenden und schützenden Arme in die römischen Verhältnisse eingreifen; nach der angeblich von Stephan V. im Jahre 816 erlassenen Verordnung sollte er jedoch zu jeder Papstweihe seine Gesandten schicken und erst, wenn die kaiserlichen Legaten in Rom angekommen waren, konnte fortan die Weihe des Neuerwählten vor sich gehen.

So hätte also der Kaiser auch vom Papste und durch einen förmlichen Vertrag erlangt, was, wie wir gesehen, sehr glaublich in seinem Wunsche und Willen gelegen war. Und es dürfte nicht befremdend erscheinen, wenn Stephan V., der von Ludwig so freundlich und ehrenvoll empfangen wurde und die Gewährung all seiner Wünsche erlangte, aus Erkenntlichkeit gegen den Kaiser eine derartige Verordnung erlassen hätte. Er hätte damit den Rechten des päpstlichen Stuhles und der Römer auch nichts Wesentliches vergeben. Was fortan bei jeder Neuwahl seitens des apostolischen Stuhles hätte geschehen müssen: die Anzeige von der stattgefundenen Wahl dem Kaiser zu machen, war seit langer Zeit im Brauche. Daß aber die Konsekration fortan nicht mehr unmittelbar auf die Wahl folgen, vielmehr bis nach der Ankunft kaiserlicher Legaten verschoben werden sollte: diese Bestimmung war durch die beste Absicht gerechtfertigt. Die kaiserlichen Gesandten sollten den Papst vor Unbilden und Gewaltthätigkeiten schützen, welche durch die Gegenpartei und die Gegner des Neuerwählten leicht hervorgerufen werden konnten und wozu ihnen die öffentliche Feier der Konsekration die gewünschte Veranlassung bot.

Nach einer Seite freilich hatte die Verschiebung der Konsekration etwas Bedenkliches. Die hiedurch hervorgerufene Sedisvakanz konnte, wenn die Wahl eine zwiespältige gewesen, benützt werden, daß von der unterlegenen Partei gleichfalls ein Wahlbericht an den Kaiser gerichtet wurde; wenn nun in demselben betont war, wie ungerecht und unkanonisch es bei der Wahl hergegangen, und die kaiserlichen Gesandten noch in Rom aber- und abermals zu hören bekamen, daß die Wahl des neuen Papstes ungesetzlich sei: konnten sie nicht versucht sein, mit oder gegen den Willen des Kaisers den Verlauf der Wahl einer Prüfung zu unterziehen und darnach zu entscheiden, wer Papst sein solle? Eine solche Wahlprüfung in Rom selbst, bei der ja leicht eine Beeinflussung der Gesandten versucht werden konnte, wäre bei unverzüglicher Vornahme

7*

der Weihe hintangehalten worden, und gewiß nicht zum Schaden der Freiheit der Wahl. Freilich war dem Kaiser durch die Einsendung des Wahldekretes ohnehin eine Prüfung des kanonischen Verlaufes der Wahl ermöglicht. Was aber durch die rasche Vollziehung der Weihe verhindert wurde, war dieses, daß die unterlegene Partei eine weitere Zeit zu Umtrieben hatte: diese mußte mit der vollzogenen Weihe als einem fait accompli rechnen und konnte sich nicht verhehlen, daß auch der Kaiser, wenn anders kein grober Verstoß gegen die Kanones aus dem Wahldekrete ersichtlich war, ihren Darstellungen kein Gehör schenken werde.

Doch es steht nicht fest, daß Stephan V. wirklich in der kurzen Regierungszeit, die ihm beschieden war, ein derartiges Dekret, wie es Ivo unter seinem Namen verzeichnet, erlassen hat. Baronius (ad ann. 816 n. 101) und Natalis Alexander[1]) erklären es geradezu für unächt. Andere bestreiten dessen Ächtzeit zwar nicht, verseßen es jedoch in eine spätere Zeit. So schreiben es einige dem Papste Stephan VI. (885—891) zu,[2]) andere dem Papste Stephan VII. (896—897), nämlich Pagi (Critica in Annal. Baronii ad ann. 816, 19 und 897, 4), Berardi (Gratiani canon. genuini P. II. 206) und Damberger (Im Kritithefte zum 4. Bde. S. 71); wieder andere schreiben es Johann IX. und dem Jahre 898 zu, so Hinschius I. 231, Phillips V. 768. 783 f., Grande-rath VIII. 185, Bayet 74, Weiland und Funk (im Historischen Jahr-buch 1888 (IX) 284 ff.)[3])

Die Mehrzahl der Geschichtsforscher weist es freilich dem Papste Stephan V. und dem Jahre 816 zu. So Muratori (Rer. ital. Script. II. 2, 17), Richter,[4]) Jaffé, Hefele IV. 7 f., Floß 56, Reumont II. 225, Bazmann I. 328, Nichues (im Historischen Jahrbuch 1880, 150 ff., vgl. auch dessen Geschichte des Verhältnisses zwischen Kaisertum und Papsttum im Mittelalter II. 65 f.), Grashof 42, 231, Lorenz 41, Martens 231 u. a.

Zöpffel[5]) bemerkt in diesem Betreffe: „Will man das Dekret Stephans V. als ächt festhalten, so darf man, um die einleitenden Worte desselben, welche die Anwesenheit kaiserlicher Gesandter bei der Konsekration als einen ›canonicus ritus‹ und als eine ›consuetudo‹ bezeichnen, nicht gegen sich zu haben, die Nachricht des ‹Libellus de

---

[1]) Hist. Eccl. sacc. IX. cap. 1. art. 2. (T. VI. 138 der Venediger Ausgabe).
[2]) Nämlich Höfler, die deutschen Päpste II. 280) und Will, die Anfänge der Restauration der Kirche im elften Jahrhundert. I. 136 N. 13.
[3]) Vgl. auch W. Schum in den Göttinger Gelehrten Anzeigen 1875, 239.
[4]) Zu seiner Ausgabe des Corpus juris canonici Ad c. 28. D. LXIII., anders in seinem Lehrbuche des kath. und prot. Kirchenrechts.
[5]) Sybels Historische Zeitschrift N F. I. 124.

imperatoria potestate«, daß schon früher Karl dem Großen die Anwesenheit seiner Legaten bei der Ordination des Papstes zugestanden
war, nicht mit Lorenz (36 f.) alle Glaubwürdigkeit absprechen, zumal
diese Angabe — abgesehen von ihrem späteren Auftreten — nichts gegen
sich hat und sich mit der Stellung Karls des Großen zum Papsttum
völlig vereinigen läßt."

Auch Zöpffel dürfte demnach vielleicht zu denen gezählt werden,
welche jenes Dekret Stephan V. zuweisen.[1])

Da sich unser Dekret thatsächlich unter den Kanones des Konzils
von 898 findet,[2]) nehmen Floß 58, Grashof 42, 231 f., Richues (Jahrbuch 153) u. a. an, hier sei das Dekret von 816 lediglich wiederholt
worden.[3])

Hören wir nunmehr die Gründe, nach denen fragliches Dekret
dem Papste Stephan V. und dem Jahre 816 zukommen soll. Schon
Muratori, dessen Argumentation auch von den übrigen adoptiert
wurde, hat folgendes geltend gemacht:

Im eilften Kanon des römischen Konzils von 862 oder 863 unter
Papst Nikolaus I. wird auf einen Konzilsbeschluß eines Papstes
Stephanus Bezug genommen. Dieser Kanon verhängt, „wie auf
dem Konzil des heiligsten Papstes Stephanus festgesetzt worden", das
Anathem über alle, welche den Priestern oder Primaten, den Vornehmen
oder dem gesamten Klerus die Wahl des römischen Bischofs streitig machen.

Wie man auf den ersten Blick sieht, will dieser Konzilsbeschluß
von 862 oder 863 die Papstwahl vor ungesetzlichen Eingriffen durch
nicht Wahlberechtigte sicher stellen. Ist dieses auch der Zweck
unseres angeblich 816 erlassenen Dekretes? Gewiß nicht. Aus der
Einleitung und dem Inhalte desselben ergibt sich als Tendenz dieses
Dekretes: Die Weihe des Papstes sollte vor Gewaltthätigkeiten geschützt
werden, deshalb verordnete es, daß dieselbe erst nach der Ankunft
kaiserlicher Legaten stattfinden solle. Von den Wahlberechtigten
redet es nur nebenher.[4]) Unmöglich kann sich das Konzil von 862

---

[1]) Auch von Duchesne möchten wir dieses annehmen, vgl. seinen Liber
pontif. II. 50 n. 3.

[2]) Deshalb erscheint auch der Ausdruck bei Hinschius: „Dieser Kanon sei eine
das römische Konzil von 898 benutzende Erdichtung", nicht glücklich gewählt.
Weiland 89 N. 13.

[3]) Hefele IV. 7 f. scheint das Dekret des Jahres 898 eine „modifizierte Erneuerung" jenes von 816 zu sein.

[4]) Deshalb, weil es nicht in der Tendenz unseres Dekretes liegt, die einzelnen
Wählerklassen aufzuführen, kann man auch nicht sagen, es könne nicht im Jahre 898
entstanden sein, weil es den Adel nicht als wahlberechtigt nennt, der sich doch um
diese Zeit (s. unten) bereits wieder direkt an der Papstwahl beteiligte.

oder 863 auf unser Dekret beziehen, da es in seinem eilften Kanon kaiserlicher Gesandter überhaupt nicht erwähnt.

Auch unter Stephan IV. im Jahre 769 hat eine römische Synode stattgefunden, und auf diese hat Nikolaus I. zweifellos Bezug genommen. Jene Synode hatte vor allem den Zweck, die Wahl vor tumultuarischen Eingriffen Unberechtigter, besonders des römischen Landadels, wie es nach dem Tode Pauls I. durch den Herzog Toto von Nepi und seine Brüder geschehen war, für die Zukunft zu sichern, dann auch die Laien überhaupt von der Wahl auszuschließen. Daher die Bestimmung: „Wenn jemand den Priestern und Primaten der Kirche oder dem gesamten Klerus die Wahl des Papstes nach dieser kanonischen Überlieferung streitig zu machen sich herausnimmt, sei er im Banne."[1]

Die Tendenz beider Kanones von 863 und 769 ist sonach die gleiche. Allerdings werden im Kanon der Synode von 863 auch die nobiles zu den Wählern gerechnet, während in jenem von 769 den Laien überhaupt die Teilnahme am Wahlakte unter der Strafe des Bannes verboten wird. Doch dieses ist kein Grund zur Annahme, Nikolaus I. habe nicht die Synode von 769 im Auge gehabt, noch weniger, er habe sie falsch citiert. Auch der Kanon Nikolaus' I. will keineswegs die einzelnen Wählerklassen bestimmen, er ist vielmehr wie jener von 769 gegen die Bestrebungen derer gerichtet, welche den Wahlberechtigten die Wahl streitig machen wollen. Es ist demnach ganz irrelevant, daß im Konzil von 769 nur Geistliche, in jenem von 862 auch Laien als wahlberechtigt aufgeführt werden. Man braucht zur Erklärung dieses Umstandes auch nicht wie Weiland[2] daran zu denken, daß der Ausdruck »electio« bei Nikolaus I. in einem weiteren Sinne gebraucht sei, das ganze Wahlgeschäft in sich schließe, an dem ja die nobiles auch nach der Synode von 769 noch einen Anteil gehabt haben;[3] zwischen dem Erlaß beider Dekrete liegen fast hundert Jahre, in denen sich der römische Adel, wie mehrere Papstwahlen klar es beweisen, wieder einen wesentlichen Einfluß und Anteil an den Papstwahlen zu erobern verstanden hatte, der ihm schließlich in der Konstitution Lothars vom Jahre 824 förmlich garantiert wurde.

Einen weiteren Beweis für die Annahme, das fragliche Dekret sei Stephan V. zuzuschreiben, wollte man[4] in dem Umstande entdecken, daß die Römer seit Eugen II. (824) in ihren Treueid gegen den Kaiser

---

[1] Siehe oben S. 54.
[2] S. 89 N. 10.
[3] Vgl. S. 53.
[4] Vgl. Niehues Jahrbuch l. c. 151.

das Versprechen aufnahmen, „nach Kräften dafür zu sorgen, daß die Papstwahl in kanonischer Weise vor sich gehe, und nicht zuzugeben, daß der Gewählte eher konsekriert werde, als bis er in Gegenwart des kaiserlichen Missus und des Volkes einen solchen Eid geleistet, wie Eugen II. ihn freiwillig schriftlich geleistet habe." Die Ablegung dieses Eides vor der Konsekration in Gegenwart eines kaiserlichen Missus setzte die An=wesenheit desselben bei der Konsekration voraus, und da die Konstitution Lothars oder die Abmachungen zwischen Eugen II. und dem kaiserlichen Prinzen Lothar vom Jahre 824 hierüber nichts enthalten, so könne dieselbe nur aus der Wahlordnung Stephans V. erklärt werden.[1])

Auch dieser „Beweis" steht auf nur schwachen Füßen. Er wäre nur ein Beweis zu nennen, wenn irgendwo, in der Konstitution Lothars oder im Eide selbst, eine Andeutung davon enthalten wäre, daß früher eine Verordnung erlassen worden, welche die Anwesenheit eines kaiserlichen Missus bei der Konsekration bestimmt hätte. Eine solche läßt sich aber nicht nachweisen. Weder im Jahre 753 noch im Jahre 800 war betreffs der Beteiligung des Frankenherrschers an den Papst=wahlen etwas derartiges bestimmt worden. Und das angebliche Dekret von 816 nennt die Gegenwart fränkischer Gesandten bei der Papstweihe einen kanonischen Brauch und eine alte Gewohnheit! Alle Päpste von der Thronbesteigung der Karolinger an waren faktisch ohne Gegen=wart kaiserlicher Legaten gewählt und geweiht worden; geweiht in der Regel so frühe, daß auch nicht einmal die Kunde von der Wahl an den fränkischen König hatte gelangen, geschweige sein Gesandter in Rom zur Konsekration hatte eintreffen können! Zudem braucht der in der Konstitution Lothars vom Jahre 824 erwähnte Eid um so weniger zu unserem Dekrete in Beziehung gebracht zu werden, als sein Ursprung deutlich genug uns in den Quellen angegeben wird: er wird als Eid Eugens II. bezeichnet und zugleich bemerkt, der Papst habe diesen Eid freiwillig, also aus freiem Entgegenkommen geleistet.

Untersuchen wir noch, ob Stephan V. irgend eine Ver=anlassung gehabt, ein derartiges Dekret zu erlassen?

Grashof (42, 231) erinnert an die tumultuarischen Scenen, welche beim Tode Pauls I. und der Thronbesteigung Stephans IV., also bereits in der Zeit des fränkischen Patriziates sich ereigneten. Aber suchte nicht der letztgenannte Papst durch sein auf der Synode von 769 erlassenes Wahldekret solchen Unzukömmlichkeiten für alle Zukunft zu steuern? War fast fünfzig Jahre später noch Anlaß darauf zurückzukommen?

---

[1]) So wörtlich Niehues a. a. O.

Doch „die letzten Lebensjahre Leos III. verliefen sehr unruhig. Schon im Jahre 815 mußte er sich gegen Männer schützen, welche sein Leben bedrohten, und kaum hatte sich die Nachricht von seiner Erkrankung in der Kampagna verbreitet, als seine Gegner über die von ihm erbauten Burgen und Villen herfielen und sie plünderten und in Brand steckten. Ja, sie drohten zum Angriffe auf Rom selbst vorzugehen. Erst als der Herzog Winigis von Spoleto mit einer Heeresmacht erschien, wurde die Ruhe wieder hergestellt.[1]) Warum sollte Stephan V. im Andenken an diese Unbilden, welche sein Vorgänger seitens der Adelsparteien zu erdulden hatte, nicht Grund genug zum Erlaß jenes Dekretes haben?"

Wir fragen nur, ob die Annahme, daß sich die Adelsparteien durch jenes Dekret hätten einschüchtern lassen, große Wahrscheinlichkeit besitzt? Ferners ob sich die Motive jenes Dekretes nur in etwa mit den berührten Vorgängen vereinigen lassen? Das Dekret sagt: „Die römische Kirche erleidet beim Tode eines Papstes deshalb Gewaltthätigkeiten, weil die Konsekration des Papstes ohne Kenntnis des Kaisers und ohne die Gegenwart seiner Legaten geschieht." Haben wir in den Quellen einen Anhaltspunkt für die Annahme, daß die Konsekration und Wahl Stephans V. selbst oder seiner unmittelbaren Vorgänger[2]) in tumultuarischer Weise erfolgt sei? oder einen Beweis dafür, daß Hadrians oder selbst nur Leos III. Hingang zu Gewaltthätigkeiten, sei es des Pöbels, sei es der Adelsparteien benützt wurde? Wie ganz anders verlief Wahl und Lebensende der Päpste vor 898!

Niehues meint,[3]) der Papst habe aus vielfachen Gründen Anlaß gehabt, sich für die zukünftigen Papstwahlen gegenüber — dem fränkischen Kaiser sicher zu stellen. Niemand, sagt er, vermochte vorauszusehen, welche Stellung der Kaiser möglicher Weise in Bezug auf die Papstwahl und die Ordination in Anspruch nehmen werde. Dazu kam, daß die Beziehungen zwischen Kaisertum und Papsttum in den letzten Jahren Leos III. keineswegs sich so intim gestaltet hatten, wie früher. Der Briefwechsel war ein spärlicher geworden, und wichtige politische Ereignisse gingen im Frankenreiche vor sich,[4]) ohne daß man den Papst hievon in Kenntnis gesetzt hätte. Gebot dieses nicht Vorsicht

---

[1]) Cf. Einhard. ann. ad a. 815 et 816. Vita Hludovici c. 25 et 26.
[2]) Graeshof 42, 231 Anm. 2 betont selbst, daß es „Pontifice obeunte" heiße, also das Partizipium Praesentis, beziehungsweise Imperfecti stehe; diese Wahl scheine sagen zu wollen, daß es sich hier nicht um einen einzigen Fall handelt, sondern wiederholt beim Tode eines Papstes Tumulte entstanden sind.
[3]) Jahrbuch l. c. 148 f.
[4]) Die Krönung Ludwigs 813 zu Aachen und die Ernennung Bernhards zum König von Italien.

gegenüber dem Kaiser? Gewiß, und darum war es ein Akt der Klug=
heit, nun durch ein eigenes Dekret die Freiheit und Selbständigkeit der
Kirche unter den neuen Verhältnissen sicher zu stellen und vor allem
jeden Einfluß der kaiserlichen Macht von der Papstwahl fernezuhalten.
„Während er daher nach dieser Hinsicht die Wahlordnung Stephans IV.
erneuerte und genauer präzisierte, traf er hinsichtlich der Konsekration
und Ordination eine Verordnung, die einerseits die neugewählten Päpste
der Pflicht überhob, über ihre eigene Wahl an den Kaiser berichten zu
müssen, andererseits geeignet war, den zahlreichen Räubereien, Kirchen=
plünderungen und anderen Ungesetzlichkeiten, wie sie zur Zeit des Inter=
regnums in Rom üblich geworden waren, Einhalt zu thun. Er befahl,
daß die feierliche Einführung des Papstes in Gegenwart der kaiserlichen
Gesandten stattfinden solle."

So Niehues.[1]) Gewiß eine originelle Ansicht, daß die Ver=
ordnung, es sollte in Zukunft die Papstweihe nur in Gegenwart kaiser=
licher Gesandten stattfinden, eine Maßregel der Vorsicht gegen den —
Kaiser war! Gerade als Zugeständnis an den Kaiser wurde bisher
allgemein das fragliche Dekret aufgefaßt. Und dieses sicherlich mit mehr
Recht und besseren Gründen. War dem Kaiser gegenüber Vorsicht
geboten, auf daß er nicht einen höheren Einfluß denn bisher bezüglich
der Papstwahl für sich in Anspruch nehme, so war es doch unklug,
ihm fortan für jeden einzelnen Fall einer Papstweihe die Sendung von
Legaten zu gestatten, womit, wie bemerkt, unter Umständen eine Wahl=
prüfung in Rom selbst insinuiert und die Gefahr verbunden war, daß
sich daraus ein förmliches Bestätigungsrecht entwickelte. Und der Papst
wollte doch gerade den Einfluß des Kaisers auf die Wahl durch jenes
Dekret ausschließen! Unerklärlich ist uns, warum in Zukunft der Papst
der Verpflichtung überhoben sein sollte, von seiner Wahl dem Kaiser
Nachricht zu geben. Betonen wir noch, daß jene Annahme, der Papst
habe durch fragliches Dekret die Wahlordnung Stephans IV. erneuern
und genauer präzisieren wollen, eine ganz ungerechtfertigte ist, und die
Meinung, er habe hierdurch die Wahl zugleich gegen den Kaiser zu
sichern gesucht, nach den in der Einleitung zum Dekrete angegebenen
Motiven geradezu eine des Papsttums ganz unwürdige wäre, so
glauben wir, diese Frage verlassen zu können.

Wir erwähnen nur noch, daß wir auch nach Stephans Tod ein
solches Dekret nicht beobachtet finden. Zwei Tage nach seinem am
24. oder 25. Januar 817 erfolgten Tode wurde Paschalis gewählt
und konsekriert, ohne daß der Kaiser nur benachrichtigt worden wäre.

---

[1]) Jahrbuch l. c. S. 150).

„Die Wahl Paschalis' I.", sagt Phillips V. 768, „würde allein schon zum Beweise genügen, daß von seinem Vorgänger Stephan V. keine Bestimmung der Art getroffen worden sein könne." Wir werden auf diese Wahl, in deren Verlauf Niehues (Historisches Jahrbuch I. c. S. 150) gerade einen Beweis für die von ihm vertretene Ansicht finden will — er betont, was eben nicht zu betonen ist, einesteils die Wahl durch Klerus und Volk, andernteils Paschalis' Entschuldigungsschreiben; die Entschuldigung Paschalis' I. bezog sich indes im allgemeinen auf die Annahme des Pontifikats — unten des näheren eingehen. ·

Sprechen sonach innere und äußere Gründe gegen die Annahme, Stephan V. habe im Jahre 816 ein Papstwahldekret erlassen, nach dem die Konsekration eines neuerwählten Papstes nur in Gegenwart kaiserlicher Legaten stattfinden durfte, so frägt es sich noch, ob ein derartiges Dekret mit der Überschrift »Stephanus Papa« nicht einem später regierenden Papste dieses Namens zuzuweisen ist.

Mehrfach wurde das fragliche Dekret Stephan VI. (885—891) zugeschrieben; doch ist uns aus dem Pontifikate dieses Papstes keine römische Synode bekannt und die vorausgehenden Papstwahlen verliefen nicht so stürmisch, als man nach den Anfangsworten des Dekretes annehmen sollte.

Auch Stephan VII. (896—897) wurde es zugewiesen. Das unter ihm stattgefundene Konzil beschäftigte sich indes ausschließlich mit der Sache des Formosus. Auch ist es fraglich, ob unter diesem Pontifikate die kaiserliche Macht Lamberts schon so befestigt war, daß man an den Erlaß einer derartigen Bestimmung denken konnte.

Gröne, der — übrigens fälschlich[1]) — meint, Stephan VII. sei gezwungen worden, auf die Seite der Berengarianer zu treten, hält sogar (I. 407 f.) dafür, Stephan VII. habe jenes Wahldekret erlassen, um sich Berengar willfährig zu erweisen. Denn „Berengar, der offenbar zu dieser Maßregel geraten, mußte daran gelegen sein, das der Partei seines Nebenbuhlers Lambert ergebene Volk von der Papstwahl auszuschließen, aber auch für Stephanus selbst sei dieses von nicht geringem Interesse gewesen, denn wie leicht konnte das Volk einem Anhänger des Formosus seine Stimme geben? Doch als Berengar Rom verlassen hatte, bekam die Partei Lamberts wieder die Oberhand und das Volk bemächtigte sich Stephans. Deshalb habe es Wahrscheinlichkeit, was Sigonius, Platina, Panvinius u. a. erzählen, Romanus

---

[1]) Vgl. Dümmler I. Aufl. II. 424. Zuerst erkannte Stephan VII. noch Arnulf als Kaiser an — noch in einer Bulle vom 20. August (Bouquet IX. 204) zählt er die Jahre von Arnulfs Regierung —, bald aber wandte er sich Lambert zu.

(Stephan des VII. Nachfolger) habe die erwähnte Verordnung wieder aufgehoben."

Wir wiederholen nur, daß es durchaus nicht in der Tendenz des fraglichen Dekrets liegt, eine Bestimmung über die Wählerschaft zu treffen oder gar das Volk von der Wahl auszuschließen. Das war bereits durch die Synode von 769 geschehen, und wäre es in der Tendenz jenes Dekretes gelegen, die Laien von der Wahl neuerdings auszuschließen, müßte dessen Wortlaut ein ganz anderer sein.

So bleibt denn nichts übrig, als den angeführten Kanon der im Jahre 898 zu Rom unter Papst Johann IX. (regierte von ca. Juni 898 bis Juni oder Juli 900) abgehaltenen Synode zuzuschreiben, unter deren Beschlüssen derselbe als zehnter Kanon aufgeführt wird, ohne daß mit einem Worte angedeutet wäre, daß die Synode hiermit eine ältere Verordnung habe erneuern wollen. Diesen Kanon einer früheren Synode und einem früheren Papste als dem römischen Konzile von 898 und Johann IX. zuzuschreiben, liegt kein Grund vor. Als Johann IX. den päpstlichen Stuhl bestieg, schien eine ruhigere Zeit zu kommen und, wie das innige Einvernehmen des Papstes mit dem Kaiser sowie die Beschlüsse dieser und einer etwas späteren Synode[1]) bezeugen, eine Festigung der päpstlichen wie kaiserlichen Gewalt eingetreten. Nun mochte der Papst auch an eine Regelung der Papstwahlen denken, welche lange genug der Zankapfel der Parteien gewesen waren. Gerade dieses Dekret zu erlassen, hatte Johann IX. sogar eine äußere Ursache; denn Sergius, der spätere Papst Sergius III.[1]) (reg. vom 29. Juni 904 bis ca. September 911) war bereits im Jahre 898 gewählt, aber noch vom Weihaltare weg „mit gewaltigem Tumult und Unrecht" vertrieben worden.[2]) Praktischen Erfolg hatte der Kanon freilich keinen; denn im nächsten Erledigungsfalle des päpstlichen Stuhles war Kaiser Lambert nicht mehr am Leben.

Noch erübrigt zu erklären, warum der vielgenannte Kanon des Konzils vom Jahre 898 unter dem Namen „Stephanus" angeführt wird. Wie Weiland (89) richtig bemerkt, irrte unser Kanon, wie so manche andere Kanones, „herrenlos", losgelöst von den übrigen Genossen der Synode von 898 umher und wurde verschiedenen Päpsten zugeschrieben; neben Stephan VI. und Stephan VII. wurde er auch dem von 615 bis 618 regierenden Deusdebit zugeschrieben.[3]) Ivo nahm

[1]) Vgl. Dümmler I. Aufl. II. 427 ff. Hefele IV. 567 ff.

[2]) So berichten Liudprand (Antap. I. 29) und Flodoard. Vgl. Pagi ad ann. 904, 5. Dümmler I. Aufl. II. 427. Hefele IV. 576.

[3]) Vgl. Wido von Osnabrück in seiner von Jaffé, Bibl. V. (536) mitgeteilten Streitschrift, welche zwischen 1081 und 1085 verfaßt wurde.

denselben, um die im Papstwahldekrete von 1059 enthaltenen kaiserlichen Rechte zu erläutern, in seine Panormie auf und zwar mit der Über- schrift ›Stephanus papa‹; ihm diesen Namen zu geben, mochte er dadurch verleitet worden sein, daß, während die Akten der Synode von 898 den Namen Johanns IX. nicht nennen, sie mit den Worten beginnen: ›Synodum tempore piae recordationis sexti Stephani papae etc.‹ [1]

§ 14.
Wahl des Papstes Paschalis I. im Jahre 817 und sein „Entschuldigungsschreiben" an Kaiser Ludwig den Frommen.

Nachdem Papst Stephan V. von seiner Reise zum Kaiser wieder nach Rom zurückgekehrt war, hatte er nur mehr drei Monate zu verleben; er starb am 24. oder 25. Januar 817,[2] nach einem nur kurzen Pontifikate.

Dem Hingange Stephans V. folgte unverzüglich die Wahl Paschalis' I. (reg. vom 25. Januar 810 bis 10. Februar 824).

Paschalis, der Sohn des Römers Bonosus, Mönch und Abt in dem bei der Peterskirche gelegenen Kloster des heiligen Stephan, hatte sich durch Sanftmut, Frömmigkeit und Freigebigkeit die Achtung und Liebe aller erworben.[3] So kam es, daß er, wie uns der Liber ponti- ficalis berichtet, einmütig durch Klerus und Volk zum Nachfolger Stephans V. erwählt wurde. Wie gewöhnlich schreibt es das Papstbuch einem göttlichen Ratschlusse zu, daß Paschalis „in aller Eintracht mit einem und demselben Willen von allen Bischöfen und Kardinälen samt dem übrigen Klerus sowie auch von den angesehenren Laien und dem ganzen Volke zum Lobe und zur Ehre Gottes auf den apostolischen Stuhl erhoben wurde." [4]

Unmittelbar auf die Wahl folgte die Konsekration, so daß die Sedisvakanz nach Angabe des Papstbuches nur zwei Tage dauerte.

---

[1] Funk, Historisches Jahrbuch 1888 (IX) 299.
[2] Die Annal. Laur. sagen: „circiter 8. Kal. Febr." (25. Jan.), dagegen die Ann. Enh. fuld. (Scr. I. 356): „9. Kal. Febr." (24. Jan.) Vgl. Jaffé Reg. I. 318. Simson I. 70 N. 5.
[3] Cf. Liber pontif. Vita Paschalis c. 1 (Duchesne II. 52).
[4] Ib. c. 3.

Nun berichten die Ann. lauriss. (ad ann. 817, cf Scr. I. 203),
Paschalis habe nach seiner mit Feierlichkeit vollzogenen Konsekration
Geschenke und ein Entschuldigungsschreiben an den Kaiser gerichtet,
in welchem er versicherte, daß ihm nicht nur wider seinen Willen, sondern
sogar gegen sein heftiges Widerstreben die Ehre des Pontifikates wie
aufgenötigt worden sei. Wörtlich: ›Cui Paschalis successor electus,
post completam solemniter ordinationem suam et munera et ex-
cusatoriam imperatori misit epistolam in qua sibi non solum
nolenti, sed etiam plurimum renitenti pontificatus honorem velut
inpactum adseverat.‹[1] Und in Übereinstimmung hiermit meldet der
unbekannte Biograph Ludwigs, Astronomus: „Paschalis schickte nach
Vollendung der feierlichen Weihe Gesandte mit einem Entschuldigungsschreiben und den ausehnlichsten Geschenken an den Kaiser, insinuierend,
daß er nicht durch Ehrgeiz und mit freiem Willen, sondern durch die
Wahl des Klerus und den Zuruf des Volkes mehr dieser Würde unterlegen als zu ihr hinaufgestiegen sei. Führer dieser Gesandtschaft war
der Nomenklator Theodorus, welcher nach Vollendung der Geschäfte
und Erlangung seiner Wünsche, bezüglich der Bestätigung des Freundschaftsbundes nach Art seiner Vorgänger nämlich, wieder zurückkehrte"
(c. 27. Scr. II. 261. ›Qui post expletam consecrationem solemnem
legatos cum epistola apologetica et maximis imperatori misit
muneribus, insinuans, non se ambitione nec voluntate sed cleri electione et populi acclamatione huic succubuisse potius quam insiluisse
dignitati. Huius legationis baiulus fuit Theodorus nomenclator,
qui negotio peracto et petitis impetratis super confirmatione scilicet
pacti et amicitiae more praedecessorum suorum reversus est‹).

Angesichts dieser Berichte lag die Annahme nahe, die Entschuldigung
des Paschalis darauf zu beziehen, daß er ohne Vorwissen und
Genehmigung des Kaisers Wahl und Weihe angenommen
habe. So glaubte schon Muratori aus jenem Berichte Einhards
schließen zu sollen.[2] Und so habe sich denn Paschalis, weil er einer
Rechtsverletzung sich schuldig bewußt, wie sein Vorgänger Stephan V.
veranlaßt gesehen, eine »epistola excusatoria« oder, wie Astronomus

---

[1] Die Auffassung von Lorenz, der das Wort „inpactum" zu mißverstehen
scheint, hat schon Carbaus (Literarische Rundschau 1875 No. 2. S. 25 ff.) richtig
gestellt.
[2] Vgl. auch Staudenmaier 143. Papencordt 139. Reumont II. 190
u. a. Auch Simson sagt I. 180: „Durch diese Eile war der kaiserliche Einfluß
allerdings wieder ausgeschlossen" und kurz bei Abel II. 245 N. 2: „Gleichfalls Entschuldigung nach eigenmächtig erfolgter Konsekration." Anders Gröne I. 350.
Phillips V. 770. Hinschius I. 232. Hergenröther II. 3. N. 1.

nacherzählt, eine »epistola apologetica« an den Kaiser zugleich mit Geschenken zu richten.

Des weiteren glaubte man in den angeführten Berichten einen Beweis dafür entdeckt zu haben, daß wirklich unter Stephan V. ein Dekret erlassen worden sei, welches die Teilnahme kaiserlicher Gesandter bei der Papstweihe anordnete. So glaubte, wie bemerkt, Niehues annehmen zu sollen, und Grashof sagt (42, 234): „Ein derartiges Entschuldigungsschreiben des Papstes wäre durch nichts motiviert gewesen, wenn nicht zwischen Papst und Kaiser vorher solche Abmachungen stattgefunden hätten, wie sie in jener Urkunde niedergelegt sind."

Indes sagt keines der beiden angeführten Zeugnisse, die Entschuldigung des Papstes habe sich darauf bezogen, daß er, ohne kaiserliche Gesandte abzuwarten, die Konsekration an sich habe vornehmen lassen. Der etwa gleichzeitige Bericht der Ann. laur. sagt zwar, der Papst habe eine epistola excusatoria abgeschickt; warum er sich entschuldigen mußte, fügt er nicht deutlich bei, sagt jedoch, der Papst habe in dieser epistola excusatoria versichert, daß ihm das Pontifikat soviel wie <u>aufgenötigt</u> worden sei, während er selbst darnach kein Verlangen trug (in qua ... sibi ... velut inpactum adseverat). Wir werden kaum irre gehen, wenn wir glauben, die Annalen haben damit den Haupt= inhalt des Briefes und zugleich den Grund zur Entschuldigung des Papstes selbst angegeben. Denn wäre der Grund, weshalb sich der Papst beim Kaiser „entschuldigte", ein anderer gewesen, etwa: der Papst habe sich wegen Vertragsbruches oder wegen Verletzung eines erst im Jahre 816 erlassenen Papstwahldekretes entschuldigen müssen, es wäre un= erklärlich, warum die genannten Annalen, welche noch dazu offizielle Be= deutung hatten, diesen Grund nicht deutlicher und mit dem Namen benannt haben. Der unbekannte Biograph Ludwigs schreibt zwar auch hier nur wie sonst die Ann. laur. nach; er macht aus der epistola excusatoria eine epistola apologetica, gibt aber zugleich als Inhalt der päpst= lichen Verteidigung an, Paschalis habe jegliche uneigennützige Bewerbung ferne gelegen, er sei mehr der Würde unterlegen als zu ihr hinaufgestiegen (insinuans etc.) Durch das Participium »insinuans« will Astronomus angeben, warum Paschalis sein Entschuldigungsschreiben geschickt, nämlich um den Kaiser zu belehren, daß er <u>nicht</u> ehrgeizig nach dem Pontifikate gestrebt habe, und zugleich den Inhalt dieser epistola apologetica bezeichnen. So faßte also Astronomus die angeführten Worte seiner Quelle nicht in dem Sinne auf, als habe der Papst ein kaiserliches Recht verletzt und sich deshalb entschuldigen müssen.

Es wäre in der That auffallend, wenn Paschalis, der doch zur Erneuerung und Bestätigung des Freundschaftsbundes sogleich nach seiner

Erhebung eine Gesandtschaft an den fränkischen König schickte, ein kaiserliches Recht verletzt oder schon im ersten Erledigungsfalle des päpstlichen
Stuhles das angebliche Dekret von 816 mißachtet hätte; auffallend, daß
der Kaiser selbst nicht Anlaß genommen, gegen eine solche Rechtsverletzung zu protestieren. Was uns ferners auffallend erscheinen muß,
ist auch dieses, daß uns die Quellen nicht über die Ursache berichten,
weshalb Paschalis veranlaßt war, an sich die Konsekration vornehmen
zu lassen, ehe noch kaiserliche Legaten in Rom angekommen waren.

Hinschius meint, wollte man die Auffassung, es sei die Absendung eines Entschuldigungsbriefes seitens des Papstes bloß geschehen,
um jeden Verdacht einer eigennützigen Bewerbung auszuschließen, auch
nicht gelten lassen, so bleibe immer noch die Möglichkeit offen, daß die
fränkischen Berichterstatter hier von dem Standpunkte der späteren Praxis
des neunten Jahrhunderts ihre Erzählung gefärbt haben. Wir haben
dieser Auffassung bereits bei der Wahl Stephans V. Erwähnung gethan,
bezüglich derer dieselben Chronisten direkt melden, der Papst habe sich
wegen der Konsekration beim Kaiser entschuldigen lassen. Allein
abgesehen davon, daß sich diese Anschauung nur dann verfechten ließe,
wenn Astronomus allein jene Nachricht hätte, kann doch auch nicht
angenommen werden, jene Chronisten haben ohne weitere Grundlage jene Mitteilung über die päpstlichen Entschuldigungsschreiben gebracht, sondern sie einfach aus der späteren Praxis sich konstruiert.

Bayet hält das Zeugnis der Ann. laur. allein für nicht genügend,
um daraus ein kaiserliches Bestätigungsrecht herzuleiten. Er sagt nämlich (75): »Ce témoignage est important, mais il est isolé, si l'on
fait abstraction de l'Astronome qui le copie et n'a, par conséquent,
aucune valeur originale. D'ailleurs on n'y voit pas de quoi s'excusa
Paschal: y trouver une allusion au droit de confirmation est une
hypothèse qui peut paraître vraisemblable, mais non
certaine.«

Wir haben es als wahrscheinlich darzustellen gesucht, daß es bereits
in Karls des Großen Wunsch und Willen gelegen war, mit der Konsekration eines neuerwählten Papstes so lange zu warten, bis eine kaiserliche Rückäußerung auf die päpstlicherseits erfolgte Einsendung der Wahlanzeige und des Wahlprotokolls erfolgt wäre. Diesem Wunsche hat
sonach auch Papst Paschalis nicht willfahren. Sollte nicht dieses der
Grund sein, weshalb er sich wie Stephan V. entschuldigte? Die Ursache
aber, wegen derer er seine Rückäußerung abwarten konnte, das Ungestüm
der Wähler, das keine weitere Verzögerung der Weihe duldete und auf
welches das päpstliche Entschuldigungsschreiben doch so deutlich verweist?

§ 15.
Das Privilegium des Kaisers Ludwig vom Jahre 817.

Wir haben bereits aus Kaiser Ludwigs Lebensgeschichte[1] erfahren, Papst Paschalis I. habe durch eine Gesandtschaft, an deren Spitze der Nomenklator Theodorus stand, die Bestätigung des Freundschaftsbundes nach Art seiner Vorgänger vom Kaiser erbeten und die **Erfüllung seiner Wünsche** erlangt. Auch die Annal. laur. bezeugen, daß der neue Papst bei Ludwig die Abschließung eines Paktums beantragte und der Kaiser darauf eingegangen sei.[2] So kam das sog. **Privilegium des Kaisers Ludwig vom Jahre 817 zu stande.**

Welches ist der Inhalt desselben?

Wir besitzen eine Urkunde mit der Überschrift: »Privilegium Ludovici imperatoris de regalibus confirmandis papae Paschali«,[3] welche sich im Texte selbst als »pactum confirmationis« bezeichnet und am Schluße erwähnt, der Kaiser überjende sie (die Urkunde) dem Papste durch den Nomenklator Theodorus.[4]

Es fragt sich, ob die auf uns gekommene Urkunde eine Glaubwürdigkeit besitzt oder nicht. Nach fast allgemeiner Annahme ist dieselbe nur ein unächtes, unterschobenes Machwerk. Bereits Pagi[5] und Muratori[6] brachten gegen die Ächtheit der Urkunde bedeutsame Gründe vor; nach Gregorovius (III. 40. Note 1) hätten sie die Unächtheit jenes Dokumentes „unwiderleglich" dargethan und sei demgemäß der Gegenstand erschöpft. Floß (57) meinte, die sich in der Urkunde befindliche Bewilligung der freien Papstwahl sei „unächt wie das Diplom in der vorliegenden Form selber." Hinschius äußerte sich, die Urkunde

---

[1] Vgl. S. 109.

[2] „Missa tamen alia legatione pactum quod cum praecessoribus suis factum erat etiam secum fieri et firmari rogavit. Hanc legationem Theodorus nomenclator et detulit et ea quae petierat impetravit." Scr. I. 203.

[3] Abgedruckt bei Cenni II. 125 sqq., in den Leges II. b. 9 bis 11, bei Theiner (aus Cencius' Liber censualis) und neuestens bei Sickel, Privilegium Ottos 174 ff. Hier S. 66 und 174 f. finden sich sorgfältigst alle Nachrichten über die Handschriften und Ausgaben des Privilegiums zusammengestellt.

[4] Über die Zeit der Ausstellung vgl. Sickel ebb 88: „im Frühjahre 817."

[5] Crit. ad 1. Baron. ann. 817. und Vita pap. 21.

[6] Ad ann. 818; Cenni zeigt übrigens, daß Muratori selbst schließlich die Behauptung der Unächtheit fallen lasse und sie nur für interpoliert erkläre. Vgl. Muratori, Droits de l'empire sur l'état eccl. c. 4. Conc. Gall. II. 445. Walch, Censura Diplomatis, quod Ludovicus pius Paschali concessisse fertur. Baluze II. 1104. Mabillon l. l. c. 3.

sei mindestens in ihrem ersten Teile stark interpoliert und in ihrem letzten Teile (der über die Papstwahl handelt) scheine sie nur eine Erfindung zu sein. Derartige Äußerungen könnten viele angeführt werden.[1]

Die Verteidiger der Ächtheit dieser Urkunde waren bis auf die neuere Zeit ganz vereinzelt. Cenni[2] hat sich gegen die Annahme Pagis gewendet und die meisten Gründe für die Ächtheit des Diplomes gesammelt; desgleichen haben sich Theiner und Gfrörer (V. 82 f. 102) für die Ächtheit ausgesprochen. Auch Phillips (V. 770 ff.) nimmt Anstand, die wider die Urkunde erhobenen Einwendungen so ganz und unbedingt gelten zu lassen, ohne indes, wie er selbst sagt, „die viel bestrittene Ächtheit derselben positiv zu behaupten."

Warum nun erklärte man sich so allgemein gegen die Ächtheit dieser Urkunde? Man stieß sich an einer für gewöhnlich in jener Zeit nicht üblichen Eingangsformel (»Statuo et concedo«), an dem angeblichen Widerspruch, in welchem die fragliche Urkunde zur sog. Constitutio Lotheriana vom Jahre 824 stehen soll, besonders aber daran, daß der Kaiser in der Urkunde die Inseln Korsika, Sardinien und Sizilien als der römischen Kirche gehörig bezeichnet, sohin über Länder verfügt, welche gar nicht zu seiner Disposition standen, endlich an den in der Urkunde enthaltenen Bestimmungen über die Papstwahl.

In neuerer Zeit hat sich jedoch ein völliger Umschwung hinsichtlich der Beurteilung dieser Urkunde geltend gemacht. Es war zunächst Julius Ficker, der im Jahre 1869 in seinen „Forschungen zur Reichs- und Rechtsgeschichte Italiens" (II. 299 ff., 332 f., 343 ff.) mit Gründlichkeit und überzeugend nachwies, daß wenigstens die Substanz des uns erhaltenen Dokumentes, abgesehen von der korrumpierten Form der Kopie — denn als eine solche erweist sich die Urkunde schon durch die Schluß- worte: »Ego Ludovicus misericordia Dei imperator subscripsi et subscripserunt tres filii ejus et episcopi X. etc.« vgl. Ficker II. 337 — und einzelnen später hinzugekommenen Fälschungen für glaubwürdig zu erachten sei.

Während noch Sickel in seinen „Beiträgen zur Diplomatik" (II. 381 f. 434, anders in seinem „Privilegium Ottos I.") und Simson (I. 80 N. 7) aus formellen Bedenken die Ächtheit der Urkunde läugnen,

---

[1] Vgl. Papencordt 155, der indes annimmt, es liege unserer Urkunde gewiß die ächte auch von den fränkischen Schriftstellern erwähnte Handlung der Be- stätigung zu Grunde. Schrödh XXII. 40. Baxmann II. 331. Schwankend spricht sich Reumont II. 191 aus.

[2] II. 83 sqq. (Diss. 2. de dipl. Ludov. Pii). Cf. Berardi II. 2. 192 Thomassin T. II. P. 3. l. 2. c. 29.

haben sich der Fickerschen Ansicht angeschlossen: Lorenz 44
N. 1, Ferdinand Hirsch (Forschungen XIII. 51), Jung (ebb. XIV. 438
N. 4), welcher bemerkt, „die innere Kritik entscheide zu Gunsten des
Privilegs mit Ausnahme der Stelle über die Inseln, die später interpoliert sein wird“, Breßlau (III. 168 N. 2 ff.), der hervorhebt, „daß
die Fickersche Auffassung desto mehr einleuchte, je mehr man sich in
dieselbe vertiefe“, Martens (7), der mit voller Überzeugung auf die
Seite Fickers zu treten erklärt,[1]) Sickel in seinem „Privilegium Ottos I.“
(50 ff.), Hergenröther II. 3, Richter II. 690 ff. und Riehnes II. 72 ff.

Sickel spricht sich l. c. 99 über den Charakter der Urkunde wie
folgt aus: „Daß sie einzelner Formeln entkleidet ist, welche für die
Urschrift anzunehmen sind, daß andere verderbt worden sind, steht außer
Zweifel. Aber das Schema, die Disposition, das stilistische
und sprachliche Gepräge scheinen unberührt geblieben zu
sein und zeugen zu Gunsten der Urkunde . . .“

Nur wenige der Geschichtsforscher der neuesten Zeit läugnen mehr
die Ächtheit des Diploms oder sprechen sich schwankend aus. Das
letztere ist bei Abel der Fall, der II. 247 N. von einer angeblichen
Schenkungsurkunde Ludwigs des Frommen an Paschalis I. spricht und
sie „ein Stück von mindestens zweifelhafter Ächtheit“ nennt. Auch
Weiland ist, wie uns scheint, noch unschlüssig, welcher Ansicht er zu-
neigen soll. In einer Rezension des Sickelschen Buches über Ottos I.
Privileg in der Zeitschrift für Kirchenrecht 1883, 170 sagt er nämlich:
„Auch daß Ludwig der Fromme 817 die Konsekration des gewählten
Papstes vollständig freigegeben haben soll (S. 160 Anm. 2), dürfte doch
nur zu behaupten sein, wenn der betreffende Passus des Ludovicianum
als authentisch erwiesen wäre“, schwankt also wenigstens bezüglich der
Ächtheit der Stelle über die Papstwahl.

Nach den eingehenden Forschungen Fickers und denen Sickels in
seinem Werke: „Privilegium Ottos I.“ ist jedoch kein hinlänglicher Grund
mehr, die uns erhaltene Form des Privilegiums von 817 mit Ausnahme
der Stelle über die Inseln, welche sicherlich von einem späteren Fälscher
herrührt,[2]) wenigstens ihrer Substanz nach für glaubwürdig zu erachten.

Für die Glaubwürdigkeit der Urkunde spricht, um nur einzelnes
hervorzuheben, der Umstand, daß die uns erhaltene Form derselben den
Besitzstand des Kirchenstaates für das Jahr 817 im wesentlichen so dar-
stellt, wie er nach allen anderen auf uns gekommenen Berichten gewesen

---

[1]) Vgl. seine ausführliche Besprechung des Dokumentes 223—233.
[2]) Vgl. Ficker II. 344 f. Martens 233 Nur Phillips sucht V. 771 f.
selbst für diese Stelle eine Lanze einzulegen.

ift.[1]) Dafür spricht namentlich auch die Reprobuktion der Urkunde in dem gleichfalls der Substanz nach[2]) für ächt gesicherten Privilegium Ottos I. „Weil den Bestrebungen der Kurie", sagt Sickel S. 160, „äußerst günstig, wurde dieselbe bei der Sammlung der Privilegien im 11. Jahrhunderte vor denen von 962 und 1020 durch vollständige Wiederholung bevorzugt." Weitere Beweise seiner Ächtheit würde das Diplom Ludwigs vom Jahre 817 sicher noch erhalten, wenn die übrigen gleichartigen Konfirmationen für den Kirchenstaat aus dem neunten und zehnten Jahrhundert, nämlich von 875, 891, 898 und 915 uns erhalten wären.

Nicht spricht es gegen die Ächtheit dieser Konfirmationsurkunde, wenn Kaiser Ludwig sich in derselben im Unterschiede von Otto I. und anderen eines auf die Gegenwart gehenden »Statuo et concedo« bedient; dieser Umstand paßt vielmehr in den geschichtlichen Zusammenhang, denn er läßt die faktische Herrschaft erkennen, die derselbe eben damals in Italien in seinen Händen hatte. Auch mehren sich, wie Sickel ebb. 90 bemerkt, von 817 an die Beispiele, daß statt des Pluralis majestatis der Singular gewählt wurde.

Ins einzelne freilich läßt sich der ursprüngliche Text des Privilegiums nicht feststellen. Wie schon bemerkt, besitzen wir lediglich eine Kopie derselben, und es ist Sache der Kritik, auf mehr oder minder verdächtige Stellen aufmerksam zu machen. Sickel[3]) zeigt, die älteste Abschrift unserer Urkunde finde sich in einer zu Ende des Pontifikates Gregors VII. entstandenen Sammlung: »De privilegiis et auctoritate ecclesiae Romanae«, deren Urheber nach ihm der Kardinal Deusdedit ist; und zwar hatte der Sammler das Original oder eine Abschrift desselben vor sich. An dem Texte erlaubte er sich, wie aus einem Vergleiche mit der Urkunde Ottos sich ergibt, teils Kürzungen der formelhaften Teile am Anfange und Schlusse, teils Änderungen, bezw. Zusätze, die eine teilweise Verunächtung herbeiführten.[4]) Das Original war schon 1245 verloren. Erwähnung der Urkunde geschieht zuerst durch Leo von Ostia, welcher derselben in der Chronik von Monte Cassino gedenkt;[5]) er verwechselt sie jedoch mit einer anderen, indem er davon spricht, als sei sie im Papstbuche erwähnt, was nicht der Fall ist.

---

[1]) Vgl. Sickel, das Privilegium Ottos I. 137.

[2]) Vgl. Sickel ebb. 102 ff.

[3]) Privilegium Ottos I. 52 ff. Vgl. Beiträge 381. 434. (Er weist dieses nach aus M. Marini, Nuove esame dell' autenticità de' diplomi di Ludovico P., Ottone II. et Arrigo II. Roma 1822.

[4]) Richter II. 690.

[5]) Cenni behauptete, eine noch ältere Erwähnung nachweisen zu können. Vgl. Sickel l. c. 57.

8*

Die uns erhaltene Urkunde ist also, um hierauf zurückzukommen, wenn auch nicht in allen einzelnen Worten verbürgt, so doch ihrer Substanz nach glaubwürdig. Dieses gilt auch von dem letzten Teile der Urkunde, welcher ziemlich ausführlich die Papstwahl behandelt. Da nicht alle diese Partie des Diploms, wie es Richter II. 695 thut, für ächt halten — auch Bayet denkt zuerst (77) an die Möglichkeit, es sei eine dem fränkischen Kaiser günstige Stelle unterdrückt worden, entscheidet sich jedoch schließlich mit Rücksicht auf die Florus-Stelle dafür, es habe der schwache Ludwig den von der päpstlichen Kanzlei besorgten Entwurf unterzeichnet — und nicht alle auf dem Standpunkte stehen, den Hinschius vertreten hat: „die Urkunde enthalte in Bezug auf die Papstwahlen nichts Unrichtiges, stehe vielmehr gerade mit der bis dahin geübten Praxis in Einklang", und sogar solche, welche die Ächtheit der Substanz der Urkunde mit Ficker und Sickel annehmen, die Stelle über die Papstwahl falsch verstehen und auslegen, ist es notwendig, des näheren auf die Sache einzugehen.

Die bezügliche Stelle, welche als Kanon ›Ego Ludovicus‹ auch in das Gratianische Dekret (c. 30. § 1. D. LXIII.) aufgenommen wurde,[1] beginnt mit den Worten: ›Et quando divina vocatione‹ und schließt: ›. . . consuetudo erat faciendi.‹ Eine augenscheinlich interpolierte Stelle — das Privileg redet von dem Freundschaftsbündnis, welches der Papst auch mit Karl Martell abgeschlossen habe[2]) — abgestrichen, lautet die Verordnung:

„Wann durch göttlichen Ruf der Pontifex dieses heiligsten Stuhles aus dem Leben geschieden ist, soll keiner aus unserem Reiche, sei er Franke oder Longobarde, oder von irgend einer Völkerschaft, der unserer Herrschaft untersteht, die Erlaubnis haben, entgegen den Römern öffentlich oder privatim eine Wahl zu veranstalten noch in den Städten und Territorien, welche zur Herrschaft der Kirche des hl. Apostels Petrus

---

[1] Ebenso findet sich die Stelle in den Leges II. app. 10, bei Hinschius I. 232 N. 2, Martens 230, Richter II. 695 N. 1., der Hauptsache nach auch bei Staudenmaier 145 N. y. Letzterer urteilt über das Privileg: „Die schon bei den nächsten Papstwahlen eingetretene Praxis hob mit Wahrscheinlichkeit gewiß die ganze Wirksamkeit desselben auf, sollte es je zu Ludwigs Zeiten bestanden haben."

[2] Sickel (Privilegium Ottos I. 160 N. 2) hält die Stelle allerdings für ächt und meint, indem hier auf die Zeiten Karls Martell zurückgegangen wird, werde die Bedeutung der mit Pippin und Karl abgeschlossenen Verträge ignoriert. — Schließlich wird noch einer eidlichen Bestätigung des Paktums erwähnt; hierüber vgl. Martens 232 f. Dieser meint, vielleicht habe dieselbe Hand, welche den Eid erdichtet, auch die Stelle von den drei Inseln beigefügt.

gehören, irgend etwas Böses wegen eines Menschen zu thun sich herauszunehmen. Es soll vielmehr den Römern zukommen, mit aller Ehrfurcht und ohne jegliche Störung ihrem Pontifex ein ehrenvolles Begräbnis zu bereiten und den, welchen durch göttliche Eingebung und die Fürbitte des hl. Petrus alle Römer mit einem Ratschlusse und einmütig ohne irgend ein Versprechen zum Ordo des Pontifikates gewählt haben, ohne allen Anstand und Widerspruch nach kanonischer Sitte zu weihen. Und wenn er geweiht ist, sollen Gesandte an Uns oder Unsere Nachfolger im Frankenreiche geschickt werden, welche zwischen Uns und ihm das Band der Freundschaft, der Liebe und des Friedens knüpfen, wie es Gewohnheit war zu thun in den Zeiten . . .[1]) Unseres Großvaters Pippin und auch Unseres Vaters, des Kaisers Karl." (»... Sed liceat Romanis ... eum, quem divina inspiratione et beati Petri intercessione omnes Romani uno consilio atque concordia sine aliqua promissione ad pontificatus ordinem elegerint, sine qualibet ambiguitate vel contradicione more canonico consecrari et dum consecratus fuerit, legati ad nos ... dirigantur, qui inter nos et illum amicitiam et caritatem et pacem socient...«).

Dieses der Wortlaut der Verordnung. Dieselbe garantiert den Römern in den bündigsten Ausdrücken die vollkommenste Wahlfreiheit und verbietet deshalb jegliche Einmischung durch Unberechtigte. Der von den Römern allein frei erwählte Papst soll ohne weiteres, ohne Umschweif und Widerspruch nach kanonischem Brauche konsekriert werden. Die Verordnung bestimmt: Der, welchen nach göttlicher Eingebung „alle Römer mit einem Ratschlusse und einmütig" gewählt haben, solle unverzüglich geweiht werden. Es ist sicher eine unrichtige Auffassung, zu sagen, der Kaiser habe sich damit ein Hinterthürchen offen gelassen, um in die Wahlen fast regelmäßig eingreifen zu können. „Denn die Bedingung der Einmütigkeit und Eintracht aller Römer war sicherlich in den seltensten Fällen zu erfüllen" (Richter II. 695). Wir haben keinen genügenden Grund, dem Kaiser eine derartige Absicht zuzuschreiben. Ludwig der Fromme wollte offenbar, es sollte bezüglich der Majorität wie bisher gehalten werden. Schon öfters hatte es bei Papstwahlen auch ansehnliche Minoritäten (wir erinnern nur an die Partei Theophylakts) gegeben, ohne daß deshalb die Wahl selbst vereitelt worden wäre. Daß sich die Wähler einmütig auf einen Kandidaten vereinigten, war freilich, wie wir aus den Berichten des Papstbuches sowie auch aus der angeführten Stelle des Ludovicianum entnehmen können, das Gewöhnliche. Erst nach vollzogener Konsekration sollen

---

[1]) Hier ist Karl Martell erwähnt.

Gesandte zum Kaiser geschickt werden, um zwischen ihm und dem Papste das Bündnis der Freundschaft und Liebe zu erneuern.

Lorenz sagt (46): „Sofort muß die Kurie ihre Boten senden, um auf Grund eines Vertrages die Anerkennung oder Bestätigung des Pontifikatswechsels zu erlangen." Wo sagt dieses die Stelle? Wo sagt sie nur, daß „auf Grund eines Vertrages" Gesandte an den Kaiser abgeschickt werden sollen? Ein solcher Vertrag läßt sich, wie wir gezeigt, nicht nachweisen, und was seitens der neugewählten Päpste geschah, war durch die Stellung, welche das Papsttum gegenüber dem fränkischen König als Patrizius der Römer und gegenüber dem Kaiser einnahm, von selbst gefordert. Das Papsttum verdankte dem Frankenherrscher neue Macht und erhöhtes Ansehen. Wiederholt hatte der Patrizius der Römer zum Schutze der Kirche und der Respublica Romanorum das Schwert gezogen, die Römer hatten ihm Treue und Gehorsam gelobt, und seit 800 gebot er als Kaiser über die Stadt und das römische Gebiet. Was war natürlicher, als daß die Päpste dem Patrizius und nachherigen Kaiser ihre Wahl zur Anzeige brachten und gelobten, dieselbe Ehrfurcht und Treue wie ihre Vorgänger zu bewahren? Doch auch die Karolinger konnten, wenn sie anders wirkliche Staatsmänner waren, die Besetzung des von ihnen erhöhten päpstlichen Stuhles nicht ohne weiteres dem faktiösen Treiben als Spielball überlassen und sich damit selbst die bedenklichsten Verlegenheiten bereiten. Sie mußten sich versichern, daß die Papstwahl rechtmäßig vor sich gegangen sei und nicht eine, ihnen vielleicht feindliche Partei sich mit Gewalt des päpstlichen Stuhles bemächtigt habe. Sich aber mit Gewalt in den Besitz des apostolischen Stuhles zu setzen, mußte der reiche Güterbesitz desselben besonders reizen. Schon Papst Leo III. hatte im Jahre 796 das Wahlprotokoll der Anzeige von seiner Erhebung beigefügt und so Karl dem Großen eine Kontrole darüber ermöglicht, ob die Wahl den Kanones gemäß vor sich gegangen sei. Nichts hören wir davon, daß die Kaiser bezüglich der Papstwahlen dieselben weitgehenden Rechte erlangt hätten, wie sie einst die Byzantiner geübt haben, daß sie nämlich verlangen konnten, es müsse mit der Konsekration gewartet werden, bis die Genehmigung oder Bestätigung der Wahl seitens des Kaisers in Rom eingetroffen war. Wäre dieses der Fall gewesen und hätten die fränkischen Kaiser vertragsrechtlich die Verschiebung der Weihe beanspruchen können, bis sie sich ihrerseits über die Wahl geäußert, so wäre die zuletzt angeführte Bestimmung des Privilegs von 817, wonach erst nach geschehener Konsekration Gesandte an den Kaiser abgehen mußten, völlig unbegreiflich. Dieses hätte einen so bedeutenden Rückschritt in der fränkischen Politik bedeutet, daß sich ein solcher auch von einem schwachen Kaiser kaum erwarten ließe, einen Rückschritt, der um so weniger verständlich wäre, als er durch nichts veranlaßt war. Wohl aber war es, wie wir schon des öfteren hervorgehoben haben, sicherlich im Wunsche und Willen der Kaiser gelegen, es möge mit der Weihe jedes neugewählten Papstes bis nach erfolgter Rückäußerung gewartet werden. Sowohl Stephan V. als Paschalis I. willfahrten diesem Wunsche nicht, sie entschuldigten sich deshalb und erlangten — vielleicht gerade deshalb — so sehr die Gunst ihres Kaisers, daß er ihnen all ihre Wünsche gewährte. Ist es nun nicht leicht denkbar, Paschalis I. habe den Kaiser, nachdem dieser ihm die Gründe hatte entwickeln lassen, weshalb seine Konsekration so rasch vollzogen worden, gebeten, er möge genehmigen, daß in Zukunft die Weihe unmittelbar der Erwählung folge und erst dann päpstlicherseits Gesandte mit Versicherungen der Treue und Ergebenheit an den Kaiser abgeschickt werden? Der Papst mochte den Kaiser erinnern, wie sehr unter Umständen die Aufrechthaltung der Ordnung in Rom den raschen und ungesäumten Vollzug der Weihe erforderte. Der Kaiser aber mochte erwägen, daß ja auch bisher es faktisch so gehalten worden und er sich deshalb höchstens über die Nichtbeachtung eines kaiserlichen Wunsches, nicht aber über eine Rechtsverletzung beschweren konnte; mochte erwägen, daß es auch hinfort ihm ermöglicht war, die Papstwahl nach ihrem Verlaufe zu prüfen und gegen etwaige Ungehörigkeiten einzutreten, und daß wie bisher Legaten zur Versicherung der Treue und Ergebenheit an den fränkischen Hof abgeordnet werden sollten. Und so konnte der Papst jene Bitte stellen, ohne damit wesentliche Vorteile gewinnen zu wollen, und der Kaiser sie gewähren, ohne zu fürchten, hiermit etwas Wesentliches der bisher befolgten Politik zu vergeben.

Freilich war es keine irrelevante Sache, ob die Weihe eines neuerwählten Papstes bereits vollzogen war oder nicht. Auch der Kaiser mußte mit einer bereits geschehenen Konsekration als einem fait accompli rechnen und selbst dann, wenn die Wahl augenscheinlich wider die Kanones war, seitens jener Partei, welche den Papst erhoben hatte, auf vielleicht nicht unbedeutende Schwierigkeiten gefaßt sein. Diese waren um so bedenklicher, wenn die kaiserliche Macht, wie es später auch faktisch geschah, in Italien und in Rom sinken sollte. Doch auf derlei Schwierigkeiten und auf Vorfälle, wie sie sich bei der nächsten Papstwahl schon ereigneten, scheint Ludwig der Fromme nicht gedacht haben: will er doch nur, daß der nach kanonischer Sitte gewählt werde, „welchen durch göttliche Eingebung und die Fürbitte des hl. Petrus alle Römer mit einem Ratschlusse und einmütig ohne irgend ein Versprechen zum Ordo des Pontifikates gewählt haben." Dessen Sohn Lothar benützte indes

eine günstige Gelegenheit, um den von seinem Vater teilweise auf=
gegebenen Einfluß auf die Papstwahl nicht nur wieder zurückzuerlangen,
sondern auch um einen angemessenen Teil zu erhöhen.

Ficker sagt (II. 351), die besprochene Stelle des Ludovicianum
„scheine den Ansprüchen des Papstes günstiger, als die geschichtlichen
Thatsachen das erwarten ließen." Unter den „geschichtlichen Thatsachen"
denkt er offenbar zunächst an die Vorgänge bei der Neuwahl des
Jahres 816, woraus jedoch, wie gezeigt, nicht auf einen förmlichen
Vertrag geschlossen werden kann, den der Kaiser hätte für sich geltend
machen können.

Indem das Privileg die Absendung von Gesandten erst nach der
Konsekration verlangt, steht es mit dem von vielen — nicht von uns
— dem Papste Stephan V. zugeschriebenen Papstwahldekret in Wider=
spruch, welches die Gegenwart kaiserlicher Legaten bei der Konsekration
des Papstes erfordert. Martens, der gleichfalls dieses Dekret Stephan V.
zuschreibt, ist deshalb genötigt anzunehmen, „Papst Paschalis, welcher
ohne Beobachtung dieses Dekretes konsekriert wurde, und sich deshalb
entschuldigte, habe erwirkt, daß das Privilegium von 817 von dem
durch Stephan V. gewährten Rechte stillschweigend Abstand
nahm." (S. 231.)

Wir haben keinen Grund zu dieser Annahme, da wir nirgends
von derartigen Unterhandlungen hören. Auch hätte der Papst, wie uns
dünken möchte, doch viel eher die Aufhebung jener Bestimmung, die
zugleich ein bedeutendes Zugeständnis an den Kaiser einschloß, beantragen
können, wenn er dieselbe bei seiner Erhebung selbst beachtet hätte.
Indem wäre unerklärlich, warum der Papst die Aufhebung jenes Dekretes
verlangt haben soll, nachdem es sein Vorgänger erst ein Jahr zuvor
gerade zum Besten der Kirche erlassen hatte, und unbegreiflich, daß der
Kaiser zu dieser Aufhebung zugestimmt, was doch, vgl. die letzten Worte
jenes Dekretes, einer Schmälerung des kaiserlichen Ansehens gleich=
gekommen wäre. Auch das Privilegium von 817 ist ein Beweis dafür,
daß Stephan V. nicht jenes Papstwahldekret erlassen hat, welches ihm
von vielen zugeschrieben wird.

* * *

Die Beziehungen zwischen Rom und dem fränkischen Reiche waren,
nach der Entstehungsgeschichte des Privilegiums von 817 zu schließen,
zu Beginn der Regierungszeit Paschalis' I. die freundlichsten. Ob sich
dieselben später wesentlich verschlimmerten und sich der Papst selbst als
der fränkischen Herrschaft feindlich gesinnt gezeigt hat (vgl. Simson 212),

möchten wir nicht mit Entschiedenheit behaupten. Man wollte dieses namentlich daraus schließen, daß Theodorus, derselbe, der die Gesandt= schaft des Papstes an den Kaiser geführt hatte und jetzt die Stelle eines Primizerius bekleidete, sowie dessen Schwiegersohn, der Nomenklator Leo, und zwar wegen ihrer Anhänglichkeit an den jungen Kaiser Lothar, überfallen und grausam ermordet wurden, der Papst selbst aber durch eine Gesandtschaft und einen feierlichen Eid sich von dem Verdachte reinigen mußte, er habe von jener Mordthat gewußt oder sie gar ver= anlaßt. Paschalis erklärte, jene hätten ihr Schicksal durch Empörung verdient.[1]

Paschalis I. starb bald nach diesem düsteren Ereignisse gegen das Frühjahr 824.[2]

Die bei der Erhebung seines Nachfolgers ausbrechenden Unruhen gaben Anlaß, daß der kaiserliche Einfluß auf die Papstwahlen gesetzlich fixiert wurde. Die Geschichte der Neuwahl und die infolge derselben entstandenen Verhältnisse zu schildern, ist Aufgabe des dritten Abschnittes.

---

[1] Cf. Mansi XVI. 410. Baron. Pagi ad ann. 823, 1 sqq. Gregoro= vius III. 48 ff. Papencorbt 155. Hefele IV. 35. Dieser redet von einer mit dem Regiment des Papstes unzufriedenen Partei, „wahrscheinlich aristokratisch=republi= kanisch), welche unter dem Schein gibellinischen Eifers ihre Pläne zu verfolgen suchte." Hergenröther II. 3. — Die Römer verübelten dem Papste seine Nachgiebigkeit in diesem Prozesse. Bagmann I. 330. Simson 214.

[2] Hefele IV. 35 gibt als Todestag den 10. Februar an; nach Papencorbt 156 erfolgte Paschalis' Tod Ende Januar oder anfangs Februar, nach Simson 212 N. 1 nicht vor dem Frühjahr, nach Jaffé Reg. I. 320 erst im Mai.

Dritter Abschnitt.

Der Eid der Römer im Jahre 824 und die folgenden Papstwahlen.

§ 16.

Wahl Eugens II. im Jahre 824 und Sendung Lothars nach Rom.

Die Neubesetzung des päpstlichen Stuhles nach dem Tode Paschalis' I. gab Anlaß zu heftigen Streitigkeiten, indem die Vornehmen und das Volk verschiedene Kandidaten unterstützten. Als Sieger ging aus der Wahl der Kandidat der Aristokratie hervor, der Partei der Militär- und Hofbeamten,[1] der Archipresbyter Eugenius von St. Sabina, selbst der Sohn eines angesehenen Römers, dessen Name Boemund auf normannischen Ursprung hinzudeuten scheint.

Nähere bestimmte Nachrichten, welche uns einen genauen Einblick in den Verlauf der Wahl gestatten würden, besitzen wir nicht. Das Volk scheint wiederum, wie wir aus einer später anzuführenden Bestimmung der Constitutio Lotheriana entnehmen möchten, den päpstlichen Palast geplündert zu haben. Phillips meint (V. 773), es hätten unbefugte Personen, die sich auch sonst schon zu den Wahlen gedrängt haben mögen, sich dieses Mal ganz besonders geltend gemacht. Wahrscheinlich drängten Vornehme und Volk mit Ungestüm auf den Klerus ein; die einen wie die anderen, um ihren Kandidaten durchzusetzen. Ja das Volk suchte allem Anscheine nach sich direkt an der Wahl zu beteiligen. Daß zuletzt der Kandidat der Vornehmen und nicht jener des Volkes, der

---

[1] „Vincente nobilium parte", sagt Einhard ad. ann. 824. Dabei an den Klerus zu denken, wie Phillips V. 773 thut, durch c. 6. D. LXXIX. veranlaßt, liegt ferne.

Diakon Laurentius, den Sieg davon trug, mag als ein Beweis gelten, daß die eigentliche Wahl, wie es die Synode von 769 verordnet, durch den römischen Klerus, nicht aber durch die Masse des Volkes, wie es dieses gewollt hatte, vollzogen wurde. Wie weit die Vornehmen an der Wahl Anteil genommen haben, ob nur indirekt durch Befürwortung und besondere Empfehlung ihres Kandidaten bei den Wählern, oder bereits direkt durch aktive Beteiligung am Wahlakte, ergibt sich aus dem Nachfolgenden.

Dem Berichte des Papstbuches, Eugen II. sei „von allen Römern" gewählt worden,[1] stehen die sämtlichen übrigen Wahlnachrichten entgegen.[2] Doch wird das Papstbuch Recht haben, wenn es Eugen als einen sehr demütigen, gelehrten, besonders beredten, freigebigen und frommen Mann schildert, der „die Welt verachtend Tag und Nacht nur an das gedacht habe, was Christo gefallen möge." Wegen seiner Milde, Freigebigkeit und unermüdlichen Sorge für das Beste der Kirche wird Eugen II. mit Recht eine Zierde des apostolischen Stuhles genannt.[3]

Mit Unrecht hat man, durch eine mißverstandene Notiz des Paschasius Rabbertus in dessen Lebensgeschichte des Abtes Wala (I. 28 vgl. unten) und die rasche Sendung Lothars nach Rom veranlaßt, der vornehmen Partei, welcher Eugen seine Erhebung verdankte, antifränkische Tendenzen zugeschrieben;[4] auch die oben erwähnten Vorfälle, durch eine antifränkische Partei hervorgerufen, gaben zu dieser Vermutung Anlaß. Im Gegenteile neigte diese Partei mehr auf die fränkische Seite,[5] da der Kaiser gerade Eugen für weitgehende Verhandlungen geeignet hielt und Lothar selbst den Römern, welche von alters her das Recht der Papstwahl besaßen — und dazu mußte er die Vornehmen rechnen,. da sonst nur der römische Klerus als wahlberechtigt angeführt wäre — dieses Recht auch nachdrücklich wahrte (vgl. c. 3. der Constitutio Lotheriana). Dazu kommt, daß das Volk, welches den Papst Paschalis I. in dem Prozesse wegen der Ermordung des Theodor und Leo zu nachgiebig wähnte und deßhalb gegen ihn erzürnt war, sicher den Archipresbyter Eugen, der sich auch sonst durch seine Eigenschaften empfahl, wäre er antifränkisch gesinnt gewesen, nicht so erbittert bekämpft hätte.

[1] Vita Eugenii II. c. 2: „Postea a Romanis cunctis pro meritorum pia relatione electus, post transitum sanctissimi domui Paschales papae pontifex factus est." (Duchesne II. 69.)
[2] Dieselben finden sich zusammengestellt bei Simson 214 N. 3.
[3] Gröne I. 333.
[4] Vgl. Hinschius I. 233.
[5] Giesebrecht I. 3, 857. Simson 214.

Sonach scheinen politische Motive überhaupt nicht den Grund der Differenzen zwischen Vornehmen und Volk gebildet zu haben. Feststehen dürfte jedoch, daß sich der Adel bereits wieder direkt am Wahlakte beteiligte, entgegen den Bestimmungen des Konzils von 769, welches die Laien durchaus von der eigentlichen Wahl ausschloß; man kann demnach sagen, Eugen II. sei „vom Adel und Klerus" (Hergenröther II. 3) erhoben worden.

Papst Eugen II. ordnete bald nach seiner Erhebung einen Subdiakon, namens Quirinus, ab, auf daß derselbe dem Kaiser die Anzeige von seiner Erwählung mache. Auch ließ er durch diesen, wie sich aus den letzten Worten der Eidesformel von 824 unbestreitbar ergeben dürfte, eine schriftliche Erklärung überreichen, in welcher er sich zur Treue gegen den Kaiser verpflichtete.[1]

Doch ehe der päpstliche Bote an den kaiserlichen Hof gelangte — nach Simson (215) war dieses frühestens im Juni, nach Papencordt am 24. Juni der Fall; die Ann. laur. berichten nämlich: »Cuius rei nuntium cum Quirinus ... detulisset, conventu circiter 8. Kal. Jul. pronuntiato ...« — fand Eugens Konsekration statt; jedenfalls vor dem 6. Juni, wie aus den Akten der Synode von Mantua erhellt.[2]

Auf unverlässiger Grundlage beruht sonach die Angabe des Paschasius Rabbertus, daß sich Wala, der bei den fränkischen Königen einflußreiche Abt von Corbie, um die Bestätigung des neugewählten Papstes viel bemüht und mit großer Anstrengung seine Konsekration durchgesetzt habe. Eugen II. wurde vielmehr ohne die Genehmigung des Kaisers geweiht, ja wahrscheinlich, ohne daß dieser schon Kunde von seiner Erwählung erhalten hatte. Indes sagt Rabbert selbst nur: »in cujus nimirum ordinatione (Wala) plurimum ordinasse dicitur« (I. 28). Angesichts der vorgeführten Daten sagt Simson (I. 215 N. 1) von Rabberts Stelle, sie werde besser auf eine Bemühung um die Reform der römischen Zustände als die Ordination des Papstes gedeutet.[3]

Nachdem Ludwig die Anzeige von der Thronbesteigung Eugens II. erhalten hatte, beschloß er, da er selbst mit einer Expedition nach Britannien beschäftigt war, seinen Sohn Lothar, der im Jahre zuvor

---

[1] So nehmen auch an Simson I. 214. 230 f. unten, desgleichen Richter II. 247.
[2] Cf. Mansi XIV. 493. Vgl. Simson 214. Jaffé Reg. I. 320.
[3] Mehrere z. B. Enck im Kirchenlexikon I. 201 f. und Banet 79 lassen auf Grund dieser Stelle Wala in Rom für die Wahl Eugens II. wirken; ließe sich dieses beweisen, würde es zugleich darthun, daß Eugen nicht antifränkischer Gesinnung war.

zum Kaiser gekrönt worden, nach Rom zu senden, damit derselbe „als sein Stellvertreter mit dem neuen Papste und dem römischen Volke zusammen, was der Drang der Umstände zu erheischen schien, festsetze und bekräftige."[1]

Die nächste Veranlassung zur Absendung Lothars waren sicher die Vorfälle bei der Erhebung Eugens II., über welche Quirinus berichtet haben wird. Wegen der Ereignisse unter Papst Paschalis I. (Ermordung des Theodorus und Leo seitens einer antifränkischen Partei) hatte der Kaiser bereits unmittelbar, nachdem er hievon Kunde erhalten hatte, Bevollmächtigte nach Rom gesandt und sich später beruhigt. Doch mögen diese Vorfälle immerhin mitbestimmend für Lothars Absendung gewesen sein, und der Kaiser eine Festigung der Beziehungen zwischen Rom und dem fränkischen Reiche als Erfolg dieser Mission gewünscht und erwartet haben. Auch waren Klagen über die römische Verwaltung zu ihm gedrungen.

In der zweiten Hälfte des August brach Lothar nach Italien auf. Zu Anfang des Herbstes traf er in Rom ein, wo er vom Papste ehrenvoll empfangen wurde. Nachdem er diesen über den Zweck seiner Mission unterrichtet hatte, schritt er mit dessen wohlwollender Zustimmung (»benevola adsensione« Ann. laur.) zur Ordnung der Verhältnisse. Er untersuchte zunächst die Vorfälle und Verbrechen, deren Schauplatz Rom unter den Pontifikaten Paschalis' I. und Leos III. gewesen war und strafte die Übelthäter mit Verbannung; auch stellte er die Güter, welche einigen, namentlich Angehörigen der kaiserlichen Partei, widerrechtlich entrissen worden waren, denselben wieder zurück.[2]

Wichtiger sind die Anordnungen, welche für die Zukunft getroffen wurden und worüber jetzt zu handeln ist.

§ 17.
Lothars Konstitution vom Jahre 824.

Um derartigen Gewaltthaten für die Zukunft vorzubeugen und zugleich für die Sicherheit der Person und des Eigentums die notwendige gesetzliche Grundlage zu schaffen, auch der römischen Kirche ihre Güter

---

[1] Ann. laur. ad ann. 824. (Scr. I. 212). Die Fuldaischen Annalen sagen kurz (358), Lothar sei „ad justicias faciendas" nach Rom gesandt worden.

[2] Cf. Mansi XIV. 411 sq. Ann. laur. ad ann. 824. Vita Walae c. 28. Simson 224.

und die römischen Herzoge, Grafen und Richter im schuldigen Gehorsame
gegen den Papst zu erhalten, ferners auch um von den Papstwahlen künftig
Spaltungen und Störungen ferne zu halten, erließ Lothar um das
Martinifest 824[1]) die nach ihm benannte Konstitution.

Diese Konstitution, welche uns noch erhalten ist, jedoch an einzelnen
Stellen (c. 1 und c. 9) den Eindruck eines bloßen Entwurfes macht,
hat die Überschrift: „Kapitel, welche der Kaiser Lothar an den
Schwellen des heiligen Apostels Petrus zur Zeit des Papstes Eugen
festgesetzt hat.[2])

Gleich das erste Kapitel schärft den Gehorsam gegen den Papst
und seine Beamten ein. Ebenso schließt das Statut (c. 9) mit der
Weisung, es solle eine Ermahnung an jedermann ergehen, so wahr er
der göttlichen und kaiserlichen Gnade teilhaft zu werden wünsche, dem
gegenwärtigen Papste in allen Stücken folgsam und ehrerbietig zu
begegnen.

Im zweiten Kapitel ergeht ein strenges Verbot gegen die Plünderungen bei Lebzeiten oder nach dem Tode eines Papstes.

Des weiteren wurde verordnet: Niemand dürfe bei Todesstrafe
die unter dem besonderen päpstlichen oder kaiserlichen Schutz stehenden
Personen beschädigen (c. 1).

Jährlich gemeinsam vom Papste und Kaiser ernannte Sendboten sollen dem letzteren über die Justizverwaltung und über die
Beobachtung der Konstitution Bericht erstatten.[3]) Alle Beschwerden über
die Verwaltung der Beamten haben die Missi zunächst an den Papst
zu bringen, der die Sache dann entweder sofort durch sie selber abstellen
oder eventuell durch einen kaiserlichen Missus zur Kenntnis des Kaisers
gelangen lassen soll. Der letztere wird in diesem Falle wiederum Königsboten abordnen, um Abhilfe zu bewirken (c. 4).

Alle Richter und Vorsteher der Stadt sollen vor dem Kaiser erscheinen, damit er ihre Zahl und ihre Namen kenne und sie zur Pflicht-
erfüllung anhalte (c. 8).

---

[1]) Dieses Fest feierte Lothar in Rom, wie der Fortsetzer des Diakons Paul
berichtet, cf. Muratori, Rer. it. Scr. I. b. 184.

[2]) Abgedruckt ist die Constitutio Lotheriana in den Leges I. 239 sq.
IV. 545 sq. Cf. Mansi XIV. 479. Baron. ad ann. 824. Watterich I. 623.
Simson 225—229. Richter II. 246 f. Vgl. auch Niehues II. 114 ff.

[3]) C. 4: „Volumus ut missi constituantur de parte domni apostolici et
nostra, qui annuatim (alljährlich, also nicht als ständige Beamte, vgl. Simson I. 226) nobis renuntiare valeant, qualiter singuli duces et judices iustitiam
populo faciant et quomodo nostram constitutionem observent.“

Jeder Römer soll das Recht, nach welchem er leben will, selbst wählen dürfen (c. 5).

Über die Papstwahl handelt das dritte Kapitel der Konstitution. Dasselbe wurde offenbar in frischer Erinnerung an die der Wahl Eugens II. vorausgegangenen Kämpfe erlassen. Damals hatte das Volk allem Anscheine nach den Versuch gemacht, entgegen den Bestimmungen von 769 direkt am Wahlakte teilzunehmen. Deshalb verfügte die Konstitution: Alle Unbefugten sollen strenge von der Wahl ausgeschlossen sein; nur diejenigen Römer, welche nach altem Herkommen hiezu berechtigt sind, sollen die Wahl vornehmen.

Wörtlich lautet dieses dritte Kapitel: Wir wollen, daß niemand, sei er Freier oder Unfreier, sich unterfange, bei der Papstwahl irgend ein Hindernis in den Weg zu legen; nur jenen Römern allein, denen von alters her kraft Anordnung der heiligen Väter die Übung den Papst zu wählen, gewährt ist (soll die Wahl zustehen). Wenn aber jemand diesem unserem Befehle zuwiderzuhandeln sich herausnimmt, soll er dem Exil übergeben werden.

Durch diese Verordnung ward das Recht, den Papst zu wählen, den hiezu allein nach kanonischem Brauche Befugten gewahrt, und diese waren der römische Klerus und der Abel. Letzterer war freilich auch von der, die Laien überhaupt ausschließenden Verfügung der Synode von 769 betroffen worden, hatte jedoch, wie das nicht anders zu erwarten war, bald wieder seinen Einfluß geltend zu machen versucht, und, wie wir sehen, nicht ohne Erfolg. Durch die Constitutio Lotheriana wurde dem Abel, wie uns dünkt, geradezu das Recht der Teilnahme garantiert.

In der Konstitution Lothars wird die freie Papstwahl als eine Sache, die sich von selbst versteht, vorausgesetzt[1]) und für jene, welche diese Freiheit bedrohen, die Verbannung als Strafe festgesetzt. Über die kaiserlichen Rechte betreffs der Papstwahlen enthält die Konstitution nichts. Dieses muß auffallen, und zwar um so mehr, als nicht nur die Beziehungen der Römer zum Papste, sondern auch jene des Papstes und der Römer zum Kaiser in der Konstitution geregelt werden. Die Sache scheint jedoch in dem gleich zu behandelnden Eide der Römer ihre einfache Erklärung zu finden.

Wir führen noch an, daß Bonitho, Gregors VII. Verteidiger, obige Bestimmung über die Papstwahl als ein Gesetz Ludwig des Frommen im wesentlichen richtig, jedoch mit einem im Gregorianischen

---

[1]) Dieses gibt auch Simson zu 230.

Sinne erfundenen Zusätze anführt;[1]) auch das bekannte Privilegium
Kaiser Ottos I. vom Jahre 962 enthält diese Bestimmung in derselben
Form und mit dem nämlichen Zusätze.[2])

§ 18.
Der Eid der Römer und die uns erhaltene Eidesformel vom Jahre 824.

Lothar soll, wie die Annales Romani berichten, bei seiner damaligen
Anwesenheit in Rom dem Klerus und dem Volke auch einen Eid abgenommen haben. Die Römer schworen in St. Peter feierlich auf das
Evangelium, das Kreuz und auf den Leib des Apostelfürsten den Kaisern
Ludwig und Lothar Treue, unbeschadet des Treugelöbnisses, das sie
dem Papste geleistet haben; sie gelobten ferner, soviel an ihnen sei,
nicht zuzulassen, daß eine Papstwahl anders als auf kanonische
und rechtmäßige Weise stattfinde und die Konsekration des Ge=
wählten erfolge, bevor derselbe in Gegenwart eines kaiserlichen Missus und vor allem Volke eine gleiche Verpflichtung übernommen, wie sie Papst Eugen aus freien Stücken
schriftlich gegeben habe.

Ein in Deutschland lebender Chronist, Paulus Warnefried,
desgleichen der Fortsetzer des Paulus Diakonus[3]) haben uns
sogar eine diesbezügliche Eidesformel überliefert; im wesentlichen
wird dieselbe auch in der genannten Schenkungsurkunde Ottos I. wiederholt, welche auch sonst, wie oben bemerkt, auf die damaligen Vereinbarungen zwischen Eugen II. und Lothar Bezug nimmt.

Die Eidesformel lautet:[4]) „Ich verspreche beim allmächtigen
Gotte und bei jenen vier heiligen Evangelien und bei diesem Kreuze
unseres Herrn Jesu Christi und bei dem Leibe des heiligsten Apostelfürsten Petrus, daß ich von diesem Tage an in Zukunft getreu sein
werde unseren Kaisern Ludwig und Lothar die Tage meines Lebens,
nach Kräften und meiner Einsicht, ohne Hinterlist und bösen Charakter,

---

[1]) Liber ad amicum II. 614 sq.
[2]) Leges II. 165, 30—35. Sickel, Privilegium Ottos I. 181.
[3]) Pauli Diaconi contin. rom. SS. rer. langob. 203. Bouquet VI. 173.
[4]) Abgedruckt ist dieselbe unter dem Titel: „Sacramentum Romanorum“ in den Leges I. 324, bei Bouquet VI. 173. Hinschius I. 233. N. 1.
Grashof 42, 234 N. 1. Richter II. 247. Aus der Handschrift des Paulus
Warnefried veröffentlichte sie zuerst Duchesne (Scr. rer. Franc. II. 207).

unbeschadet der Treue, welche ich dem apostolischen Herrn versprochen habe; und daß ich nicht zulasse, daß auf diesem römischen Stuhle anders die Wahl des Papstes stattsinde als auf kanonische und rechtmäßige Weise, nach meinen Kräften und meiner Einsicht; und daß jener, welcher erwählt worden, mit meiner Zustimmung nicht konsekrierter Papst werde, ehe er in Gegenwart eines Gesandten des Herrn Kaisers einen solchen Eid leiste zugleich mit dem Schwure, welchen Herr Papst Eugenius freiwillig alles zu halten schriftlich geleistet hat."

Ist es nun richtig, daß die Römer im Jahre 824 einen derartigen Eid geleistet haben?

Nicht beanstandet haben diese Nachricht: Döllinger (Lehrbuch I. 413), Staudenmaier 144, Papencordt 156, Gröne I. 352, Floß 57, Simson 230, Hinschius I. 233, Wenck 95, Dümmler I. 249, Bazmann I. 334, Bayet 79, Sickel,[1]) Richter II. 247, Niehues II. 118 und Duchesne II. 83 n. 2.

Zweifelhaft über die Ächtheit dieses Eides erklärten sich: Muratori,[2]) Cenni I. 122, Luden V. 298, 591, N. 24, Reumont II. 193, Phillips V. 775 und Hergenröther II. 4. Grashof sagt (42, 234), höchst wahrscheinlich sei dieser Eid eine unverbürgte Thatsache; nach Granderath (VIII. 187 f.) ist diese Nachricht mehr als zweifelhaft. Auch Grauert (587 N. 2) bezweifelt die Ächtheit eines solchen Eides; „wenn er wirklich ächt ist, so ist es fraglich, ob er mit Genehmigung der kompetenten kirchlichen Autoritäten geleistet, d. h. ob er zwischen Lothar I. und Eugenius II. vereinbart worden."

Hören wir die Einwendungen, welche gegen die Glaubwürdigkeit jener Nachricht der Annales Romani und des weiteren gegen die Eidesformel selbst erhoben worden sind. Man sagte: 1. Die Annales Romani sind eine sehr unzuverlässige Quelle. 2. Wie kommt es, daß in der Konstitution selbst, in welcher doch auch von der Besetzung des römischen Stuhles die Rede ist, mit keinem Worte dieser dem erwählten Papste auferlegten Verpflichtung die Rede ist? Wenn die in der Eidesformel enthaltene Bedingung für die Konsekration fortan Rechtssatz sein sollte, so sieht man nicht ein, warum sie nicht in die Konstitution selbst mitaufgenommen wurde. 3. Von einem von Papst Eugen II. dem Kaiser freiwillig oder überhaupt nur geleisteten Eide weiß kein Schriftsteller ein Wort. 4. Dadurch, daß die Eidesformel nur auf einen vom damaligen Papste freiwillig und schriftlich geschworenen Eid verweist, ohne näher dessen Inhalt anzugeben, entbehrt sie der notwendigen

---

[1]) Vgl. sein „Privilegium Ottos I." S. 161.
[2]) Annali d'Italia IV. 529.

Bestimmtheit. 5. Von keinem der nachfolgenden Päpste wurde vor der Konsekration ein Eid verlangt. Obgleich über die Erhebung mancher Päpste jener Zeit oft bis auf das einzelnste gehende Nachrichten vorhanden sind, findet sich über die Ablegung eines solchen Eides kein Wort. 6. Endlich wird auf das bekannte Zeugnis des Florus verwiesen, der die vollkommen frei und bedingungslos erfolgende Besetzung des päpstlichen Stuhles bezeuge.

Die Frage, wie denn aber eine Eidesformel sich erhalten konnte, da doch niemals ein derartiger Eid von den Päpsten geschworen wurde, erklärte man auf folgende Weise. Die erwähnte Formel findet sich in keinem der offiziellen Kodizes, in welchen Lothars Konstitution aufbewahrt ist,[1] sondern wurde durch einen in Deutschland lebenden Chronisten, den bereits genannten Paulus Warnefrid uns überliefert. Dürfte man nicht annehmen, daß Lothar unter seinen Vorlagen auch den Antrag mit nach Rom brachte, in Zukunft solle der Papst vor seiner Konsekration in Gegenwart kaiserlicher Legaten jenen Eid leisten, daß er aber diese Vorlage nicht durchzusetzen vermochte, und von der die Papstwahl betreffenden Vorlage nur das übrig blieb, was als drittes Kapitel in der Konstitution enthalten ist, die schon fertige Vorlage aber unbenützt über die Alpen zurückwanderte? In der That hätten in jener Zeit beide Gewalten sich mit mißtrauischem Auge zu betrachten begonnen; der Kaiser, namentlich Lothar, habe darum Einfluß auf die Besetzung des römischen Stuhles zu gewinnen versucht, aber der Papst werde ihm aus demselben Grunde kein dem Mißbrauche so leicht zugängliches Recht zugestanden haben.[2]

Sind diese Gründe überzeugend genug, um jene Nachricht der Annales Romani zu verwerfen und die Eidesformel selbst für eine wertlose Vorlage zu halten?

1. Was zunächst den ersten Einwand gegen die Glaubwürdigkeit jener Nachricht betrifft, so möchten auch wir den Annales Romani kein größeres Ansehen zuweisen, als sie wirklich beanspruchen können: dieselben haben indes nachweisbar aus guten Quellen, den fränkischen Jahrbüchern und dem Papstbuche, und aus letzterem vielleicht auch im gegenwärtigen Betreffe geschöpft.[3]

---

[1] Vgl. die einleitenden Worte, welche Pertz der Mitteilung der Konstitution in den Leges vorausschickt.
[2] So Granerath VIII. 188. Ähnlich Granert s. o. Hergenröther II. 4. N. 3 sagt: „Wahrscheinlich war die Formel bloßer Entwurf der Ratgeber Lothars."
[3] Vgl. Simjon I. 230 N. 2. Der chronologische Fehler in den Annalen (825 statt 824), der vielleicht nur einem Abschreiber zur Last fällt, ist für die Sache selbst nicht von Belang.

2. Allerdings ist in der Konstitution selbst, wie sie uns erhalten ist, nicht von der erwähnten Bedingung die Rede, wie dieses vielleicht erwartet werden könnte. Abgesehen davon, daß auch die Konstitution selbst, wie schon bemerkt, an einzelnen Stellen den Eindruck eines Entwurfes macht, schließt dieses die Möglichkeit jenes Gelöbnisses der Römer doch nicht aus. Die Konstitution, zunächst infolge der Unruhen bei der Wahl Eugens II. veranlaßt, wollte in ihrem dritten Kapitel lediglich den ordnungsmäßigen Verlauf der Papstwahlen für die Zukunft sicher stellen und alle nicht Wahlberechtigten von denselben ausschließen. Für die Sicherung der Person und des Eigentums trafen die übrigen Kapitel der Konstitution Vorsorge. Wollte Lothar, nachdem er durch die Konstitution zur Aufrechthaltung der Ruhe und Ordnung in Rom das Seinige beigetragen hatte, irgend eine Garantie dafür erlangen, daß die Römer nun auch ihrerseits diese Konstitution achten und respektieren würden, blieb nichts übrig, als ihnen selbst den Treueid abzunehmen, dann aber auch zu verlangen, daß alle zukünftigen Päpste an der Spitze der Römer den Treueid leisten. Und daß dieses geschehen, ist auch deshalb wahrscheinlich, weil Lothar dringend wünschen mußte, die Römer fester mit dem fränkischen Reiche zu verbinden angesichts der blutigen Gräuelthaten unter den genannten Päpsten und des Verlustes der Güter, welchen besonders Angehörige der fränkischen Partei erlitten hatten.

Nicht nur, daß die Nachricht der Annales Romani wie die Eidesformel selbst nichts darbietet, was in die Verhältnisse nicht zu passen schiene:[1] gerade die berührten Verhältnisse sprechen für die Abnahme eines derartigen Eides.

3. Ist es wahr, daß von einem von Eugen II. dem Kaiser freiwillig oder überhaupt nur geleisteten Eide kein Schriftsteller berichtet? Gewiß, jedoch ist damit noch nicht erwiesen, daß er wirklich keinen Eid geleistet hat. Letzteres ist vielmehr wahrscheinlich, nachdem auch seine Vorgänger, welche zudem ohne Unruhe und Streitigkeiten erhoben wurden, sich zur Treue gegen den Kaiser verpflichtet hatten. Auch Eugen II. benachrichtigte durch einen Gesandten den Kaiser von seiner Wahl, und es wäre gewiß sehr auffallend, wenn er im Unterschiede zu seinen Vorgängern jene Versicherungen der Treue und Ehrerbietung gegen den Kaiser nicht zu geben für gut befunden hätte.

---

[1] Auch Niehues II. 118 N. 1. sagt: „Inhaltlich bietet der Eid jedoch nichts, was Bedenken gegen seine Ächtheit erregen könnte." S. 117 sagt er, nachdem er angeführt, die Konstitution Lothars habe nichts von Rechten des Kaisers hinsichtlich der Papstwahl enthalten: „Um so entschiedener suchte Lothar dafür die Interessen des Kaisertums beim Wechsel der Personen auf dem päpstlichen Stuhle durch den Eid zu wahren, welchen jeder großjährig gewordene Römer schwören mußte."

4. Man machte ferners geltend, die Eidesformel entbehre dadurch, daß sie lediglich auf einen von Eugen II. geleisteten Eid verweist, ohne näheres darüber anzugeben, wann dieser Eid geleistet wurde und worin er bestand, der notwendigen Bestimmtheit. Darauf möchten wir nur erwidern: War jener Eid des Papstes Eugen II., wie es sehr wahrscheinlich ist, nichts anderes als der Treueid gegen den Kaiser, so durfte wohl ohne nähere Bestimmung über Inhalt und Zeit in der Eidesformel lediglich darauf als etwas den Römern Bekanntes hingewiesen werden.

5. Wenn auch in den Berichten über die später erfolgten Papstwahlen nicht gesagt ist, daß der Papst vor seiner Konsekration einen Eid wie Eugenius II. geleistet habe, so erhellt doch dieses, daß die Konsekration desselben thatsächlich nicht erfolgte, ehe kaiserliche Gesandte in Rom angekommen waren. Hinschius sagt mit Recht:[1] „Die für die nunmehr folgende Zeit nachweisbare Praxis in Betreff der Papstwahlen würde nicht den mindesten Anhalt haben, wenn eine derartige Vereinbarung zwischen Lothar und Eugen nicht getroffen wäre." Die Thatsache, daß die nächstfolgenden Papstweihen erst nach Ankunft fränkischer Gesandter erfolgt ist, gestehen auch alle jene zu, welche die Ächtheit jener Nachricht der Annales Romani sowie der Eidesformel bestreiten, aber sie erblicken in dieser Teilnahme eine Usurpation, einen Übergriff des Kaisers in ihm nicht zustehende Rechte.[2]

Allerdings hatte die Teilnahme der kaiserlichen Gesandten an der Weihe des Papstes in dem Sinne, wie es die Eidesformel verlangt, eine hohe Bedeutung für die Papstwahl selbst. Denn hinfort durften die Römer keinen Papst mehr weihen, außer er hatte in die Hände kaiserlicher Boten den Treueid geleistet. Es mußte sohin, ehe zur Konsekration eines Neuerwählten geschritten werden konnte, die Ankunft jener Legaten abgewartet werden. Wir hören nun freilich nicht, daß die fränkischen Gesandten, wie es einstmals in byzantinischer Zeit der Fall war, die Bestätigung oder Genehmigung der Papstwahl förmlich überbracht hätten; Lothar mußte vielmehr die Sache so darzustellen, als ob die Abordnung der kaiserlichen Boten nach Rom keine andere Bedeutung hätte, als dem neuerwählten Papste den Treueid abzunehmen. Nicht einmal von dem Rechte einer Teilnahme dieser Legaten an der auf die Ablegung des Treueides folgenden Konsekration ist die Rede (in Wirklichkeit freilich werden die Legaten stets zur Weihe eingeladen worden

[1] I. 233.
[2] Vgl. besonders Thomassin II. 2. c. 25. n. 3 sqq.

sein); die Römer schwuren nur, niemals zuzulassen, daß jemand zum Papste geweiht werde, ehe er den Treueid in die Hände kaiserlicher Legaten abgelegt hat. Doch hatte der Kaiser Garantien erhalten, stets nur einen ihm durch den Treueid verbundenen Papst auf dem apostolischen Stuhle zu wissen, und dieses hatte offenbar für ihn ebensoviel Wert, als wenn er im voraus auf die Erwählung des Papstes irgend einen bestimmenden Einfluß gehabt hätte. Einen solchen Einfluß auf die Papstwahl selbst zu erwerben, mußte jedoch der Römer wegen, welche diese Wahl stets als ihr ureigenstes Recht betrachteten, vermieden werden; andererseits lag es im Interesse des Kaisers, den Papst von sich abhängig zu wissen. Lothar verstand es, sowohl den Römern ihr Wahlrecht zu wahren — er garantierte ihnen dasselbe sogar mit einer gewissen Feierlichkeit im dritten Kapitel seiner Konstitution —, als sich selbst die sichersten Garantien in angeführtem Betreffe zu verschaffen.

Durch das kluge Verfahren des Kaisersohnes und Mitregenten Lothar ist es erklärlich, daß die Teilnahme der kaiserlichen Gesandten an der Papstweihe, oder besser gesagt, die Aufschiebung der Konsekration bis zur Ankunft derselben, welche seitens des Kaisers gefordert und, wie sich zeigen wird, im Nichtbeobachtungsfalle strenge beahndet wurde, römischerseits nicht beanstandet wurde. Daß die Römer und ihr Papst dem abendländischen Kaiser zur Treue verpflichtet waren, hielt man für selbstverständlich. So erklärt es sich auch, daß Rom gegen die Forderung, mit der Vornahme der Konsekration bis zur Ankunft kaiserlicher Legaten zu warten, nicht nur niemals protestiert, sondern sich geradezu wegen Nichtbeobachtung derselben entschuldigt hat. Von seiten Roms selbst wurde in dieser Forderung, welche freilich bei den römischen Verhältnissen oft genug ihre unangenehme Seite hatte, keine Usurpation, keine Beeinträchtigung der Wahlfreiheit gefunden, weil eben die Spitze jener Verfügung nicht gegen das Wahlrecht der Römer gerichtet war, sondern sich auf die politische Stellung Roms und des Papstes zum Kaiser bezog.

Auch kann es keinem Zweifel unterliegen, daß der Kaiser, hätte es sich nur darum gehandelt, daß die Römer mit jeder Konsekration bis zur Ankunft der fränkischen Gesandten behufs Entgegennahme der kaiserlichen Rücäußerung auf die Einsendung des Wahlberichtes und des Wahlprotokolles warten mußten, nicht gleich einen Heereszug gegen Rom unternommen hätte, wie es im Jahre 844 bei der Erhebung Sergius' II. der Fall war; der Kaiser fürchtete vielmehr wegen der Treue der Römer und ihres Papstes, sobald sie einmal jene Bestimmungen vom Jahre 824 nicht mehr beachteten.

Doch ist es nach dem Angeführten noch glaubwürdig, daß die folgenden Päpste wirklich keinen solchen Eid geleistet haben? Auch Hinschius, der an der Ächtheit des von den Römern gegebenen Versprechens festhält, nimmt an (I. 236), daß ein solcher Eid, wie ihn Papst Eugen II. geleistet habe, von dessen Nachfolgern, wenigstens nach den Wahl= und Konsekrationsberichten nicht mehr geleistet wurde. Er bemerkt hiezu: „Bei dem schon in dieser Zeit mehrfach hervortretenden Streben einzelner Päpste, sich vom kaiserlichen Einfluß loszumachen oder die Kaiser in ihrem Interesse zu benützen, und bei dem immer stärker werdenden Verfall der karolingischen Macht kann es nicht Wunder nehmen, daß dieser Punkt praktisch nicht gehalten wurde, wie man ja überhaupt in Rom öfters jede Konkurrenz des Kaisers auszuschließen gesucht hat.“ Es mag sein, daß letzteres bei der Wahl Valentins (827) zugetroffen hat, doch kann kaum ein Zweifel sein, daß der im nämlichen Jahre erwählte Gregor IV. diesen Treueid geleistet hat. Nach Leos IV. Wahl (847) schritten die Römer wegen der Sarazenengefahr zwar zur Konsekration, ohne die fränkischen Legaten abzuwarten, „jedoch dem Kaiser die Ehre und Treue in allem bewahrend“. Was die übrigen Papstwahlen betrifft, so möchten wir aus dem Stillschweigen der Chronisten über die Ablegung des Treueides noch nicht schließen, ein solcher sei wirklich nicht geleistet worden: bei der Wahl Nikolaus' I. (862) z. B. war der Kaiser selbst zugegen, sonst mußten des Kaisers Gesandte erwartet werden; indem sich die Römer zu letzterem verstanden oder sich wegen Nichtabwartens derselben entschuldigten, mochten sie dem Kaiser genügende Garantien dafür bieten, daß sie ihm auch unter dem neuen Papste die Treue in allem bewahren wollen.

Steht sonach fest, daß wenigstens kaiserliche Gesandte erwartet werden mußten, so frägt es sich wiederum, wann eine derartige Verordnung getroffen worden war. Die Päpste Paschalis I., Stephans V. Nachfolger, und Eugen II. wurden ohne Beisein fränkischer Gesandten und ohne daß solche erwartet wurden, konsekriert. Nicht mehr aber der auf Eugen II. nach dem kurzen Pontifikate Valentins folgende Gregor IV. Offenbar ist in die Regierungszeit Eugens II. obige Verordnung einzureihen.

Wir haben des längeren zu zeigen gesucht, daß Stephan V. im Jahre 816 keine derartige Verordnung erlassen hat; vielmehr ist der vielgenannte Kanon, welcher, um die bei der Weihe des Papstes stattfindenden Unruhen zu verhindern, die Teilnahme kaiserlicher Gesandter an der Konsekration anordnete, erst im Jahre 898 von Papst Johann IX. erlassen worden, als Sergius noch vom Weihaltare weg vertrieben worden war. Nun begreifen wir, warum dieser Kanon nichts von einem Treueide enthält: das karolingische Reich war zerfallen und Johann IX. nur ein Papst von Lamberts Gnaden. Wir begreifen auch, warum jenes Dekret es als „kanonischen Brauch" bezeichnet, daß die Konsekration des Papstes mit Wissen des Kaisers und im Beisein vom Kaiser geschickter Sendboten geschieht. Da wir des weiteren gezeigt, daß das Privilegium Ludwigs vom Jahre 817, wonach erst nach vollzogener Weihe Gesandte an den Kaiser geschickt zu werden brauchten, allen Glauben verdient, aber nur eine kurze Zeit in Geltung war, wie uns die nachfolgenden Papstwahlen belehren, so möchte auch hieraus folgen, daß in die Regierungszeit Eugens II. obige Verordnung zu setzen ist.

6. Was endlich die bekannte Stelle des Florus betrifft, so ist vor allem zu bemerken, daß durch die Ablegung eines Eides von seiten des Papstes und das von den Römern eingegangene Versprechen, keinen zum Papst Erwählten zu konsekrieren, er habe denn einen solchen Eid geleistet, in keiner Weise die freie Wahl des Papstes, wie dieselbe durch Lothars Konstitution garantiert wurde, beeinträchtigt und auch nach geschehener Wahl nicht, wie es bei Besetzung bischöflicher Stühle z. B. im fränkischen Reiche der Fall war, eine „Anfrage bei einem Fürsten" bezüglich der Genehmigung und Bestätigung der Wahl gestellt wurde; besonders aber, daß die bezügliche Schrift des Florus vor der Romreise Lothars, nämlich im Jahre 822 verfaßt wurde.[1]

Zu Gunsten des Römereides vom Jahre 824 mag noch angeführt werden, daß das Privilegium Ottos I. vom Jahre 962, welches, wie bemerkt, auch sonst an die 824 geschaffenen Verhältnisse anknüpfte,[2] die Stelle enthält:[3]

»... Et ut ille qui ad hoc sanctum atque apostolicum regimen eligitur, nemine consentiente consecratus fiat pontifex, priusquam talem in praesentia missorum nostrorum vel filii nostri seu universae generalitatis faciat promissionem pro omnium satisfactione atque futura conservatione, qualem domnus et venerandus spiritalis pater noster Leo[4] sponte fecisse dinoscitur.«

---

[1] Vgl. über diese Stelle des Florus oben S. 89 ff.
[2] Vgl. Sickel, Privilegium Ottos I. 158 ff.
[3] Ebd. 181. § 15.
[4] Also nicht Eugen II., wie man erwarten möchte. Ist wirklich „Leo" in der Urschrift des Privilegs von 962 gestanden (gegen die Auffassung Sickels S. 40 f, die in Vatikanischen Archiv erhaltene Prachturkunde sei nur eine kalligraphische Kopie, wendet sich allerdings Pflugk-Harttung in den Forschungen XXIV. 565 ff. und sucht zu beweisen, jene Urkunde sei das in der päpstlichen Kanzlei abgefaßte Original selbst), so stimmen wir gerne Sickel bei, der S. 158 ff. zeigt, daß darunter Leo III. (nicht, wie namentlich Genni wollte, Leo IV.) gemeint sei. Wir erinnern an die Vorgänge vom Jahre 796.

So möchten wir denn dafürhalten, daß sowohl die Nachricht der **Annales Romani** als auch die uns erhaltene Eidesformel selbst ächt und glaubwürdig sind. Sie bilden uns den Schlüssel zur richtigen Würdigung der Papstwahlen in der folgenden Zeit bis zum Verfalle des Karolingerreiches. Wollen wir nun versuchen, den Inhalt dieser Nachricht sowie der Eidesformel selbst zu zergliedern.

§ 19.
Inhalt des Eides und der uns erhaltenen Eidesformel vom Jahre 824.

Nehmen wir, wozu uns hinlängliche Gründe berechtigen, sowohl die Nachricht vom Eide der Römer als die Eidesformel selbst als ächt an, so können wir den Inhalt derselben in folgender Weise entwickeln.

1. Die Römer schworen feierlichst in St. Peter den Kaisern Ludwig und Lothar Treue.

2. Sie versprachen eidlich, soviel an ihnen sei, nicht zuzulassen, daß eine Papstwahl anders als auf kanonische und rechtmäßige Weise erfolge, also nur durch die allein Wahlberechtigten, wie es das dritte Kapitel der Konstitution Lothars neuerdings bestimmt hatte. Jede Beteiligung Unberechtigter, jede gewaltthätige Einmischung sollte ferne gehalten werden und die Papstwahl in freier kanonischer Weise vor sich gehen.[1]

3. Sie gelobten ferners, nicht zuzulassen, daß ein neugewählter Papst konsekriert werde, bevor er in Gegenwart eines kaiserlichen Missus und vor allem Volle[2]) eine gleiche Verpflichtung eidlich übernommen habe, wie sie Papst Eugen II. freiwillig und schriftlich übernommen hat.

Welche Verpflichtung hatte denn nun Eugen II. freiwillig und schriftlich übernommen? Giesebrecht (I. 189) und Gregorovius (III. 68) halten dafür, es sei hier an eine schriftliche Anerkennung des eben erlassenen Statuts, der Constitutio

---

[1] Damit stimmt die Leo IV. zugeschriebene Palea c. 31 Dist. LXIII. überein: „Inter nos et vos pacti serie statutum est et confirmatum quod electio et consecratio Romani pontificis non nisi juste et canonice fieri debet."

[2] Letzteres wenigstens nach den Annales Romani; die Eidesformel verlangte nur die Gegenwart des kaiserlichen Legaten.

Lotheriana, durch Eugen II. zu denken.[1]) Hinschins (I. 233) führt
aus: Wenn man erwägt, daß nach der Wahl Eugens die übliche gegen=
seitige Bestätigung der zwischen Hadrian I. und Karl dem
Großen getroffenen Vereinbarungen nicht erfolgt war, und daß
man offenbar damals, wie die schleunige Absendung des Mitregenten
Lothars nach Italien zeigt, wegen der Aufrechthaltung jener Stipu=
lationen Befürchtungen hegte und den fränkischen Einfluß in Rom
erhalten wollte, so kann sehr wohl mit dem schriftlichen Eidgelöbnisse
Eugens die Bestätigung jener früheren Verabredung gemeint sein, und
der Papst hatte mit Ablegung eines solchen dann nur das nach der
bisherigen Praxis Übliche erfüllt. Papencordt (157) meint, dieser
Eid des Papstes habe sich „ohne Zweifel auf die Erhaltung der be=
stehenden Verhältnisse" bezogen. Simson (236) endlich glaubt, daß
diese schriftliche Erklärung Eugens wahrscheinlich ein Gelöbnis der
Treue gegen den Kaiser enthalten hätte, das er schon beim Antritte
seiner Regierung dem Kaiser übermittelt habe.

Ohne Zweifel ist die letztere Ansicht die allein richtige. Denn es
wird ausdrücklich auf eine schriftliche Erklärung des Papstes ver=
wiesen; hätte es sich um eine Beschwörung der Konstitution Lothars
gehandelt, so hätte diese der Papst leichter und wirksamer mündlich
vor Lothar selbst vornehmen können. Wozu sich der Papst freiwillig
und schriftlich verpflichtet hatte, war etwas, was bereits vor der Ankunft
Lothars liegt, worauf aber in Zukunft von seiten des Kaisers ein großer
Wert gelegt wurde. Und dieses war offenbar der Treueid gegen den
Kaiser. Daß die Ansicht, Eugen II. habe die eben erlassene Konstitution
beschworen, nicht die richtige ist, vermögen wir auch aus ihrem Inhalte
selbst zu schließen, indem diese nicht so fast von den Pflichten des Papstes,
als vielmehr von seinen Rechten handelte. Die Eidesformel betont am
Schlusse, Eugen habe seinen Eid freiwillig geleistet; geschah dieses
nicht vielleicht in der Absicht, hierdurch das römische Volk zur Beobachtung
des Treueides, die zukünftigen Päpste aber zur erneuten Beschwörung
desselben zu ermuntern? Und wurde nicht in derselben Absicht, die
Römer und ihren Papst zur freudigen Leistung des Treueides zu be=
wegen, in der Eidesformel selbst darauf hingewiesen?

Nicht wurde sonach die Konsekration des Papstes von der kaiser=
lichen Bestätigung oder Anerkennung abhängig gemacht, sondern
vielmehr von einer Verpflichtung, welche der neuerwählte Papst in
Gegenwart eines kaiserlichen Missus (und vor allem Volke) leisten sollte.
Hatte der Papst diese Bedingung erfüllt, so stand der Konsekration kein

---

[1]) So auch Phillips V. 775.

Hindernis mehr im Wege. Der neuerwählte Papst mußte sonach dem
Kaiser von seiner Erwählung vor allem Nachricht geben, woran
er die Bitte geknüpft haben wird, nun seinerseits Legaten nach Rom
abordnen zu wollen. Daß der Papst dem Frankenherrscher Anzeige
von seiner Erhebung auf den apostolischen Stuhl machte, war nichts
neues, sondern schon seit langer Zeit beobachtet worden. Dabei wird
es bei dem Brauche geblieben sein, welcher uns zwar von Leo III.
allein berichtet wird, aber sicherlich auch von seinen Nachfolgern beobachtet
wurde, nämlich das Wahlprotokoll dem an den Kaiser abgeordneten
Legaten mitzugeben und so dem Kaiser selbst eine Kontrole über den
Verlauf der Wahlhandlung und die Beobachtung des dritten Kapitels
der Constitutio Lotheriana zu ermöglichen. Zwar wäre es auch denkbar,
daß es der Papst hinfort den kaiserlichen Gesandten überlassen hätte,
sich erst in Rom selbst über die Rechtmäßigkeit der Wahl zu informieren;
doch hatte, wie schon einmal bemerkt, eine solche Prüfung in Rom selbst
ihr Bedenkliches, besonders wenn eine Gegenpartei einen Gegenkandidaten
zu erheben versucht hatte. Und so mag es das Gewöhnliche gewesen
sein, daß mit der Wahlanzeige auch das Wahlprotokoll abgeschickt wurde
und der Kaiser selbst iene Prüfung vornahm.

Mit der Vornahme der Konsekration des neuerwählten Papstes
mußte jedoch gewartet werden, bis die kaiserlichen Gesandten zur
Abnahme des Eides in Rom eingetroffen waren. Der Zweck der
Absendung der kaiserlichen Legaten war sonach nicht zunächst die Teilnahme an der Konsekration, sondern die Beeidigung des Papstes
vor derselben. Es mag nun freilich die Regel gewesen sein, daß die
kaiserlichen Legaten auch zur Beteiligung an der Feierlichkeit der Weihe
eingeladen wurden, aber ein Recht auf diese Teilnahme besaßen
sie nicht.

In wieferne es zu den Obliegenheiten der kaiserlichen Legaten
gehörte, sich zu vergewissern, ob die Wahl ordnungsmäßig erfolgt sei,
also „die Wahl einer Prüfung zu unterziehen", haben wir bereits
angedeutet. Das dritte Kapitel der Konstitution Lothars bestimmte, es
müsse die Papstwahl ohne jegliches Hindernis durch die allein Wahlberechtigten erfolgen; auch hatten die Römer eidlich versprochen, nicht
zuzulassen, daß eine Wahl anders als auf kanonische und rechtmäßige
Weise stattfinde. Daß dieses der Fall gewesen, darüber konnte sich der
Kaiser, noch ehe er Gesandte zur Abnahme des Treueides nach Rom
abordnete, vergewissern, wenn ihm anders das Wahlprotokoll eingesandt
wurde, wie es sicher für gewöhnlich geschah. Die zur Abnahme des
Treueides nach Rom abgeordneten Legaten mochten jedoch mit der

Prüfung der Wahl — entweder nach ihrem ganzen Verlaufe oder nur bezüglich einzelner Punkte — beauftragt werden:

a) wenn etwa kein Wahlprotokoll an ihn abgesandt worden war;

b) wenn dieses zwar geschehen, gleichwohl aber in demselben etwas unklar war, sodaß der Kaiser nähere Recherchen wünschte. Auch dieses mag nur in ganz seltenen Fällen notwendig gewesen sein, da sich denken läßt, die päpstliche Kanzlei werde, wie in der byzantinischen Zeit,[1] so auch jetzt ein stehendes Formular für das Wahldekret gehabt haben, wovon das Original dem Archive einverleibt, eine beglaubigte Abschrift aber der Wahlanzeige an den Kaiser beigefügt worden sein wird;

c) im Falle eines Schismas, also im Falle, daß aus einer Wahl zwei Männer als gewählt hervorgingen und hienach doppelte Wahlberichte an den Kaiser geschickt wurden. Zwar war auch in diesem Falle dem abendländischen Kaiser das Recht der Untersuchung und Entscheidung durch keinen förmlichen Vertrag zugewiesen, doch lag es wohl in der Natur der Sache, daß wie in früherer Zeit der römische Kaiser, an den sich die Parteien selbst gewendet hatten, so nun der fränkische Kaiser die Entscheidung in die Hand nahm und sich nun dessen Legaten in Rom selbst an eine gerechte Prüfung der Wahl machten. Als im Jahre 855 gegen den rechtmäßig gewählten Papst Benedikt von einer schismatischen Partei Anastasius erhoben wurde, ließen es sich die Römer ohne weiteres gefallen, daß die kaiserlichen Legaten eine Untersuchung über die Vorgänge bei der Wahl anstellten. Sie waren überzeugt, daß die Legaten das wirkliche Resultat der Wahl anerkennen, also ohne jegliche parteiische Hinneigung zu dem einen oder anderen den Verlauf der Wahl prüfen werden, ja das Resultat der Wahl gar nicht umstoßen können. Die Römer wünschten, die Gesandten sollten sich durch gerechte Prüfung der Wahlhandlung überzeugen, daß Benedikt gewählt, Anastasius aber ein Eindringling sei, und dann den Wirren ein Ende machen. Aber solch eine Untersuchung war durch außerordentliche Verhältnisse bedingt. Für regelmäßig war jedoch, wie bemerkt, eine solche Prüfung nicht notwendig, und nur in den angeführten Fällen war es Aufgabe der Legaten, die Wahl nach ihrer formellen Seite zu prüfen und dann erst zur Abnahme des Eides zu schreiten.

Fragt es sich nun darum, ob dem Kaiser infolge der Ereignisse von 824 ein neues Recht bezüglich der Papstwahlen zuzuschreiben ist, so ist allerdings nicht zu leugnen, daß wenigstens nach einer Beziehung ihm ein weiteres Zugeständnis gemacht worden ist. Bisher fand die Leistung des Treueides meist auf schriftlichem Wege und ohne jegliche

---

[1] Vgl. Libri diurni c. 2 de ordinatione summi pontificis. tit. 2.

Rücksicht auf die Zeit der Konsekration statt. Fortan sollte dieses nicht nur _mündlich_ (und vor allem Volke), sondern auch _vor der Konsekration_ geschehen. Ehe ein neugewählter Papst nicht den Treueid in die Hände kaiserlicher Legaten abgelegt hatte, durfte er die Konsekration nicht empfangen. Ließ er sich dennoch vorher weihen, so lag hierin eine Verletzung des im Jahre 824 dem Kaiser gegebenen Versprechens, und er mußte es sich gefallen lassen, daß er deshalb mit den Römern _zur_ Rechenschaft gezogen wurde. _Die_ Vorfälle im Jahre 844 beweisen das Gesagte zur Genüge.

Halten wir das so erweiterte Recht des Kaisers mit jenem zusammen, welches die byzantinischen Kaiser übten, so ist zu sagen: Unter der Herrschaft der byzantinischen Kaiser durfte die Konsekration des Papstes nicht eher erfolgen, als bis die Bestätigung der Wahl durch den Kaiser oder in dessen Namen _durch_ den Exarchen von Ravenna _erfolgt war. Unter der Herrschaft des neuen Kaisertums durfte die Weihe des Papstes nicht eher erfolgen, als bis der Kaiser Gesandte nach Rom abgeschickt und diese dem neuerwählten Papst den Treueid abgenommen hatten. Wir können keinen Augenblick im Zweifel sein, um was es dem Kaiser zu thun war: Keiner sollte Papst sein, der ihm nicht durch Leistung des Treueides zum Gehorsam verpflichtet war. Erst wenn ihm der neugewählte Papst Treue und Gehorsam geschworen hatte (und er begnügte sich nicht mit einem nur schriftlichen Gelöbnis), ließ er es zu, daß derselbe auch die Weihe empfange.

Nach dem Gesagten lassen sich nun auch die Meinungen der verschiedenen neueren Geschichtsforscher über die Natur des vom Kaiser im Jahre 824 erworbenen Rechtes beurteilen.

Papencordt meint (157), nunmehr habe der Kaiser einen direkten Einfluß auf die Wahl des Papstes erhalten." Doch die Konstitution Lothars hatte in klarster Weise die freie Wahl des Papstes durch die allein Wahlberechtigten gefordert, und es läßt sich doch nicht denken, es habe der Kaiser nunmehr die Wähler direkt zu beeinflußen gesucht. Das mußten die Wähler freilich beherzigen, daß der von ihnen Gewählte vor seiner Weihe dem Kaiser den Treueid leisten müsse, und sie durften ihre Stimme, wollten sie sich Unannehmlichkeiten ersparen, nur einem Manne geben, von dem sich erwarten ließ, er werde dem Kaiser den verlangten Eid leisten, also nicht einem Manne, der _antifränkischen_ Tendenzen huldigend fürchten ließ, er werde diesen Eid verweigern. In so weit war allerdings die Freiheit der Wähler in etwa beeinträchtigt. Indes wurde auch schon _vor_ dem Jahre 824 von den Päpsten erwartet, daß sie dem Kaiser Treue und Gehorsam geloben, wie auch diese nie säumten, demselben diesbezügliche Versicherungen zu geben.

Gröne (I. 309) redet von einem Bestätigungsrecht des
Kaisers, von dem er sagt, es sei „eine Friedens= und Nützlichkeitsmaß=
regel", keineswegs aber „ein Recht gewesen, welches der Kaiser als
Souverän ausgeübt habe."

Desgleichen Döllinger (Kirche und Kirchen 497), welcher in der
so geforderten Bestätigung der Wahl eine Bürgschaft für die Freiheit
und Regelmäßigkeit des ganzen Wahlaktes erblickt.

Wenck meint (95 f.), aus dem 824 dem Kaiser zuerkannten Rechte
konnte nicht nur für denselben die Befugnis erwachsen, die Giltigkeit
der Wahlen zu untersuchen, sondern sich überhaupt in das Wahlgeschäft
einzumischen, bis er es vielleicht ebenso, wie die Besetzung seiner anderen
Bischofstühle, fast gänzlich in seine Hände gebracht hätte.

Auch Richter sagt (II. 696), die Wahlbestimmungen vom Jahre 817
seien schon 824 durch ein neues Paktum ersetzt worden, „welches dem
Kaiser das Bestätigungsrecht der Papstwahlen förmlich zuerkannte und
den Vollzug der Weihe bis nach erfolgter Bestätigung hinausschob."

Ähnlich Kraus (296): „Der Weihe mußte die kaiserliche Be=
stätigung und der Huldigungseid des Erwählten vorausgehen."

Doch von einer Bestätigung der Wahl oder des Papstes (das
Wort „Bestätigung" wird in den Quellen von keiner Seite und niemals
gebraucht) kann nicht im eigentlichen Sinne die Rede sein. Der
Kaiser konnte die Absendung der Legaten verzögern, sodaß, wie es
ja in der byzantinischen Zeit so häufig war, es lange währte, bis die
Weihe des Neuerwählten erfolgen konnte; doch er konnte niemals die
Abordnung der Gesandten verweigern, wenn anders die Wahl nach
den Kanones verlaufen war. In einem gewissen Sinne läßt sich
allerdings von einem kaiserlichen Bestätigungsrechte reden: Nachdem der
Kaiser (entweder nach eigener Einsichtnahme des Wahlprotokolls oder
in den angeführten Fällen durch eine erst in Rom selbst angestellte
Prüfung der Wahl) sich überzeugt hatte, daß die Wahl auf kanonische
Weise vor sich gegangen sei, beauftragte er Gesandte, dem neuerwählten
Papste den Treueid abzunehmen. Indem dieses der Kaiser that, erklärte
er zugleich: „Die Wahl des neuen Papstes ist gesetzmäßig verlaufen,
der neue Papst ist deshalb giltig gewählt", „bestätigte" dadurch
(durch Abordnung der Legaten), daß die Wahl kanonisch und rechtmäßig
vor sich gegangen, wie es das dritte Kapitel der Konstitution Lothars
verlangte und die Römer selbst gelobt hatten. Ferners: Nachdem der
neuerwählte Papst in die Hände der Legaten den Treueid geleistet hatte
und auf dieses hin die Konsekration empfangen durfte, ohne mehr
von seiten des Kaisers wegen Rechtsverletzung zur Verantwortung gezogen

werden zu können, konnte man sagen: Nun ist der Papst, weil er den
Treueid geleistet und auf dieses hin geweiht werden durfte, auch in
den Augen des Kaisers vollberechtigter Papst, nun ist nichts mehr vor=
handen, weshalb sich der Kaiser wegen des neuen Papstes beschweren
könnte.

Hergenröther sagt (II. 4 f.): „Ist die (Eides=)Formel ächt,
dann suchte Lothar wohl das, was er später in das Werk setzte, schon
früher durch freiwilliges Zugeständnis zu erlangen und auf indirektem
Wege herbeizuführen, daß die Konsekration von der Genehmigung
des Kaiserhofs abhängig werde." Genauer wäre der Ausdruck:
„daß die Konsekration von der Ablegung des Eides abhängig
werde." Denn nicht zur Konsekration gab der Kaiser die Geneh=
migung, indem er seine Legaten abordnete, sondern er gab hiemit die
Genehmigung dazu, daß nun der neuerwählte Papst, nachdem seine
Erwählung gesetzmäßig verlaufen, den Eid der Treue leiste. Man
kann nicht sagen, der Kaiser habe, indem er zur Ablegung des Eides
seine Genehmigung erteilt, doch auch die Genehmigung zur Weihe erteilt,
denn letztere war durch die erstere bedingt; die Weihe war etwas Kirch=
liches, die Ablegung des Eides etwas durch die politische Stellung
des Papstes zum Kaiser Gefordertes. Gegen den Einwurf, wir führten
nur einen Wortstreit, in der Sache komme man auf dasselbe hinaus,
möchten wir entgegnen: Es war nicht in der Macht des Kaisers gelegen,
den Papst nach Belieben zu „bestätigen" oder nicht, anzuerkennen oder
nicht; wenn die Wahl nach den Kanones vor sich gegangen war, hatte
der Kaiser, wenn ihm selbst an der Wahrung des im Jahre 824 erwor=
benen Rechtes etwas gelegen war, auch Legaten abzuordnen, in deren
Hände der Papst den Treueid ablegen konnte, um sodann die Weihe
zu empfangen. Und der Kaiser hätte demgemäß, wenn sich ein Papst
hätte weihen lassen,[1] ohne vorher den Eid abzulegen, den er aber
nachträglich zu leisten sich nicht geweigert hätte, denselben nur wegen
Verletzung des ihm 824 gewährten Rechtes, wonach er fordern konnte,
daß vor der Vollziehung der Weihe seine Legaten abgewartet werden,
zur Verantwortung ziehen können, nicht aber deshalb, weil „er
ohne seine Genehmigung sich hätte weihen lassen."

Gerade aus letzterem läßt sich zwischen dem einst vom byzantinischen
Kaiser bezüglich der Papstwahl geübten Rechte und jenem des fränkischen
Kaisers ein erheblicher Unterschied erkennen: ersterer konnte einen

---

[1] Z. B weil die Verhältnisse in Rom seine Weihe dringend erforderten, oder
wenn ein Kaiser die Abordnung der Legaten ohne Grund verzögert hätte.

Papst zur Verantwortung ziehen, der sich ohne seine Bestätigung weihen ließ; letzterer einen Papst, der, ohne den Treueid dem Kaiser geleistet zu haben, die Konsekration an sich vollziehen ließ.

§ 20.
Valentins Wahl im Jahre 827.

Eugen II. starb nach nur dreijährigem Pontifikate im August des Jahres 827.[1])

An Stelle Eugens wurde Valentin, ein römischer Diakon — so nennen ihn die Ann. laur. und die Vita Hludovici c. 41, während der Liber pontificalis denselben als Archibiakon bezeichnet — auf den Stuhl Petri berufen und zwar „indem die ehrwürdigen Bischöfe und die ruhmvollen Vornehmen (proceres) der Römer samt dem ganzen Volke der weitumfassenden Stadt" in und vor dem lateranensischen Palast sich versammelten. „So wurde, damit was bereits die Herzen aller von oben herab empfangen, in einer Stimme widertöne, voll Kraft ihm zugerufen: Valentin soll mit der Würde des höchsten Priestertums geschmückt werden!" Widerstrebend wurde er von denselben zum lateranensischen Patriarchium geführt und auf den apostolischen Stuhl gesetzt. So berichtet uns das Papstbuch.[2]) Die Ann. laur. melden nur kurz, „der Diakon Valentin sei von den Römern gewählt und ordiniert worden, vollendete jedoch kaum einen Monat im Pontifikate" (Scr. I. 216).

Daß Valentin regelmäßig gewählt wurde, unterliegt keinem Zweifel; doch erfolgte nicht seine Konsekration, ehe ein fränkischer Gesandter zur Abnahme des Treueides in Rom eingetroffen war?

Viele glaubten, annehmen zu müssen, Valentin sei ohne Beobachtung des 824 neu eingeführten Modus konsekriert worden, und nur die kurze Regierungszeit des Papstes habe einen Protest des fränkischen Kaisers und eine Ahndung dieses Vorgehens verhindert.[3]) Denkbar sei es, meint Hinschius, daß gerade infolge dieses Vorgehens bei der Erhebung Valentins kaiserliche Gesandte nach Rom abgeschickt wurden, weshalb solche auch bald nach Gregors IV. Wahl eingetroffen seien.

---

[1]) Ann. laur.
[2]) Vita Valentini c. 6. (Duchesne II. 72. Vignoli III. 7.)
[3]) Vgl Staudenmaier 144. Hinschius I. 231. Simson 239. Richter II. 257.

Sicheres läßt sich nicht feststellen, da keine einzige Quelle uns hierüber zu Gebote steht. Auch lesen wir nirgends, daß die Vorgänge in Rom zu rügen Gesandte nach Rom abgeschickt wurden. Wäre es nicht möglich, daß zufällig kaiserliche Gesandte in Rom anwesend waren, welche (allerdings ausnahmsweise, da sonst hiezu eigene Missi verwendet wurden) den Treueid des Papstes entgegennahmen? vielleicht auf die Bitte der Römer hin, welche den Widerstand des Papstes, die Wahl anzunehmen, durch schleunige Vornahme der Konsekration zu brechen suchten? Die Gesandten, welche bei der Wahl Hadrians II. in Rom anwesend waren, wagten allerdings nicht, der Bitte des geradezu mit Ungestüm und Gewalt in sie dringenden römischen Volkes zu willfahren, die Konsekration zu gestatten, ohne daß zuvor dem Kaiser Mitteilung gemacht und ihm das Wahldekret übersandt worden war.

§ 21.
Wahl Gregors IV. im Jahre 827 und Ankunft eines fränkischen Legaten vor dessen Konsekration.

Valentin starb nach einem nur 42 tägigen Pontifikate Ende September oder anfangs Oktober 827.

Gleich nach dem Hinscheiden Valentins fand die Neuwahl statt, aus welcher Gregor, ein Römer von vornehmer Abkunft, Presbyter der Kirche des hl. Markus, mit Einhelligkeit als Papst hervorging.[1] Dieser sträubte sich anfangs heftig, die Würde des Pontifikates auf sich zu nehmen, aus Demut, vielleicht auch weil es nicht als verlockend erscheinen mochte, in dem Augenblicke, wo die Sarazenen sich in so bedrohlicher Nähe vom Kirchenstaat festgesetzt hatten,[2] den päpstlichen Stuhl zu besteigen. Mit Gewalt wurde er aus der Basilika der heiligen Cosmas und Damianus, in welcher er sich verborgen hatte, weggeführt und im Patriarchium des Lateran inthronisiert.

Die Weihe des Neuerwählten ward nicht sogleich vollzogen, sondern erst am Ende des genannten oder am Anfange des folgenden Jahres, als ein fränkischer Gesandter in Rom angekommen war.

Was hatte dieser in Rom zu thun? In der Auffassung der Aufgabe dieses Legaten gehen die Geschichtsforscher auseinander. Man hielt

[1] Die näheren Nachrichten über seine Wahl vgl. im Liber pontif. Vita Gregorii IV. c. 4 (Duchesne II. 73).

[2] Vgl. Bagmann I. 340.

vielfach dafür, die Anwesenheit des fränkischen Königsboten bei der Kon=
sekration des Papstes sei lediglich durch die Weigerung Gregors,
die auf ihn gefallene Wahl anzunehmen, veranlaßt worden. Der Kaiser
habe, so meint Phillips V. 776, „auf nicht offiziellem Wege" von
der Wahl und der Weigerung des Erwählten, dieselbe anzunehmen,
Kenntnis erhalten und nun diese Gelegenheit benützt, um seinen Einfluß
geltend zu machen: er ordnete Gesandte nach Rom ab, welche noch
ankamen, ehe Gregor konsekriert wurde. Die Ordination, die ja leicht,
wie es in allen früheren Fällen geschehen war, (sofort nach der Wahl)
hätte vor sich gehen können, von seiner Zustimmung abhängig
zu machen, sei, die Unächtheit jenes Eides vorausgesetzt, wohl kaum
anzunehmen. Auch Papencordt betont (157), es sei das erste Mal,
daß der Kaiser bei der Papstwahl konkurrierte, doch sei es wegen der
ohne einen solchen Aufschub vorgenommenen Wahl und Weihe des
vorigen Papstes zweifelhaft, ob schon jetzt diese Teilnahme rechtlich fest=
gestellt war oder bloß dadurch hervorgerufen wurde, daß der
Gewählte sich weigerte, die Würde anzunehmen. Letzteres nimmt
Granderath (VIII. 188) an; er erblickt im Vorgehen des Kaisers den
ersten Schritt einer Einmischung der Karolinger in die Papstwahlen.

Hören wir zunächst die Quellen. Das Papstbuch weiß von
keiner Ankunft eines kaiserlichen Gesandten zu melden, ja es schiebt im
Widerspruche mit den Thatsachen Wahl und Weihe Gregors IV. enge
zusammen: »post electionem simul et consecrationem praesulatus
sui.«[1]) Anders die Ann. laur. ad ann. 827 (Scr. I. 216). Diese
melden, „der Papst sei nicht früher ordiniert worden, als bis
ein Gesandter des Kaisers kam, um die Wahl des Volkes
zu prüfen." »... sed non prius ordinatus est«, lautet die Stelle,
»quam legatus imperatoris Romam venit et electionem populi qualis
esset examinavit.«[1]) Noch mehr weiß der unbekannte Biograph Ludwig
des Frommen, Astronomus, zu berichten: »Valentinus diachonus
loco eius successit. Quo vix uno superstite mense, loco illius
Gregorius, presbyter tituli sancti Marci, electus est, dilata consecratione eius usque ad consultum imperatoris. Quo annuente et
electionem cleri et populi probante, ordinatus est in loco prioris.«
Darnach wurde Gregors Weihe verschoben, bis man den Kaiser
befragt hatte. Als dieser zustimmte und die Wahl des
Klerus und Volkes (prüfte =) billigte, wurde Gregor an Stelle
des vorigen Papstes ordiniert.

---

[1]) Vita Gregorii IV. c. 5. (Duchesne II. 74).
[2]) Cf. Chron. Bened. de s. Andrea. Scr. III. 711.

Nach den Reichsannalen fand die Konsekration Gregors IV. statt, nachdem ein kaiserlicher Missus die Wahl des Volkes geprüft hatte. Aufgabe des fränkischen Legaten war es also — wenigstens in diesem Falle — die Wahl des Volkes zu prüfen. Nach Astronomus fand Gregors Weihe statt, nachdem man zuvor den Kaiser befragt hatte. Worüber? »Quo annuente et electionem cleri et populi probante«, der Kaiser wurde also befragt, ob er zustimme (daß Gregor geweiht werde) und die Wahl des Klerus und Volkes billige. Darnach hätte der Kaiser geradezu ein Bestätigungsrecht bei der Papstwahl, wenigstens in diesem Falle, ausgeübt,[1] und es hätte keine Wahrheit mehr gehabt, was Florus etwa fünf Jahre zuvor geschrieben hatte: „Aber in der römischen Kirche sehen wir bis auf den heutigen Tag, daß ohne Anfrage bei einem Fürsten, allein nach dem Urteile der göttlichen Anordnung und nach der Wahl der Gläubigen regelmäßig die Bischöfe geweiht werden."

Auf Grund dessen nennt auch Gfrörer (I. 23) Papst Gregor IV. einen „Kaiser-Papst", „ein Geschöpf des fränkischen Hofes",[2] und mit ihm wollten viele andere in dieser Prüfung der Wahl durch den fränkischen Gesandten eine „direkte Einmischung des kaiserlichen Schutz-herrn der Kirche auf die Papstwahl", eine „Art Bestätigungsrecht des Kaisers, wenn rechtlich ihm auch noch nicht zustehend, so doch faktisch ausgeübt" (Grashof 42, 235), oder (vgl. N. 1) ein Bestätigungsrecht schlechthin, für jeden Fall aber einen „unbefugten Eingriff in fremde Rechte" erblicken.

Über allen Zweifel ist erhaben, daß mit der Weihe des neuer-wählten Papstes bis zur Ankunft eines fränkischen Gesandten gewartet wurde. Das Widerstreben des Erwählten allein, die unter den ange-führten Umständen besonders schwere Bürde des Pontifikates auf sich zu nehmen, hätte die Römer nicht gehindert, demselben die Konsekration zu erteilen; ja sie hätten ihm diese, wie es vielleicht auch bei Valentin geschah, desto rascher erteilt, je leichter sie dadurch seinen Widerstand brechen konnten. Um so mehr hätten sie sich aber beeilt, Gregor IV. die Konsekration zu erteilen, hätten sie in Wahrheit befürchten müssen, der Kaiser werde die durch die Weigerung Gregors entstandene Ver-zögerung benützen, um „zum ersten Male" in unbefugter und widerrechtlicher Weise auf die Besetzung des apostolischen Stuhles einzuwirken.

---

[1] So nimmt auch Funk (204) an, und Kraus sagt (296): „Gregors Wahl war erst nach umständlicher Untersuchung genehmigt worden."

[2] Vgl. desselben Kirchengeschichte III. 731.

Die Sache verhält sich indes anders. Der Papst selbst wollte zweifellos die Ankunft eines kaiserlichen Gesandten abwarten, ehe er sich konsekrieren ließ, und so der im Jahre 824 beschlossenen Konvention gerecht werden. Zwar berichten weder die fränkischen Annalen noch das Papstbuch, wenn sie über die Erhebung Gregors IV. erzählen, daß eine römische Gesandtschaft an den Kaiser abgeschickt worden, welche ihm Kunde von der Erwählung Gregors gebracht und ihn gebeten hätte, einen Gesandten zur Abnahme des Treueides nach Rom zu schicken; trotzdem ist es wahrscheinlich, daß dieses geschehen ist. Wir wissen nämlich, daß im Herbste des Jahres 827 eine päpstliche Gesandtschaft sich auf dem Wege zum Kaiser befand.[1]

Doch hatten sich die römischen Gesandten zum Kaiser begeben, um, wie Ludwigs Biograph nahelegt, die kaiserliche Zustimmung zur Vornahme der Weihe, m. a. W. die kaiserliche Bestätigung zu erlangen? und fand sich der fränkische Legat in Rom ein, um die Wahl des Volkes zu prüfen, wie die Ann. laur. melden? Unter gewissen Verhältnissen, wie wir auszuführen gesucht, z. B. wenn das Wahlprotokoll nicht in die Hände des Kaisers gekommen war, konnte der Kaiser allerdings, um sich über den kanonischen Verlauf der Wahl zu vergewissern, durch seine Legaten eine Prüfung der Wahl noch in Rom selbst vornehmen lassen. Und daß dieses in unserem Falle geschehen ist, daß der Kaiser einen Legaten zur Prüfung der Wahl — ut ›electionem populi qualis esset‹ examinaret — nach Rom gesandt hat, berichten uns die Ann. laur., und es ist kein Grund vorhanden, denselben nicht Glauben zu schenken. Die Annalen berichten uns zwar nicht, warum der Kaiser es für notwendig erachtet hat, der Abnahme des Treueides eine Prüfung der Wahl vorauszuschicken. Gröne ließ sich durch jene Notiz in den Reichsannalen zur Meinung verführen, die Wahl sei eine zwiespältige gewesen: er sagt nämlich (I. 309): „Wenn Parteiungen bei den Wahlen waren, und daran fehlte es bei einem unruhigen Volke wie die Römer fast nie, mußte der Bestätigung notwendig eine Untersuchung vorhergehen. Daher verstand es sich ganz von selbst, daß Ludwig erst nach vorhergegangener Untersuchung die Wahl Gregors IV. bestätigte." Doch haben wir nirgends eine Nachricht, wonach wirklich die Wahl in zwiespältiger Weise verlaufen. Das Papstbuch betont die Einmütigkeit der Wähler, und es ist kein Grund, ihm auch hierin keinen Glauben beizumessen. Was aber wahrscheinlich der Fall war, ist dieses: dem Kaiser

---

[1] Einhard erzählt hievon in der Translatio SS. Marcellini et Petri. 13. Opp. II. 198—200. Vgl. Simson 255 N. 3. Giesebrecht, Königsannalen 235. Jaffé, Bibl. rer. germ. IV. 496. Freilich ist, wie Richter II. 258 richtig bemerkt, der Zusammenhang dieser Gesandtschaft mit der Wahl Gregors nur eine Vermutung.

war kein Wahlprotokoll zugekommen, vielleicht nicht einmal eine Gesandt=
schaft in diesem Betreffe an ihn abgeordnet worden. Oder der
Kaiser wollte es, vielleicht durch den Vorgang bei der Erhebung Valentins
veranlaßt, wobei möglicher Weise sein diesbezügliches Recht seitens der
Römer nicht beachtet wurde, dieses Mal selbst nicht mit der Einsicht=
nahme des Wahlprotokolles bewenden lassen.

Was den Bericht von Ludwigs unbekanntem Biographen
betrifft, so ist derselbe im Zusammenhange mit den Ann. laur.,
deren sich Astronomus ja als Vorlage bediente, zu erklären. Die Ordi=
nation Gregors fand erst statt, nachdem der Kaiser bezüglich des recht=
mäßigen Verlaufes der Wahl befragt worden, sich hievon (durch Ab=
ordnung eines Legaten, der die Wahl in Rom selbst zu prüfen hatte)
überzeugt und erklärt hatte, die Wahl sei gesetzmäßig verlaufen, m. a. W.
nachdem er die Wahl des Klerus und Volkes als gesetzlich gebilligt
hatte. Hiedurch aber (durch diese Billigung) erklärte er zugleich, daß
nunmehr der Abnahme des Treueides und nachdem diesen der Papst
in die Hände seines Legaten geleistet hatte, auch der Vornahme der
Weihe kein Hindernis mehr im Wege stehe. Der Kaiser stimmte auf
Grund der Wahlprüfung zu, daß der neuerwählte Papst den Treueid
leiste und dann nicht mehr behindert werde, auch die Konsekration an
sich vollziehen zu lassen. Wenn Astronomus sagt, der Kaiser habe
„zugestimmt und die Wahl des Klerus und Volkes gebilligt", so wollte
er damit nicht insinuieren, Ludwig der Fromme habe auch seinerseits
zur Wahl die notwendige Zustimmung gegeben, weil ihm Gregor genehm
war; er konnte nur sagen, der Kaiser stimmte zu und billigte die Wahl,
weil sie den Kanones gemäß verlaufen war.

Nach dem Eide des Jahres 824 hatte die Abordnung kaiserlicher
Boten den Zweck, den Treueid des Papstes entgegenzunehmen.
Daß dieses auch in unserem Falle seitens des fränkischen Legaten geschah,
unterliegt keinem Zweifel. Als nämlich später die kaiserlich gesinnten
Bischöfe dem Papste vorwarfen, er habe einen solchen Treueid geleistet,
läugnete dieses Gregor nicht. »Bene autem subjungitis«, sagt
er vielmehr, »memorem me esse debere iusiurandi causa fidei facti
imperatori.«[1]) Die Einwendungen, die er macht, können sich nur auf
die Art und den Umfang der eidlichen Verpflichtung beziehen, die er
auf sich genommen hatte. Hätte er keinen Eid geleistet, hätte er dieses
frei, ohne alle Einwendungen herausgesagt.

---

[1]) Epist. Gregorii IV. ad Episcopos Francorum (833). Cf. Agobardi
Opp. ed. Baluze II. 56 sq. 60. Migne CIV. 297 sqq. Jaffé 2578. Simson I.
231 N. 2 und 4. 286 N. 2.

§ 22.
Wahl Sergius' II. und Ludwigs II. Expedition im Jahre 844.

Wenige Tage nach Gregors IV. Tod, der am Anfang des Jahres 844, vielleicht noch, da die Ann. Ruod. fuld. 843 denselben wie auch die Wahl des Sergius am Schluße des Jahres 843 erwähnen, Ende 843 erfolgte, fand die Neuwahl statt. Über dieselbe berichtet uns die Lebensbeschreibung des Papstes Sergius:[1] „Als die Vornehmen und Optimaten der Stadt Rom und das gesamte Volk der römischen Kirche sich zur Wahl eines Papstes versammelt hatten und einer den andern, wie es bei derartigem zu gehen pflegt, laut rief,[2] da fingen sie plötzlich durch Gottes Vorsehung über die Frömmigkeit des Diakons Sergius zu reden an, so daß alle zusammenriefen, daß er würdig sei, die Verwaltung des Pontifikates zu erlangen. Und als der Beschluß auf denselben befestigt war, kehrte ein jeder nach Hause zurück.“

Nach diesem Berichte ist sonach Sergius mit Einmütigkeit zum Papste auserjehen worden und haben nur in einer Vorbesprechung die Meinungen anfänglich differiert. Ehe jedoch der zum Papste Bestimmte zum Patriarchium des Lateran geführt wurde, erhob sich ihm plötzlich ein Gegner in der Person des Diakons Johannes, der »persuaso quodam satis inperito et agresti populo, collecta turbulentorum et seditiorum manu, per vim, fractis januis bellicis telis« ins Patriarchium eindrang und sich daselbst festsetzte.[3] Erschreckt flohen alle, die sich hier befanden. Die »Quiritum principes« waren über dieses Unterfangen nicht wenig indigniert. Sogleich versammelten sich alle (Wahlberechtigten) aufs neue in der Kirche des hl. Martinus, worauf Sergius »magno cum honore magnaque populi comitante caterva amplisque resonantibus laudibus, cum hymnis et canticis spiritalibus, in patriarchium Lateranense electus atque perductus est«, der Eindringling Johannes aber daraus vertrieben wurde.[4]

Sergius II., der Sohn eines Römers, war von Gregor IV. zum Archipresbyter ernannt worden. Er war mit allen einen Priester und Papst auszeichnenden Eigenschaften versehen, von lebhaftem Geiste, beredt, demütig, kindlich gläubig, ein freigebiger Beschützer der Armen und Wittwen, gleichgiltig gegen den äußeren Glanz der Welt, sehr erfahren in den Geschäften.[5]

---

[1] Im Liber pontif. c. 4 (Duchesne II. 86, bei Muratori III. 227).
[2] sc. als den von ihm gewünschten, tauglich befundenen.
[3] Vita Sergii II. c. 5 (Duchesne II. 87. Vignoli III. 39). Vgl. Wend 95.
[4] Ib. c. 6. Vgl. Jaffé, Reg. I. 327.
[5] Ib. c. 1 2 3. 4. 7. (Duchesne II. 86 sq). Vgl. Gröne I. 356.

Unmittelbar auf Sergius' Wahl folgte (am fünften Sonntag nach Epiphanie) dessen Konsekration, ohne daß kaiserliche Gesandte abgewartet worden wären.

Und warum wurde die Weihe des Papstes vollzogen, ehe fränkische Legaten in Rom eingetroffen waren, welche zu erwarten doch die Römer im Jahre 824 eidlich gelobt hatten? Sicher irrt Dümmler, wenn er (I. 249 f.) als Ursache der schleunigen Vollziehung der Weihe des Papstes angibt: „Die Römer wollten hier aufs neue wie schon unter Valentin den Versuch wagen, mit gröblicher Mißachtung der verbrieften kaiserlichen Rechte die Besetzung des päpstlichen Stuhles von diesem Einflusse gänzlich unabhängig zu machen und dieselbe den römischen Parteien ausschließlich in die Hände zu spielen." Auch geschah jenes nicht, weil die Römer wiederum, wie Baxmann I. 349 und Bayet 80 sagen, „das Gelüste hatten, die kaiserliche Obmacht abzuschütteln." Vielmehr drängten aller Wahrscheinlichkeit nach die augenblicklichen Verhältnisse, die Furcht, es möchte jener Eindringling Johannes und sein Anhang die durch die Erwartung der kaiserlichen Legaten entstehende Verzögerung zu einem neuen Gewaltstreiche benützen, zu raschem Handeln.[1]

Als der Kaiser von den Vorgängen in Rom hörte, schickte er seinen Sohn, den jungen Ludwig zugleich mit seinem Oheim, dem Erzbischof Drogo von Metz, der obgleich Metz keine Metropole war, das Pallium als besondere Auszeichnung erhalten hatte,[2] nach Rom ab. In ihrer Begleitung befanden sich viele Bischöfe, Äbte und Grafen. Ja, wie die Vita Sergii II. c. 8 berichtet,[3] folgte ein zahlreiches Heer dem Kaisersohne. Über das Ziel ihrer Reise berichtet uns Prud. Trec. in den Ann. bert. ad ann. 844 (Scr. I. 440). Der Kaiser sandte sie ab, sagt der Chronist »acturos ne deinceps decedente apostolico quisquam illic praeter sui jussionem missorumque suorum praesentiam ordinetur antistes.« Sie sollten betreiben, daß nicht in Zukunft beim Tode eines Papstes irgend jemand dort gegen sein Geheiß und ohne die Anwesenheit seiner Gesandten zum Papste geweiht werde.

Man hat die Vermutung ausgesprochen, die Vorfälle bei der Erwählung des Sergius hätten die Absendung Lothars und des kaiserlichen Heeres nach Rom veranlaßt. Wie bemerkt, suchten sich, dem dritten

[1] Reumont II. 196 gibt als Grund des raschen Vollzuges der Weihe an: „um neuen Widerspruch zu vermeiden."

[2] Bouquet VII. 533. Drogo war ein natürlicher Sohn Karls des Großen.

[3] Duchesne II. 87.

Kapitel der Constituo Lotheriana entgegen, unberechtigte Elemente, die Laien nämlich, in die Wahl zu drängen, und dies habe der Kaiser nicht ungestraft hingehen lassen wollen.[1] Der Zug Lothars hätte sonach den Zweck gehabt, die Römer wegen Verletzung jenes Statutes zur Rechenschaft zu ziehen und zu bestrafen. Wir sind über den Umfang jener Volks- bewegung, welche den Diakon Johannes auf den päpstlichen Stuhl erheben wollte, zwar nicht genauer unterrichtet; doch scheint dieselbe nicht von besonderer Bedeutung gewesen zu sein, da es dem Klerus und Adel so rasch gelang, den Eindringling zu vertreiben. Auch scheint es fraglich zu sein, ob wegen dieser Angelegenheit, welche in Rom selbst so schleunig zum Austrage gebracht werden konnte, sich der Kaiser die Mühen und Kosten eines förmlichen Heereszuges nach Italien gemacht hätte.

Mehr Beachtung verdient indes eine andere Annahme, welche nicht bloß bedeutende Vertreter hat,[2] sondern auch in der angeführten Stelle der Annalen des Prudentius einen Stützpunkt findet. Jene Intervention sei veranlaßt worden, nicht um die Laien wegen der bei der Pastwahl angemaßten Rechte zur Rechenschaft und Bestrafung zu ziehen, sondern deshalb weil die Weihe des Papstes ohne kaiserliche Genehmigung und ohne die Gegenwart fränkischer Legaten («praeter sui jussionem missorumque suorum praesentiam») erfolgt sei.[3]

Was der Kaiser nach dem Eide von 824 verlangen konnte, war: die Römer durften nicht zulassen, daß die Konsekration des erwählten Sergius vollzogen wurde, ehe kaiserliche Missi in Rom angekommen waren und dem neuerwählten Papst den Treueid abgenommen hatten. Dieses hatten die Römer indes nicht gethan und die Weihe des Papstes, obgleich noch kein fränkischer Legat angekommen war, nicht verhindert Die Konsekration des Papstes ward vielmehr unmittelbar nach der Wahl vollzogen, ohne daß man auf die kaiserlichen Legaten gewartet hätte. Sie mochten zur raschen Vornahme der Weihe einen Grund haben: aber der Schwur von 824 war gebrochen. Dieses konnte und mußte den Kaiser, dem ja viel daran gelegen war, daß ihm von jedem neuen Papste der Treueid geleistet werde, verletzen. Deshalb entschloß er sich rasch, die Römer wegen Eidbruches und zwar — wie die Ab- ordnung eines Heereszuges beweist — in etwas bedrohlicher Weise zur Rechenschaft zu ziehen. Er wollte dafür sorgen, daß sich in Zukunft

---

[1] Vgl. Hergenröther II. 8.
[2] J. B. Reumont II. 196. Vgl. auch Wenck 96. Gfrörer I. 129 f. Richter II. 327.
[3] Riehnes (Jahrbuch 1880, 151) sagt, weil Sergius ohne die Anwesenheit kaiserlicher Legaten gewählt (!) und konsekriert worden sei.

nicht derartiges wiederhole, nicht wieder der Eid von 824 gebrochen werde, oder wie Prudentius sagt, »ne deinceps decedente apostolico quisquam illic ... ordinetur antistes«, bevor er eben in die Hände kaiserlicher Legaten den Treueid geleistet habe.

Prudentius fügt jedoch bei: »practer sui jussionem«, sie sollten betreiben, daß in Zukunft kein Papst gegen sein Geheiß ordiniert werde, also nur ordiniert werde, wenn er es geheiße oder gut- heiße. Hatte der Kaiser dieses zu fordern das Recht? Was er zu fordern das Recht hatte, ist von uns mehrfach betont worden. Indes konnte man sagen: Sobald der erwählte Papst, wie es der Eid der Römer verlangte, den Treueid in die Hände kaiserlicher Legaten abgelegt hatte, stand der Konsekration kein Hindernis im Wege, konnte auch der Kaiser rechtlicher Weise sich nicht mehr beschweren, wenn nun auch die Weihe vollzogen wurde. M. a. W. die Konsekration des Papstes geschah sodann mit Billigung, Gutheißung des Kaisers. Nicht als ob der Kaiser durch einen Spruch, oder durch einen sonstigen Akt hätte erklären müssen, daß nun die Weihe nicht mehr gegen seine Billigung oder Gutheißung stattfinde; durch die Ablegung des Treueides war päpstlicherseits alles geschehen, was nach dem Rechte geschehen mußte und, wie gesagt, bedurfte es keines kaiserlichen Aktes mehr, um die Weihe sofort vollziehen zu können. Es war nichts mehr vorhanden, weshalb sich der Kaiser hätte beschweren können, wenn nun auch die Konsekration vor- genommen wurde. Was Prudentius sagt, bedarf der Erklärung und Richtigstellung, denn wie die Stelle liegt, könnte man aus ihr entnehmen, es habe eines kaiserlichen Aktes, einer förmlichen kaiserlichen Gut- heißung (jussio) bedurft, um die Weihe des Papstes vollziehen zu können. Dieses war jedoch nicht der Fall. War der Treueid geleistet, hatte der Kaiser nichts mehr zu thun und fiel für ihn jeder Grund einer Beschwerde weg; wurde aber die Weihe vollzogen, ohne daß die Leistung des Treueides vorausging, konnte er sich in seinen Rechten bein- trächtigt fühlen.

Der Zweck der Absendung Ludwigs ist sonach der gewesen, Sorge zu tragen, daß in Zukunft stets die Ablegung des Treueides der Weihe des Papstes vorausgehe, sohin der Eid von 824 beobachtet werde. Gänz- lich irrig geben demnach Granderath VIII. 190 und lange vor ihm Staudenmaier 144[1]) als Zweck dieser Sendung an: der Kaiser „wollte

---

[1]) Dieser sagt, der Kaiser habe seinen Sohn nach Rom geschickt, „wo die Verordnung getroffen wurde, daß der gewählte Papst nicht gegen den Willen des Kaisers ordiniert werden dürfe, ehe königliche Gesandte nach Rom gekommen seien und die Wahl gebilligt hätten.“

durchſetzen, daß in Zukunft nach Erledigung des Stuhles Petri kein Erwählter mehr ohne ſein Geheiß und ohne die Gegenwart ſeiner Geſandten konſekriert werde." Nein, nichts Neues ſollte beſtimmt oder durchgeſetzt werden, aber ſie ſollten Sorge tragen, daß in Zukunft der Eid von 824 beſſer beachtet werde, als es im Jahre 844 geſchehen war.

Begleiten wir nun den jungen Sproſſen der deutſchen Kaiſer auf ſeinem Zuge nach Rom.[1]) Gewaltſam und plündernd — ſo erzählt der Liber pontificalis — überſchritt das fränkiſche Heer die Grenzen des römiſchen Gebietes, überall Schrecken verbreitend. Von Bologna abwärts ſuchten die Franken den Kirchenſtaat mit ſo ſchwerer Verwüſtung heim, daß ſich die Bewohner vor ihnen in die Berge flüchteten. Der Papſt ordnete zum Empfange Ludwigs, um in ihm zugleich dem Kaiſer ſeine Verehrung zu bezeigen und einen Beweis ſeiner Treue zu geben, die feierliche Einholung an, wie dieſelbe ſeit den Tagen Karls des Großen für die fränkiſchen Herrſcher in derſelben Weiſe eingeführt worden war, wie ſie einſt für den griechiſchen Staathalter üblich war.[2]) Er ſandte ihm mehrere Geſandtſchaften in feierlichſtem Aufzuge entgegen, wie es eben Sitte war, einen Kaiſer oder König zu empfangen. Er ſelbſt harrte im Vorhofe der Peterskirche, welche am rechten Tiberufer gelegen noch außerhalb der damaligen Stadt war, des Kaiſerſohnes. Es war der 8. Juni und der erſte Sonntag nach Pfingſten (V. Sergii II. c. 10), an dem Ludwig in Rom anlangte. Der Papſt umarmte ihn und ſchritt, ihn an der Hand führend, der ſilbernen Pforte zu. Da ereignete es ſich, daß ein Mann aus dem Volke, wie einige glaubten, vom böſen Geiſte beſeſſen,[3]) unter heftigen Zuckungen zu Boden ſtürzte. Darauf ließ Sergius, ſelbſt nachdenklich, was dies bedeuten möge, alle Thüren der Kirche verſchließen und redete Ludwig alſo an: „Wenn Du mit wohlwollender Geſinnung und reiner Abſicht, zum Beſten des Reiches, des ganzen Erbkreiſes und dieſer Kirche hieher gekommen biſt, ſo tritt durch dieſe Pforten ein auf mein Geheiß; wenn nicht, ſo ſollen ſie Dir weder von mir noch mit meiner Zuſtimmung (von jemand anderen) geöffnet werden." Ludwig, auf den gleichfalls die ganze Scene einen tiefen Eindruck gemacht hatte, erwiderte, ohne ſchlimmen Hintergedanken

---

[1]) Vgl. über dieſen Zug die Vita Sergii II. c. 8. sqq. (Duchesne II. 87 sq.), dann die Ann. bert. Auch Abo von Vienne erwähnt desſelben (Scr. II. 322). Vgl. Dümmler I. 250. Wenck 96 ff. Bayet 81.

[2]) Vgl. über die Empfangsfeierlichkeiten die Vita Sergii II. c. 9. (Duchesne II. 88).

[3]) So erzählt das Papſtbuch: „In quo atrio unus de exercitibus, a daemonio arreptus, in conspectu omnium Francorum valde vexatus est."

und nicht in feindlicher Absicht gekommen zu sein. Darauf wurden ihm die Pforten aufgeschlossen. In Andacht verrichteten sodann der Kaiser= sohn und seine Umgebung am Grabe des Apostelfürsten ihr Gebet. Doch hinderte die Erklärung Ludwigs, welche künftighin jeder Kaiser an den Schwellen der Peterskirche wiederholen mußte, nicht, daß in den folgenden Tagen das fränkische Heer in der römischen Landschaft wie in Feindes= land plünderte und raubte, so daß Sergius vor ihm die Thore Roms wohl verschließen ließ.[1]

Ohne Zweifel stand die Art und Weise, mit welcher das fränkische Heer für die vorgefallene Nichtbeachtung jenes Versprechens von 824 sich Genugthuung verschaffte, in keinem Verhältnisse zur Verletzung des kaiserlichen Rechtes.[2] Doch ist auch nicht ausgemacht, wie weit der Kaiser selbst mit dem Gebahren des Heeres einverstanden war oder dasselbe hierzu ermuntert hatte. Die Römer, welche sich doch allein der Eidesverletzung schuldig gemacht hatten, durften am wenigsten von dem Treiben des fränkischen Heeres fühlen; die Strafe, welche sie traf, bestand lediglich darin, daß sie fürchten mußten, es möchte die Soldateska auch in der Hauptstadt selbst einbrechen und dann mit ihnen ähnlich wie mit den Bewohnern des übrigen Kirchenstaates verfahren. Oder noch viel schrecklicher! Denn während die letzteren an den Vorgängen bei der Erhebung des Sergius keine Schuld trugen, waren es die Römer und vielleicht die Bewohner der nächsten Umgegend, welche nicht nur gegen die Bestimmungen der Synode von 769 und das dritte Kapitel der Konstitution Lothars sich als Laien in die Papstwahl mischten, sondern auch die Weihe des Papstes, bevor er noch den Treueid geleistet, zugelassen und gerade dadurch den Heereszug der Franken veranlaßt hatten. Doch wenn auch, obgleich schuldig, minder bestraft als die Un= schuldigen, mochten sie doch — und dieses war der Zweck der Sendung Ludwigs — den festen Vorsatz fassen, in Zukunft das im Jahre 824 dem Kaiser gegebene Versprechen gewissenhaft zu beobachten, damit es ihnen nicht später ebenso ergehe wie jetzt der übrigen Bevölkerung des römischen Gebietes.

Von großem Interesse ist auch, was nach dem Einzuge Ludwigs in Rom geschah. „Nachdem am 8. Juni" — so erzählt Dümmler I. 250 die weiteren Ereignisse — „der feierliche Empfang des fränkischen Heeres vor Rom stattgefunden, begannen die Verhandlungen über die gesetzwidrige Wahl des Sergius, bei denen auf seiner Seite mehrere benachbarte Bischöfe und die römischen Großen teilnahmen,

---

[1] Liber pontif. Vita Sergii II. c. 12 (Duchesne 88 sq.).
[2] So sagt auch Neumont II. 196.

während für den Kaiser Drogo, unterstützt von fränkischen Bischöfen und Großen, das Wort führte. Auch die Erzbischöfe Angilbert von Mailand und Georg von Ravenna, alte Nebenbuhler des päpstlichen Stuhles, neben dem sie ihre Selbständigkeit zu retten suchten, standen auf seiten Drogos, und es war somit in Rom selbst eine dem Papste feindliche Synode zusammengetreten, die sich zu seinem Richter aufwarf. Daß diese Versammlung nach heftigen Erörterungen die vollbrachte Thatsache der Wahl des Sergius zuletzt doch anerkannte, entsprach sicherlich den Absichten des Kaisers, der seinem verletzten Ansehen durch diese Prüfung genug gethan zu haben glaubte." Ähnlich äußert sich Baxmann I. 350, während Reumont sagt: „Wir vernehmen nicht, daß von einer Untersuchung der Wahl ferner die Rede war."

Nach Dümmler hätte es sich auf der römischen Synode sonach um die Anerkennung des Papstes gehandelt, welche Drogo und die übrigen, welche auf seiner Seite standen und sich zum Richter des Papstes aufgeworfen hatten, anfänglich auf Grund der gesetzwidrigen Wahl verweigerten, schließlich jedoch, den Absichten des Kaisers ent= sprechend, zugaben, nachdem sie so dem verletzten kaiserlichen Ansehen Genugthuung verschafft zu haben glaubten. Stellen wir nach diesen Angaben die Reihenfolge der Thatsachen nebeneinander, so würde sich ergeben:

1. Drogo und sein Anhang werfen sich zum Richter über den Papst auf. Sie halten sich dazu berechtigt.

2. Sie halten sich ferners berechtigt, auf Grund ihrer Unter= suchung dem Papste die Anerkennung zu erteilen oder auch zu versagen.

3. Die Wahl wird als gesetzwidrig befunden, deshalb können die Richter des Papstes ihm die Anerkennung verweigern.

4. Doch dieses geschieht nicht, die vollbrachte Thatsache der Wahl wird vielmehr zuletzt doch aus Gnade anerkannt, nachdem durch die vorausgehende Untersuchung der geschehenen Rechtsverletzung Genug= thuung geleistet worden.

Verhält sich dieses in der That so? Das Papstbuch berichtet uns allerdings von mehrtägigen Streitigkeiten zwischen Drogo und dem Papste. »Deinceps vero, per dies singulos conflictum summi cer- taminis cum sanctissimo praesule omnibusque episcopis et omnibus optimatibus nostris atque proceribus ipse Drogo, archiepiscopus Motensis ecclesiae, ... commovebat, tam ipse quam omnes ar- chiepiscopi et episcopi. qui ... convenerant ... (folgen die Namen) ... et ceteri pariter contendebant.«[1] Es gelang ihnen jedoch nicht,

[1] Duchesne II. 89.

den Papst zu überführen.[1]) Worüber so lange und so heftig debattiert wurde, sagt das Papstbuch auffallender Weise nicht.

Daß auf der gedachten Synode die Vorgänge bei der Wahl des Sergius erwähnt und des näheren untersucht wurden, ist nicht zweifelhaft. Die Laien hatten, wie oben bemerkt, sich in die Papstwahl zu drängen versucht (ihr Papst wäre der Diakon Johannes gewesen) und damit sich gegen das dritte Kapitel der Constitutio Lotheriana verfehlt. Sicher wurde dieses auf der Synode konstatiert und ernstlich gerügt. Doch die Einmischung des Volkes verurteilten der Papst und die römischen optimates et proceres so gut wie Drogo und sein Anhang und bestand deshalb zwischen den beiden Parteien keine Differenz. Schließlich wurde Sergius II. von den allein zur Wahl Berechtigten auf den apostolischen Stuhl erhoben und läßt sich darum nicht sagen, seine Wahl sei gesetzwidrig gewesen, er sei ungiltig gewählt worden. Den ganzen Hergang seiner Wahl zu prüfen, waren Drogo und der Kaisersohn, welche als fränkische Legaten aufzutreten berechtigt waren, gewiß befugt; doch erscheint es nicht wahrscheinlich, daß sie sich noch mit der Prüfung der Wahl des Papstes — abgesehen von jenem Einmischungsversuche der Laien — viel beschäftigten, nachdem dessen Thronbesteigung, wie Dümmler selbst zugesteht, bereits eine vollbrachte Thatsache war — der Kaisersohn hatte vom Papste den feierlichen Empfang, vielleicht sogar, wenn nämlich das Papstbuch Recht hat, seine Krönung angenommen. Wir denken, sie begnügten sich mit der Einsichtnahme des Wahlprotokolles. Worauf sie jedoch das Hauptgewicht bei ihrer Untersuchung zweifellos gelegt haben, ist die Rechtsverletzung, deren sich die Römer dadurch schuldig gemacht haben, daß sie, ohne die fränkischen Gesandten abzuwarten, zur Konsekration des erwählten Papstes schritten. Diese Rechtsverletzung galt es fränkischerseits festzustellen und nun auch mit Worten zu ahnden, römischerseits aber sie zu entschuldigen und zu rechtfertigen. Um den Bruch des Eides von 824 zu strafen und für die Zukunft zu verhindern, war Ludwig nach Italien gezogen; die Römer zur Beobachtung desselben aufs neue zu ermahnen und ihnen das Unerlaubte ihres Vorgehens bei der Konsekration des Sergius zu zeigen, mochte Drogo in jener Versammlung alle Beredsamkeit aufbieten.

Das Papstbuch bemerkt, die Streitenden hätten den Papst nicht zu überführen vermocht und zuletzt ihren Zorn völlig abgelegt. Wir

---

[1]) „Sed, divina gratia inspirante, nec sermones ipsius almi pontificis neque prudentiam superare valuerunt; tautaque ei superna aderat virtus ut nullo sermone eum concludere vel constringere potuissent; et ab eodem superati pudore et operti confusione discesserunt. Quod videntes, omnem iram atque ferocitatem quam mentibus observabant omni modo deposuerunt." Ib.

irren faum, wenn wir annehmen, Sergius habe den Deutschen ein Anerbieten gemacht, welches sie befriedigte und dem Streite ein Ende machte. Die Vita Sergii II. melbet nämlich c. 15: »His igitur perfectis, praedicto postulaverunt pontifice, ut omnes primates Romani fidelitatem ipsi Illudowico regi per sacramentum promitterent. Quod prudentissimus praesul fieri nequaquam concessit; sed sic orsus est illis: »Quia si vultis domno Lothario magno imperatori hoc sacramentum ut faciant solummodo, consentio atque permitto; nam Illudovico eius filio ut hoc peragatur, nec ego nec omnis nobilitas Romanorum consentit.« Tunc demum in eadem ecclesia sedentes pariter, tam pontifex quam magnus rex et omnes archiepiscopi, stantibus reliquis sacerdotibus et Romanorum ac Francorum optimatibus, fidelitatem Lothario . . . promiserunt.« Darnach verlangte Ludwig vom Papste und den römischen Großen den Eid der Treue. Da er ihn jedoch für sich verlangte, weigerte sich der Papst mit Entschiedenheit, denselben zu leisten; er gebe nur zu und gestatte nur, ihn dem Kaiser Lothar allein zu leisten. Und so schwuren denn der Papst und die Römer dem Kaiser in feierlicher Weise Treue.

Soviel der Liber pontificalis. Uns scheint, der Papst habe den mehrtägigen Streitigkeiten zuletzt durch die Versicherung ein Ende gemacht, in Zukunft wollten die Römer dem Versprechen des Jahres 824 mit Gewissenhaftigkeit nachkommen. Und er erbot sich vielleicht sogar, auf der Stelle diese Versicherung damit zu bekräftigen, daß er in Gegenwart des Kaisersohnes, der Bischöfe und aller Großen den Schwur leiste, „welchen Herr Papst Eugenius freiwillig alles zu halten schriftlich geleistet hat", den er vor seiner Weihe zu leisten jedoch besonderer Umstände halber verhindert gewesen war. Damit waren Drogo und sein Anhang wohl einverstanden, und auch die Römer stimmten dem Ansinnen des Papstes bei. Und so verlangte denn Ludwig, daß ihm der Papst und die Römer nunmehr den Treueid leisten. Doch es hatte eine mehrtägige Debatte stattgefunden, auf jedes Wort des Gegners war geachtet und dasselbe genauestens abgewogen worden. Als deshalb Ludwig sein Verlangen stellte, stieß man sich an einem Worte, das er gewiß ohne weiteren Hinterhalt gebraucht hatte, und der Papst selbst erklärte mit aller Entschiedenheit, nur Lothar, dem großen Kaiser, den Treueid leisten zu lassen, wie es dann auch geschah.

Dümmler fügt noch bei (I.251): „wodurch die Mitwirkung desselben (des Kaisers) bei künftigen Papstwahlen von neuem bekräftigt warb" — in welchem Sinne, haben wir dargelegt.

Am nächsten Sonntag den 15. Juni (wir datieren hier nach Dümmler) salbte der Papst Ludwig mit heiligem Öle zum Könige der Longobarden und umgürtete ihn — dieses war eine neue Ceremonie, welche bis dahin niemals stattgefunden hatte — mit dem Schwerte. Dann verließ Ludwig mit freudeerfülltem Herzen die ewige Stadt.

Nach dem Papstbuche[1]) ging jedoch die Krönung Ludwigs zum Könige jenen mehrtägigen Streitigkeiten bereits voraus. Allerdings besagt eine Stelle in Prudentius Annalen, Ludwig sei »peracto negotio« gekrönt worden, also nachdem der eigentliche Zweck seiner Reise erfüllt war. Dümmler bemerkt (I. 250 vgl. auch N. 1), so scheine es auch die Natur der Dinge zu erfordern, daß „die Wahlprüfung und Anerkennung (des Papstes) der Salbung Ludwigs vorausging."[2]) Nachdem jedoch Ludwig vom genannten Papst bereits den feierlichen Empfang angenommen hatte, hinderte nichts mehr, sich auch von ihm krönen zu lassen. Da zudem die Stelle bei Prudentius nicht so klar und bestimmt lautet, um sofort jede andere Nachricht für unglaubwürdig erklären zu können, dürften die Gründe, welche man gegen die Glaubwürdigkeit des Papst-buches in diesem Betreffe vorbrachte, nicht hinreichend sein.

§ 23.
Wahl und Konsekration des Papstes Leo IV. im Jahre 847.

Sergius II. starb am 27. Januar 847 (Ann. bert.). Als sein Nachfolger wurde ohne weitere Verzögerung, ja noch ehe das feierliche Leichenbegängnis des Sergius erfolgt war, Leo gewählt und in den Lateran geführt. Seine Wahl erfolgte mit Einhelligkeit. Es herrschte nur eine Stimme, daß niemand würdiger sei, den apostolischen Stuhl zu besteigen,[3]) als Leo, der Sohn eines römischen Bürgers Radoald, Mönch im Kloster St. Martin und Kardinalpriester vom Titel der vier gekrönten Martyrer.

Wie glänzend das Vertrauen der Wähler gerechtfertigt wurde, ist bekannt. Leo IV., der Erbauer der leoninischen Stadt, war „als Mensch, Papst und Regent unstreitig der größte Mann seiner Zeit."[4])

---

¹) Cf. Vita Sergii III. c. 13 (Duchesne II. 89, cf. 101 n. 8).
²) Ebenso Duchesne II. 101. n. 8.
³) Cf. Liber pontif. Vita Leon. IV. c.6. (Duchesne II. 107): „Necdum enim bis qui obierat pontifex ad sepulturam debitam fuerat deportatus, et ecce omnes a novissimo usque ad primum, una voce, una simul concordia, Leonem venerabilem presbiterum sibi futurum pontificem flagitabant..."
⁴) Gröne I. 368.

Die Konfekration Leos wurde indes nicht sogleich vollzogen, sondern fand erst am 10. April statt. Einmütig geben die Papstkataloge wie auch die Vita Sergii II. c. 48[1]) eine Sedisvakanz von 2½ Monaten an. Man wollte offenbar zuwarten, bis der Kaiser benachrichtigt und seine Legaten angekommen wären.

Indes machte die Furcht vor den Sarazenen, welche erst ein Jahr zuvor Rom belagert und die Peters- und die Paulskirche geplündert hatten,[2]) es notwendig, daß bereits vor der Ankunft fränkischer Legaten die Weihe des Papstes vorgenommen wurde. „So groß die Freude der Römer über die Wahl Leos war" — berichtet die nur wenig spätere[3]) Vita dieses Papstes[4]) — „so fingen sie sich doch zugleich nicht wenig zu betrüben an, deshalb, weil sie ohne kaiserliche Autorität den zukünftigen Papst nicht zu konsekrieren wagten, zugleich aber die Gefahr der Stadt Rom sehr fürchteten, damit sie nicht wiederum, wie einstmals, von anderen Feinden belagert würde: durch diese Furcht erschreckt konsekrierten sie ihn ohne Erlaubnis des Fürsten zum Oberhirten, jenem jedoch die Treue und Ehre nach Gott durch alles und in allem bewahrend."

Aus diesem Berichte erkennen wir deutlich, daß das Vorgehen Lothars im Jahre 844 nicht ohne nachhaltigen Eindruck auf die Römer geblieben war. Nur in großer Furcht vor dem Kaiser, den sie im Geiste bereits wieder mit seinen Heerschaaren gen Rom ziehen sahen, schritten sie zur Konsekration des neuerwählten Papstes; die drohende Sarazenengefahr machte dies notwendig. Bestand diese Gefahr denn wirklich, oder wurde sie von den Römern nur „als Vorwand benützt, um, wie sie schon öfters versucht hatten, kaiserliche Ansprüche auch in diesem Falle zu umgehen?"

Hinschius (I. 234) läßt es zweifelhaft, ob die Sarazenengefahr wirklich bestand oder nur zum Vorwand dienen mußte; Dümmler (306) nimmt letzteres geradezu an. Auch Granderath (VIII. 191 N. 1)

_____

[1]) Duchesne II. 101. Vignoli III. 64. Cf. Jaffé, Reg. I. 329.

[2]) Vgl. hierüber Dümmler 303 ff.

[3]) Nicht gleichzeitige, wie Piper (Einleitung 332. 340) annimmt.

[4]) Vita Leonis IV. c. 8. Muratori, Rer. it. Scr. III. 1, 231. Duchesne II. 107: „Romani ... de novi electione pontificis congaudentes, coeperunt iterum non mediocriter contristari, eo quod sine imperiali non audebaut auctoritate futurum consecrare pontificem periculumque Romanae urbis maxime metuebant ne iterum ut olim aliis ab hostibus fuisset obsessa. Hoc timore et futuro casu perterriti, eum sine permissu principis praesulem consecraverunt, fidem quoque illius sive honorem post deum per omnia et in omnibus conservantes."

scheint Dümmlers Ansicht zu vertreten; von den Sarazenen, sagt er,
hatten die Römer in den wenigen Wochen, welche bis zur Ankunft der
kaiserlichen Gesandten verstrichen, nichts zu fürchten, da nach demselben
Berichte gerade zur Zeit der Wahl die Nachricht in Rom anlangte, ihre
Flotte sei von den Wellen verschlungen worden. Es sei darum nicht
zu übersetzen: „Weil die Römer die Rückkehr der Sarazenen fürchteten,
nahmen sie, um die Konsekration zu beschleunigen, keine Rücksicht auf
den Kaiser;" die Erzählung über die Sarazenen sei vorher schon abge=
schlossen,[1] sondern vielmehr: „Obgleich[2] sie mit Rücksicht auf das,
was ihnen zur Strafe für eine ohne Berücksichtigung der kaiserlichen
Ansprüche vorgekommene Konsekration begegnen würde (futuro casu)
voll Furcht waren, vollzogen sie dennoch die Konsekration."

Wie ist zu urteilen? Wir halten Granderaths Erklärung für ge=
künstelt; viel natürlicher ist es zu sagen: Die Römer fürchteten sich
zwar, die Konsekration ohne völlige Berücksichtigung der kaiserlichen
Ansprüche vorzunehmen, aber die Sarazenengefahr nötigte sie schließlich
doch dazu. So weihten sie denn Leo, aber mit Furcht erfüllt, es könnte
der Kaiser ähnlich wie wie 844 verfahren. Die kaiserlichen Legaten scheinen
ungewöhnlich lange ausgeblieben zu sein, so daß sie die Römer wegen
der Sarazenengefahr nicht mehr, wie sie allerdings es wollten, erwarten
konnten. Das lange Ausbleiben derselben erklärt sich hinlänglich aus
dem Umstande, daß der Kaiser sich eben auf einem Kriegszuge gegen
die Normannen befand und sich deshalb sowohl seine Benachrichtigung
wie die Absendung der Legaten leicht verzögern konnte. Daß aber noch
eine Gefahr von seiten der Sarazenen bestand, könnte man nur dann
leugnen, wenn mit ihrer Flotte die Sarazenen selbst verschwunden
wären; gerade der nämliche Papst war es, der die neue Stadtmauer,
welche die Peterskirche in den Kreis der Stadt selbst einschloß, sowie
mehrere Befestigungswerke um Rom anlegte und im Bunde mit Neapel,
Amalfi und Gaeta einen Seekampf gegen die Sarazenen begann, der
mit einem großen Siege endete.

Die obengenannte Lebensbeschreibung des Papstes meldet nun
allerdings, die Römer seien betrübt gewesen, deshalb weil sie ohne
kaiserliche Autorität den zukünftigen Papst nicht zu konsekrieren
wagten, daß sie ihn aber schließlich doch ohne Erlaubnis des Fürsten
zum Oberhirten konsekrierten. Ist damit nicht geradezu ein kaiser=

---

[1] Granderath beginnt mit „Hoc timore perterriti" einen neuen Satz; er
folgt der Lesart: „Hoc timore et futuro casu perterriti."

[2] Das Partizip „perterriti" sei also nicht kausal zu fassen, sondern wie
das vorhergehende „congaudentes" konzessiv.

liches Anerkennungs- oder Bestätigungsrecht ganz wie es die byzantinischen Kaiser übten, zugegeben und noch dazu von einer nur wenig späteren Quelle? Der angeführte Bericht betont, die Römer hätten sich wegen der Konsekration gefürchtet, nicht aber weil sie die Wahl des Papstes vorgenommen haben. Nach dem im Jahre 824 von den Römern feierlich beschworenen Eide konnte der Kaiser verlangen, daß die Römer erst zur Weihe eines neugewählten Papstes schreiten, nachdem dieser in die Hände kaiserlicher Gesandter den Treueid geleistet hatte. Doch dieses war im Jahre 847 noch nicht geschehen, als die Römer Leos IV. Konsekration durch die Umstände gezwungen vornahmen; daher ihre Furcht, als sie diese Konsekration vollziehen mußten. Es war die Bedingung noch nicht erfüllt, welche der Kaiser zu stellen berechtigt war; erst nachdem der Treueid durch den Papst geleistet, hätten die Römer beruhigt und ohne Furcht zu dessen Weihe schreiten können. Wie schon öfters bemerkt, stand es nicht in des Kaisers Befugnis, seine Erlaubnis zur Vornahme der Weihe zu geben; aber insoferne die Ablegung des Treueides die Voraussetzung bildete, unter der die Römer ohne Furcht vor dem Kaiser die Konsekration vornehmen konnten, lag es nahe, von „einer Erlaubnis des Fürsten zur Konsekration" zu sprechen. Ob sich nun der Biograph Leos dieser im Grunde unrichtigen Ausdrucksweise bediente, ob vielleicht auch seine Zeitgenossen, etwa der Kaiser selbst, vielleicht sogar die Römer z. B. der Kürze halber diesen Ausdruck gebrauchten, thut nichts zur Sache; denn worauf es ankam und was der Kaiser vom Papst und den Römern zu fordern berechtigt war, hierüber bestand, wie uns der Schlußsatz jenes Berichtes anzeigt, auch damals kein Zweifel.

Dieser Schlußsatz: »fidem quoque illius sive honorem post deum per omnia et in omnibus conservantes« ist offenbar von besonderer Bedeutung. Damit will der Chronist etwas beifügen, was die vorausgehende Erzählung einer ohne Abwartung der fränkischen Legaten vorgenommenen Papstweihe, also einer Rechtsverletzung in bedeutend milderem Lichte erscheinen läßt, ja völlig entschuldigt. Die Römer, will er sagen, nahmen zwar durch die damaligen Verhältnisse genötigt und nicht ohne Furcht die Weihe des Papstes vor, ehe die Legaten ankamen, ohne damit jedoch gegen die dem Kaiser schuldige Treue und Ehrerbietung verstoßen zu wollen, vielmehr fidem illius et honorem per omnia et in omnibus conservantes. Nur die augenblicklichen Verhältnisse nötigten sie, wie gesagt, das Versprechen von 824 nicht zu beachten; unter anderen Umständen, wenn keine Sarazenengefahr bestanden, hätten sie auch nicht daran gedacht, jenen Eidschwur zu verletzen. Sie glaubten lange, ihn noch erfüllen zu können; doch die mit Sehnsucht erwarteten kaiserlichen

Legaten blieben so lange aus, daß eine weitere Verschiebung der Weihe nicht mehr ratsam erschien. Die Furcht vor den Sarazenen war größer als jene vor dem Kaiser. Die Schlußworte jenes Berichtes scheinen uns also klar anzudeuten, worauf es ankam: auf die fides Romanorum. Hatte der Kaiser die Versicherung, daß die Treue der Römer und des Papstes auch fortan ungeschmälert bestehe, was lag daran, wenn der Papst im Interesse der Ordnung in der ewigen Stadt die Weihe empfing, ehe er den Treueid geleistet, die Treue zu wahren aber von Herzen bereit war? Es dürfte nicht unwahrscheinlich sein, daß die Römer, nachdem sie vorzeitig die Konsekration des Papstes zugelassen hatten, sich mit einer Entschuldigung an den Kaiser wandten, die Gründe ihres Verfahrens demselben darlegten und zugleich ihn aufs neue ihrer Treue versicherten. Und der Kaiser wird die Entschuldigung für genügend, die Vornahme der Papstweihe unter jenen Umständen nicht für unberechtigt gefunden haben. Denn wir hören nicht, daß der Kaiser, der noch wenige Jahre zuvor so energisch sein Recht zu wahren gesucht hatte, weiter die Sache verfolgt und die Römer zur Rechenschaft gezogen oder gar gestraft hätte. Er steht vielmehr mit dem Papste in bestem Einvernehmen. Durch die Versicherung der Römer, dem Kaiser die ihm schuldige Treue und Ehrerbietung durch alles und in allem zu bewahren, war der Zweck jenes Eides von 824 und das Interesse, das der Kaiser an dessen gewissenhafter Erfüllung hatte, ja gleichfalls erreicht.

Sonach kann auch bei der Erhebung Leos IV. von keinem Akte „kaiserlicher Einmischung und Willkür" die Rede sein.

* * *

Papst Leo IV. soll nach gewöhnlicher Annahme[1]) mit dem Kaiser Lothar und seinem Sohne einen Vertrag abgeschlossen haben,[2]) nach dem „sowohl die Wahl als die Konsekration des römischen Papstes auf gerechte und kanonische Weise geschehen soll", — eine Bestimmung, welche auch in Ivos Dekretaliensammlung sowie in Gratians Dekret (c. 31. Dist. LXIII.) Aufnahme fand.

Den Grund zu dieser Annahme bildete eine Stelle in einem Schreiben des Papstes an Lothar und Ludwig, von dem uns freilich nur ein Bruchstück erhalten ist (Jaffé 2652, vgl. 2643 und dazu Mühl-

---

[1]) Vgl. Phillips V. 778. Granderath VIII. 191. Grashof 42, 235. Hergenröther II. 9.

[2]) Dümmler will I. 306 mit Abschließung dieses Vertrages eine Gesandtschaft des Bischofs Hartgar von Lüttich in Verbindung bringen.

bacher 1096 a). »Inter nos et vos«, ſchreibt Leo IV., »pacti serie
statutum est et confirmatum quod electio et consecratio Romani
pontificis non nisi juste et canonice fieri debet.« Und dieſe Stelle
fand auch, wie geſagt, ihren Weg in die Sammlungen des kanoniſchen
Rechtes.

Vor allem wird man fragen müſſen, was denn den Papſt und
die fränkiſchen Herrſcher zum Abſchluße eines derartigen Vertrages
bewogen hat. Man ſagte, die Vorfälle bei der Erhebung Leos ſelbſt.
So will Richter II. 338 aus dem Paktum ſchließen, daß „Lothar,
wenn er auch das Geſchehene geſchehen ſein ließ, doch von Leo IV. eine
ähnliche Anerkennung der kaiſerlichen Hoheitsrechte erlangte und erhielt,
wie ſie 824 von Eugen II. ausgeſprochen ward". Aber der Eid der
Römer vom Jahre 824 war nicht aufgehoben und ebenſo noch alle
früheren Beſtimmungen über die Papſtwahl in Geltung. Zwar iſt uns
der Wortlaut des angeblichen Paktums nicht erhalten, doch iſt zweifellos,
daß, wenn die Vorfälle bei Leos Wahl die Abſchließung desſelben ver=
anlaßt hätten, doch die Rechte des Kaiſers klarer und entſchiedener
betont ſein müßten, als es in der uns vorliegenden Palea der Fall iſt.
Iſt aber dieſes über jeden Zweifel erhaben, ſo begreifen wir nicht, daß
der Wortlaut des Paktums auch am kaiſerlichen Hofe verloren ging
und man ſich niemals kaiſerlicherſeits auf dieſes Paktum berufen hat.
Am wahrſcheinlichſten dürfte ſein, daß die Römer, als ſie ſich wegen
der vorzeitigen Wahl Leos IV. entſchuldigend an den Kaiſer wandten
und ihrer Treue ihn verſicherten, auch verſprachen, in Zukunft die kaiſer=
lichen Rechte bezüglich der Papſtwahl gewiſſenhaft zu achten, welche zu
umgehen ſie dieſes Mal durch die Verhältniſſe genötigt waren, und
dann auch ſeinerſeits der Kaiſer beifügte, auch er werde die diesbezüg=
lichen Rechte der Römer zu achten wiſſen. Dieſes gegenſeitige Verſprechen
konnte der Papſt als einen zwiſchen dem Kaiſer und ihm (den Römern)
abgeſchloſſenen Vertrag betrachten, während es ſich im Grunde nur um
eine Erneuerung der diesbezüglichen bereits beſtehenden Verträge
handelte.

Granderath VIII. 191 meint, „es ſei möglich, daß bei den
zwiſchen Papſt und Kaiſer gepflogenen Verhandlungen dieſem ein Anteil
an der Beſetzung des römiſchen Stuhles im Sinne des fälſchlich Stephan V.
zugeſchriebenen Synodalbekretes zugeſtanden wurde; das Benehmen der
Römer bei der nächſten Papſtwahl mache dies wahrſcheinlich". Verſtehen
wir recht, ſo hätte der Kaiſer jetzt die Befugnis erhalten, zu verlangen,
daß die Papſtweihe nur in Gegenwart ſeiner Legaten vollzogen werde,
alſo eine Erweiterung ſeiner bisherigen diesbezüglichen Rechte durch=
geſetzt.

Grashof hingegen will (42, 235 f.) in jenem Vertrage ein Ein= lenken Lothars bemerken. Mit diesem Vertrage, sagt er, „war die Wahlfreiheit der Römer garantiert, das von Lothar geplante Bestätigungs= recht bei der Wahl durchaus bei Seite geschoben, nur das Ehrenrecht des Schutzes der Person des Papstes, das Recht, die Ordnung bei dem Wahlakte (!) selbst aufrecht zu erhalten gegenüber versuchten tumultu= arischen Auftritten — Grashof hält das Dekret von 816 für ächt — blieb dem Kaiser, da ein solches nicht gegen die kanonischen Regeln verstieß."

Wir brauchen diese Ausführungen nicht im einzelnen zurechtzustellen.

§ 24.
Wahl Benedikts III. im Jahre 855.[1]

Am 17. Juli[2] 855 starb Papst Leo IV.

In demselben Monat wurde Benedikt III. schnell und einmütig, »uno consensu unoque conanime«, wie der Liber pontificalis (Vita Benedicti III. c. 4) sagt, von Klerus, Adel und Volk gewählt, ein Römer von Geburt, der die Stelle eines Kardinalpriesters bekleidete und wegen seiner Herzensmilde, Frömmigkeit und Wohlthätigkeit bei allen beliebt war, ja selbst von Photius gepriesen wurde.

Nur mit Widerstreben, weil er die Bürde des Pontifikates nicht tragen zu können glaubte, ward Benedikt in den Lateran geführt.

Seine Wähler, der Klerus und die Aristokratie, fertigten ein Schreiben an die beiden Kaiser Lothar und Ludwig II. eigenhändig aus. Das Papstbuch berichtet uns eigens hievon: »His itaque peractis, clerus et cuncti proceres decretum componentes propriis manibus roboraverunt, et consuetudo prisca ut poscit, invictissimis Hlothario ac Hludovico destinaverunt Augustis.«[3] Dieses Schreiben sollten Bischof Nikolaus von Anagni und der Heermeister Merkurius an den Kaiserhof bringen.[4]

<hr>

[1] Bezüglich der Päpstin Johanna, welche die Fabel zwischen Leo IV. und Benedikt III. setzt, sei nur auf die reiche Litteraturangabe bei Hergenröther II. 9. ff. verwiesen.
[2] Vita Leonis IV. c. 113. (Duchesne II. 134. Vignoli III. 142). Fälschlich melden die Ann. bert. (Scr. I. 499), Leo sei erst im August gestorben. Vgl. Leibniz I. 566.
[3] Vita Bened. III. c. 6. (Duchesne II. 141).
[4] Ibid.

Die Worte des Papstbuches: »consuetudo prisca ut poscit« bildeten nach zwei Seiten hin den Gegenstand heftiger Angriffe. Es sei überhaupt falsch, führt Granderath VIII. 192 aus, daß es eine Gewohnheit gewesen sei, eine Gesandtschaft mit einem Wahlberichte an den Kaiser zu senden. Dieses sei vielmehr das erste Mal bei der Erhebung des Papstes Benedikt III. geschehen. Es sei zu klar in der Geschichte, und zwar von demselben Schriftsteller (er nennt den Autor des Papstbuches nach altem Brauche Anastasius) bezeugt, daß damals eine solche Gewohnheit nicht bestand. Nach der Wahl der beiden vorhergehenden Päpste wurde ausdrücklichen Zeugnissen zufolge keine derartige Gesandtschaft an den Kaiser geschickt. Von einer Gesandtschaft nach der Wahl des drittletzten Papstes wisse die Geschichte auch nichts, und wolle man das Schweigen derselben nicht als Argument gelten lassen und annehmen, sie sei doch abgegangen, so werde man damit nicht den Zusatz jenes Historikers erklären, da ein vereinzelter Fall früherer Zeit keine Gewohnheit begründe. Für die übrigen Päpste des ganzen Jahrhunderts und darüber hinaus bis zu den ersten Zeiten der Karolinger haben wir Zeugnisse, daß die Römer unmittelbar nach der Wahl zur Konsekration schritten. Wenn also der Verfasser des Lebens Benedikts III. hinzusetze: »consuetudo prisca ut poscit«, so habe er die Anschauung der etwas späteren Zeit der Abfassung in die Zeit Benedikts hineingetragen. Von jetzt an habe sich erst jene Gewohnheit ausgebildet und am Ende des Jahrhunderts nenne sie Johann IX. eine „alte Gewohnheit."

Verhält sich dieses in der That so? Wurde wirklich bei der Erhebung Leos IV. keinerlei Bericht an den Kaiser geschickt? Gerade die gegenteilige Annahme ist viel wahrscheinlicher, deshalb die lange Verzögerung der Weihe. Und wie ging es zu, als Sergius II., ohne daß die kaiserlichen Gesandten abgewartet wurden, geweiht wurde? Gregor IV. wurde erst konsekriert, nachdem ein fränkischer Gesandter in Rom angekommen war, was doch eine Benachrichtigung des Kaisers voraussetzt. Um über das Jahr 824 hinauszugehen, so ließ Eugen II. durch den Subdiakon Quirinus dem Kaiser die Anzeige von seiner Wahl machen. Ist auch nicht zu läugnen, daß die Päpste oft unmittelbar nach ihrer Erwählung auch konsekriert wurden, so ist zunächst zu bemerken, daß, die Konsekration unmittelbar nach der Weihe vorzunehmen, bis zum Jahre 824 kein rechtliches Hindernis bestand, mochte es auch Karl der Große wünschen, daß mit der Weihe eine Zeit lang gewartet werde. Die Päpste unterließen jedoch auch vor dieser Zeit nicht, ihre Erwählung, wenn auch erst nach erfolgter Konsekration, dem fränkischen König anzuzeigen. So haben wir es von Leo III. im Jahre 796 gehört, der sogar das Wahlprotokoll der Wahlanzeige beischloß; ja von allen Päpsten, welche seit dem Entstehen des Karolingerreiches auf den apostolischen Stuhl gelangten, ist, wie gezeigt, es soviel als gewiß, daß sie ihre Erhebung dem Frankenherrscher anzeigten. Mit Recht konnte es deshalb die Vita Benedicti III. als eine consuetudo prisca bezeichnen, daß eine Gesandtschaft bei jeder Neuwahl abgeordnet wurde, und umsomehr Johann IX. am Ende des neunten Jahrhunderts.

Noch eine Bemerkung! Wäre es denn klug gewesen, wenn der Verfasser des Liber pontificalis auf einmal die Wahlanzeige als etwas Herkömmliches bezeichnet hätte, der doch die Rechte des päpstlichen Stuhles bis ins kleinste zu wahren und denselben nichts zu vergeben als seine Aufgabe betrachten mußte?

Doch pflegten denn die Wähler des Päpstes einen Wahlbericht an den Kaiser zu schicken und nicht der Gewählte selbst? Dieses ist der zweite Punkt, der Veranlassung gab, jene Angabe des Papstbuches anzuzweifeln. Grashof, der zugesteht (vgl. 42, 235 f.), daß von seiten des Gewählten wenigstens in einzelnen Fällen ein solcher Bericht abge= sendet wurde, erklärt das Verfahren bei der Wahl Benedikts mit dessen Widerstand, das Pontifikat anzunehmen. Die Römer, sagt er, mußten Benedikt gleichsam mit Gewalt zur Annahme der Wahl nötigen, und deshalb machten in diesem Falle die Wähler und nicht der Gewählte die Anzeige an den Kaiser. „Die Römer", führt Grashof weiter aus, mochten wohl schon fürchten, daß eine Partei Feindseliges im Schilde führte und die Aufstellung eines Gegenpapstes plane, wie es in der That geschah. Um dem rechtmäßig gewählten Papst einen stärkeren Rückhalt zu sichern an dem Schutze des kaiserlichen Schirmherrn, dazu machten sie die Anzeige . . ."

Demnach wäre die Absendung eines Wahlberichtes seitens der Wähler ein Akt der Vorsicht und nur durch die Umstände veranlaßt gewesen. Dieses ist jedoch nicht richtig. Denn die Wähler des Papstes unterzeichneten bei jeder Papstwahl das Wahlprotokoll, und nach den Bestimmungen der Synode von 769 pflegten dieses auch hervorragende Mitglieder aus dem Laien= und Offiziersstande zu thun. Sehr wahr= scheinlich ist es nun, daß eben dieses Protokoll den Gesandten an den fränkischen Hof mitgegeben wurde, wie es auch schon früher geschah. Dieser Annahme steht die betreffende Stelle des Papstbuches nicht nur nicht im Wege, sondern wird geradezu durch dieselbe gefordert; »decretum componentes« sagt dasselbe, nicht »epistolam«. Ob man davon redet, es hätten die Wähler das Wahlbekret abgesendet, wie es der Liber pontificalis in unserem Falle thut, oder es hätte der neugewählte

Papst eine Gesandtschaft mit dem Wahlprotokolle abgeordnet, verschlägt nicht viel.

So machten sich denn jene Gesandten mit dem Wahldekret auf den Weg zum kaiserlichen Hofe. Die Kaiser sollten, nachdem sie die Wahlanzeige erhalten und vom Protokolle Einsicht genommen, Legaten abordnen, welche dem neuerwählten Papste den Treueid abzunehmen hatten. In Rom wartete man bis zum Eintreffen der letzteren und hütete sich wohl, den Widerstand des Papstes durch die rasche Vornahme der Weihe zu brechen. Die Erfahrungen des Jahres 844 hatten die Römer überaus vorsichtig gemacht. Selbst nicht einmal die befürchtete Auf= stellung eines Gegenpapstes konnte die Furcht der Römer besiegen; sie wollten dem Versprechen von 824, das sie wahrscheinlich erst bei der Erhebung des letztverstorbenen Papstes erneuert hatten, nicht untreu werden. Freilich erwies sich die Verzögerung der Konsekration in diesem Falle überaus gefährlich.

Wir haben bereits erwähnt, daß es etwas Bedenkliches hatte, die Weihe des Papstes nicht unmittelbar auf die Erwählung folgen zu lassen. Nicht nur, daß die öffentliche Ordnung in Rom häufig sowohl durch innere Unruhen als selbst durch Einfälle auswärtiger Feinde gestört wurde; es fehlte auch nicht an Versuchen, das Resultat der Wahl noch= mals zu ändern. Diese Versuche gingen von solchen aus, welche bei der Papstwahl in der Minorität geblieben waren und sich öfters eines größeren Anhanges im Volke erfreuten. Nicht so im Jahre 855. Benedikt III. war »uno consensu unoque conanime« von Klerus, Adel und Volk gewählt worden. Der Gewählte besaß auch infolge seiner Eigenschaften zweifellos die Sympathien des Volkes. Bereits sind die Legaten an den fränkischen Hof abgeschickt, da beginnt sich in Rom auf einmal ein Umschwung in der Stimmung geltend zu machen, zwar nur im Kreise einer kleinen Partei, doch es fehlt nicht an Rührigkeit, und allmählich werden, wie es scheint, auch andere Personen ins Interesse gezogen. Denn nur so erklärt es sich, daß jene Partei, welche bei Voll= ziehung der Papstwahl sich gänzlich ruhig verhalten hatte, nun sogar Hoffnung faßte, ihren Kandidaten, allerdings mit Unrecht, auf den apostolischen Stuhl bringen zu können.

Die Partei, welche noch nach geschehener, einmütiger Wahl und nachdem bereits Legaten abgeordnet waren, einen Gegenkandidaten aufstellte, war die unter Leo IV. hervorgetretene kaiserliche Partei, zu welcher die Bischöfe Arsenius von Gubbio, Raboald von Portus und Agatho von Todi gehörten. Ihr Erwählter war der Kardinal= priester von St. Marcello, Anastasius mit Namen, welcher unter Leo IV. auf einer römischen Synode exkommuniziert und drei Jahre später auch abgesetzt worden war,[1] nach Hergenröther[2] identisch mit dem bekannten Bibliothekar Anastasius, und wahrscheinlich das Haupt der genannten Partei. Dem Bischof Arsenius von Gubbio[3] gelang es, noch unterwegs die an den fränkischen Hof abgeordneten Legaten für Anastasius zu gewinnen. Wie sich dieselben nun gegenüber dem Kaiser Ludwig — denn nur diesem überreichten sie das Dekret[4] — verhielten, ob sie ihm die Erhebung des Anastasius meldeten, welche dem Kaiser um so angenehmer sein mochte, als er diesen für ein geeignetes Werkzeug seiner Politik betrachtete, und das Wahldekret verfälschten, oder ob sie ihm darzustellen suchten, nicht Benedikt, wie es das Dekret ausweise, sondern Anastasius sei in Wahrheit der von der Mehrheit erwählte Papst: hierüber verlautet nichts in den Quellen.[5] Der Kaiser begnügte sich mit der Absendung zweier Gesandter, der Grafen Adalbert und Bernhard, wie es dem früheren Gebrauche entsprach. Ihnen mag er allerdings, wenn anders er von dem Zwiespalte, der in Rom aus= gebrochen war, Kunde erhalten, aufgetragen haben, den Verlauf der Papstwahl einer sorgfältigen Prüfung zu unterziehen. Nicht darf es verwundern, wenn die fränkischen Legaten bei der bekannten Partei= stellung des Anastasius für diesen eingenommen waren und, wenn möglich, ihn zu halten suchten. Vierzig Meilen weit, bis nach Orta, zogen die Anhänger des Anastasius den fränkischen Legaten entgegen. Auch Benedikt

---

[1] Über diese Vorgänge berichten neben der Vita Benedicti III. c. 6—18 Duchesne II. 141 sqq. Vignoli III. 146—155) die Ann. bert. ad ann. 868. Vgl. Papencordt 162. Leibniz I. 566 f. Gregorovius III. 117 ff. Dümmler I. 393. Kirchenlexikon I. 789 ff. Jaffé, Reg. I. 341. Bayet 83 f. Hergen= röther II. 11.

[2] Photius II. 230—240. Kirchenlexikon I. 789. Hier sagt Hergenröther, seine Annahme sei nicht widerlegt worden.

[3] Arsenius war der Vater des Anastasius. Duchesne II. 149. n. 4. 5.

[4] Cf. Vita Benedicti III. c. 7. Mühlbacher 1138a. Jaffé, Reg. I. 339. Richter II. 354.

[5] Der Liber pontif. sagt (Duchesne II. 141): „Ipsum autem qui deduce- bant legati decretum, Nycolaus ... Mercurius ... Arsenio Eugubio obviantes episcopum ad invicem confabulare coeperunt. Qui callidis eos sermonibus liniens, corda eorum mollire coeperunt, beatique fidelitatem jamfati declina- verunt legati... Euntes itaque, Illudovico decretum benignissimo Caesari dantes, duplici quam mentibus gerebant intentione Romam reversi sunt, adven- tumque missorum nuntiantes imperialium, epistolas eodem insigni obtulerunt electo, quibus Augusti continebantur responsa. Qui omni clero ac reipublicae cortibus, diris machinationibus consilium quod Eugubio, ut praetulimus, cum Arsenio statuerunt adimplere cupientes, dicebant: „Omnes in obviam imperialibus simul nobiscum exire studete legatis, quatenus Augusti jussionibus oboedientes existere valeatis.“

schickte seine Gesandten, welche jedoch gefangen genommen wurden.[1]) Die kaiserlichen Legaten verlangten, um sich größeres Ansehen zu verschaffen, daß ihnen, wie es auch sonst oft geschah, die Geistlichkeit, der Abel und das Volk in feierlichem Zuge bis jenseits der milvischen Brücke entgegenkommen sollen, und in diesem Gefolge zogen sie mit Anastasius, der bei ihnen war, in Rom ein. Letzterer ließ in St. Peter mehrere Gemälde zerstören,[*]) namentlich eines über der Kirchenthüre, welches die von Leo IV. gegen ihn gehaltene Synode darstellte. Am 22. September 855 drang er auch in den Lateran ein; Benedikt III. jedoch wurde zwei abgesetzten Priestern in Haft gegeben.

Nichtsdestoweniger blieben am folgenden Tage in einer Versammlung in titulo Aemilianae die Geistlichkeit und das römische Volk den kaiserlichen Legaten gegenüber standhaft auf der Rechtmäßigkeit der Wahl Benedikts bestehen, während diese vergeblich für die Weihe des Anastasius bemüht waren. Selbst unter Androhung der schwersten körperlichen Strafen verlangten die kaiserlichen Gesandten von den Bischöfen von Ostia und Albano die Konsekration des Anastasius. Letztere aber erklärten, eher ihren Leib gliederweise auf die Folterbank liefern zu lassen, als einen Exkommunizierten zu konsekrieren. Zugleich suchten sie den Legaten den Nachweis zu liefern, daß sie um ihres Gewissens willen ihnen keine Folge leisten könnten. Sofort sprachen diese insgeheim in ihrer eigenen Sprache, und der Sturm, welcher in ihnen getobt, schien gewichen zu sein.

Nach einer zweiten Versammlung, welche in der Basilika des Lateran stattfand, sprachen die Legaten, durch die beigebrachten Beweise von der Legitimität der Wahl Benedikts III. überzeugt: „Nehmt Euern Erwählten und führt ihn in eine beliebige Basilika; den Anastasius werfen wir aus dem Lateran. Drei Tage wollen wir fasten und beten, und dann geschehe, was Gottes Wille ist!"

Hierauf wurde Anastasius aus dem Lateran vertrieben, den Benedikt aber führten die Bischöfe, Klerus und Volk zuerst nach der Kirche Maria Maggiore und dann nach dem Lateran. Der Papst ritt dabei, wie es der Brauch mit sich brachte,[3]) auf jenem Pferde, dessen sich sein Vorgänger Leo IV. zu bedienen pflegte. Nachdem ein dreitägiges Fasten

---

[1]) „... vinxerunt et custodibus tradiderunt, quod barbare nec gentes in legatis vel nationes perficere audiuntur."

[*]) Wir stimmen Duchesne bei, wenn er sagt (II. 149 n. 11): „Je ne crois pas que ce bris d'images ait été inspiré par des sentiments iconoclastes. Anastase, pressé d'abattre les inscriptions qui le gênaient, aura fait plus de dégât qu'il n' était strictement nécessaire."

[3]) Ordo Rom. IX. n. 6 (bei Mabillon, Mus. ital. II. 92. sq.).

gehalten, wurde Benedikt „am Sonntag morgens von den Bischöfen, dem Klerus und den Vornehmen in die Basilika des hl. Apostels Petrus geführt und im Angesichte aller, in Gegenwart der kaiserlichen Missi, auf dem apostolischen Stuhle, wie es Sitte ist und eine alte Über= lieferung vorschreibt, zum Papste geweiht und ordiniert.“[1]) Es war am 29. September 855, an demselben Tage, an dem Kaiser Lothar im Kloster Prüm seine Augen schloß.[2])

Fast alle Anhänger des Anastasius unterwarfen sich Benedikt III., der ihnen gerne Verzeihung gewährte. Selbst den Anastasius ließ er zur Laienkommunion zu, und sein zweiter Nachfolger Hadrian erhob denselben gleich beim Beginne seiner Regierung zum Bibliothekar der römischen Kirche.

Fortan führte Benedikt III. unbehelligt bis zu seinem am 7. April 858 erfolgten Tode die Regierung der Kirche.

Blicken wir auf die geschilderten Ereignisse zurück, so ergibt sich zunächst, daß die Konsekration — wie es die Konvention von 824 ver= langte — nicht stattfand, ehe kaiserliche Legaten in Rom angekommen waren. Der Kaiser soll zuerst von der vollzogenen Wahl benachrichtigt und ihm zugleich das von den Wählern unterzeichnete Dekret überreicht werden. Doch die hiezu abgeordneten Gesandten lassen sich unterwegs gewinnen, auf die Seite eines Eindringlings überzutreten. So geschah es, daß die fränkischen Legaten, welche zur Abnahme des Treueides ab= geordnet werden, den Kaiserhof in der Meinung verlassen, Anastasius sei rechtmäßig gewählter Papst. Doch werden sie auf der Reise von den päpstlichen Legaten unterrichtet worden sein, daß die Wahl in Rom doch nicht so glatt verlaufen sei, daß vielmehr in Benedikt ein Gegner des Anastasius zu befürchten sei. Die politische Stellung des Anastasius und der Bericht der für ihn gewonnenen römischen Legaten mußte jedoch bewirken, daß sie im voraus für Anastasius eingenommen sind, und sie befahlen, um ihrem Erscheinen und ihrem Urteile größeren Nachdruck zu verleihen, daß ihnen ein feierlicher Einzug bereitet werde. Nachdem dies geschehen, bemühen sie sich, die Konsekration des Anastasius durch= zusetzen. Dieser war ihnen von Anfang an als rechtmäßiger Papst genannt worden und als eifriger Anhänger der kaiserlichen Partei bekannt.

---

[1]) Liber pontif. Vita Bened. III. c. 20 (Duchesne II. 144): „Interea dominico diluculo die, in basilica beati Petri apostoli ab episcopis, clero, pro-ceribus deductus est, et in conspectu omnium, imperialibus missis cernentibus, in apostolica sede, ut mos est et antiqua traditio dictat, consecratus ordinatusque est pontifex.“ (Muratori, Rer. it. Scr. III. 250.)

[2]) Diesen Tag nennt die von Hraban verfaßte Grabschrift als Lothars Todes-tag. Migne CXII. 1669. Vgl. Richter II. 354 f.

Sicherlich hatte es auch Anastasius selbst nicht fehlen lassen, ihnen alle erdenklichen Versicherungen der Treue und des Gehorsams gegen den Kaiser zu geben. Doch die zur Konsekration berechtigten Bischöfe weigern sich, diesem Papste die Weihe zu erteilen. Dies mußte die fränkischen Legaten im ersten Augenblick empören und sie unterließen es auch nicht, wie das Papstbuch meldet, die heftigsten Drohungen gegen die renitenten Bischöfe auszustoßen. Doch diese lassen sich nicht einschüchtern. Dazu den Widerstand des römischen Klerus und Volkes, welche nichts anderes erklären als: Benedikt ist rechtmäßig erwählter Papst, Anastasius aber ein Eindringling! Als die fränkischen Legaten sahen, daß sie sich für die Weihe des ihnen so erwünschten Kardinalpriesters von St. Marzello vergeblich bemühten, redeten sie insgeheim in ihrer Sprache. Und nachdem sie kurz vorher in der Versammlung getobt hatten, wurden sie auf einmal ruhiger und gelassener.

Es findet bald darauf eine zweite Versammlung statt und hier überzeugen sich die fränkischen Legaten infolge der beigebrachten Beweise, daß nicht Anastasius, sondern Benedikt der rechtmäßig gewählte Papst ist. Nun sind sie auch nicht mehr länger im Zweifel, was sie thun sollen: Den die Römer rechtmäßig erwählt, wollen sie schützen, jeden Eindringling aber vertreiben. Die freie ungehinderte Wahl hatte Lothar den hiezu berechtigten Römern garantiert; auch die Legaten achten diese Konstitution und somit das Resultat der Wahl. „Nehmt Euern Erwählten", erklären sie, d. h. jenen, den ihr in rechtmäßiger Wahl erhoben habt. „Es geschehe, was Gottes Wille ist", fügen sie bei; auch ihnen ist die von seiten der Wahlberechtigten erfolgte Papstwahl sententia divina. Ohne Zögern lassen sie Anastasius fallen, so gerne sie ihn seiner Parteistellung halber auf dem apostolischen Stuhle gesehen hätten. Aber sie haben sich überzeugt, daß er nicht rechtmäßig gewählt ist und sie haben keine Absicht, einen anderen, als welchen die Römer gewählt haben, mit Gewalt auf den päpstlichen Stuhl zu setzen. Sicherlich hätten sie von Anfang an anders gehandelt, wäre ihnen nicht von den römischen Gesandten selbst die Versicherung geworden, daß Anastasius, dieser treue Anhänger des Kaisers, rechtmäßig erwählter Papst sei, den sie gegen Benedikt zu beschützen und auf alle Weise zur allgemeinen Anerkennung zu bringen die Aufgabe hätten.

Manche[1]) glaubten, bei Erwähnung der eben besprochenen Vorfälle darauf hinweisen zu sollen, „wie gefährlich unter Umständen schon ein bloßes kaiserliches Schutzrecht, geschweige denn ein kaiserliches Bestätigungsrecht der Freiheit der Papstwahl werden konnte." Doch in unserem

---

[1]) Vgl. Grashof 42, 236. Granderath VIII. 192.

Falle trugen nicht die kaiſerlichen Geſandten die Schuld, daß Benedikt III. ſo lange nicht durchdringen konnte, ſondern vielmehr jene Partei, welche den Anaſtaſius und zwar erſt nach bereits vollzogener Wahl auf den Schild erhob, und die römiſchen Geſandten, welche die kaiſerlichen Legaten auf eine ſo perfide Weiſe getäuſcht hatten. Daß fränkiſche Legaten in Rom eintrafen, hatte für die Verhältniſſe dortſelbſt nur die beſten Folgen. Nur ihrer Gegenwart war es zu danken, daß die Partei des Anaſtaſius, welche ſo große Verwirrung angerichtet hatte, niedergeworfen wurde und wieder Friede und Ordnung in die ewige Stadt zurückkehrte. Von einem kaiſerlichen Beſtätigungsrechte iſt nirgends die Rede, und die Miſſi des Kaiſers machen nicht den geringſten Verſuch, ein ſolches zu Gunſten des Anaſtaſius geltend zu machen. Dazu ſind ſie nicht geſendet, der Zweck ihrer Reiſe war vielmehr wie der aller früheren fränkiſchen Geſandten: ſich nämlich Garantien für die Treue des neuen, von den Römern rechtmäßig erwählten Papſtes zu erholen, m. a. W. dem rechtmäßig erwählten Papſte, wie es die Konvention von 824 verlangte, den Eid der Treue gegen den Kaiſer vor dem Voll= zuge der Weihe abzunehmen.

Auch die Vorfälle des Jahres 855 bilden, wie uns ſcheint, einen Beweis für die Ächtheit jenes Eides.

§ 25.
Wahl des Papſtes Nikolaus I. im Jahre 858.

Benedikt III., der unter ſo ſchweren Kämpfen den päpſtlichen Stuhl beſtiegen, hatte denſelben, wie ſeine Lebensgeſchichte (c. 1) meldet, nur zwei Jahre ſechs Monate und zehn Tage inne. Er ſtarb am 7. April 858. [1]

Zur Zeit ſeines Todes befand ſich Ludwig II., ſeit Lothars Tode alleiniger Kaiſer, eben auf der Rückreiſe von einem Beſuche des Papſtes. Noch am 1. April (vgl. Mühlbacher 1182) befand ſich Ludwig in Rom, hatte die Stadt jedoch vor dem 7. April verlaſſen. Als er die Kunde vom Hinſcheiden des Papſtes erhielt, kehrte er ſchleunigſt nach Rom zurück. [2]

---

[1] Jaffé, Reg. I. 341.
[2] Vita Nicolai I. c. 5 (Duchesne II. 151. Vignoli III. 172). Falſch iſt die Darſtellung Gfrörers I. 294, daß der Kaiſer, als er nach Rom zurückeilte, Nikolaus I. bereits gewählt fand.

Man hat nach der Ursache gefragt, welche den Kaiser veranlaßte, so eilig in die Stadt zurückzukehren. Kurze Zeit nach dem Tode eines Papstes fand die Neuwahl statt und „diese wollte der Kaiser in seinem Sinne lenken.“ „Er kehrte zurück“, sagt Richues II. 201, „damit nicht ein ihm feindlich gesinnter Römer auf den päpstlichen Stuhl erhoben werde.“ Eine andere Meinung hält dafür, der Kaiser wollte persönlich auf die Beachtung der ihm bezüglich der Papstwahl zustehenden Rechte bringen; wie Dümmler sagt (II. 52), durch seine Gegenwart der Verletzung von Gerechtsamen vorbeugen, die er für sich in Anspruch nahm. Wahrscheinlich jedoch geschah die Rückkehr des Kaisers, um sich an Ort und Stelle über den wirklichen Verlauf der Wahl zu orientieren und das Resultat derselben zu erfahren — war er doch bei der letzten Papstwahl nebst seinen Gesandten hierüber getäuscht worden —, dann aber auch, um etwa ausbrechenden Unruhen im ersten Augenblicke entgegenzutreten.

Nach fünfzehntägiger Sedisvakanz bestieg Nikolaus den päpstlichen Stuhl. Dieser war ein Mann von hervorragenden Eigenschaften,[1] beim Klerus und Volke beliebt und von Benedikt III. in allen Angelegenheiten zu Rate gezogen. Der Liber pontificalis berichtet, Nikolaus sei durch einmütige Wahl des Klerus und Volkes erhoben, nach längerem Sträuben unter lautem Jubel in den Lateran geführt und am 24. April im Beisein des Kaisers in der Peterskirche geweiht worden.[2] Ein fränkischer Bericht läßt den Kaiser auch bei der Wahl anwesend sein; ja nach ihm wird „Nikolaus mehr durch die Gegenwart und Gunst des Königs Ludwig und seiner Großen als durch die Wahl des Klerus eingesetzt.“ »Nicolaus praesentia magis ac favore Hludowici regis et procerum eius quam cleri electione substituitur«, lautet die Stelle der Ann. bert. ad ann. 858 wörtlich (Scr. I. 452).

Wie auch Dümmler II. 52 N. 1 hervorhebt, stehen Papstbuch und fränkische Annalen bezüglich der Erhebung Nikolaus' I. nicht im Widerspruch. Die fränkischen Annalen läugnen nicht „die Wahl des Klerus“, ja reden ausdrücklich hievon; doch fügen sie bei, an der Erwählung des Papstes Nikolaus sei mehr die Gegenwart des Kaisers und die Gunst, welche er für denselben hatte, als die Wahl des Klerus schuld gewesen. Von diesem weiß jedoch der Liber pontificalis nichts; nach ihm verdankt Nikolaus der einmütigen Wahl des Klerus und Volkes

---

[1] Vgl. Lämmer 1—3. 51. Gröne I. 372. Dümmler II. 52. 211 ff. Bazmann (II. 1) nennt Nikolaus „einen der kühnsten und klügsten Priester, die je die Welt gesehen.“ (Vgl. S. 2.)

[2] Vita Nicolai c. 5—7. (Duchesne II. 152. Vignoli III. 173.) Cf. Jaffé, Reg. I. 342.

seine Erhebung, doch wird nicht geläugnet, daß der Kaiser der Weihe des Papstes persönlich angewohnt habe.

Manche glaubten, aus dem Berichte der fränkischen Annalen folgern zu sollen, der Kaiser habe auf die Wahl des Papstes Nikolaus I. einen übertriebenen, mit den kirchlichen Kanones im Widerspruch stehenden Einfluß ausgeübt. Doch dieses besagt weder der genannte fränkische Bericht, noch war ein solcher mit der Freiheit der Wahl unverträglicher Druck auf die Wähler notwendig, unter denen ja, wie es wohl glaublich ist, die größte Einmütigkeit für den wegen seines sittenreinen Wandels und seiner Mildthätigkeit allbeliebten Kandidaten herrschte; auch gingen die Interessen des Kaisers und der Wille des Volkes zusammen. Der Kaiser kehrte auf die Nachricht vom Tode Benedikts nach Rom zurück: gewiß, schon sein bloßes Erscheinen mußte einen gewissen Eindruck auf die Wähler ausüben; Klerus, Adel und Volk erfuhren, oder wußten von früher her, wie genehm Nikolaus dem Kaiser war, und man konnte sagen, daß hierdurch bereits seine Wahl entschieden war, ehe sich noch nach dem Berichte des Papstbuches der Klerus und die vornehmen Laien versammelten, dann mit dem Volke in der Basilika des hl. Dionysius zusammentraten und einstimmig Nikolaus zum Papste ausriefen.

Von einer direkten Beeinflußung der Wähler, von einem die Freiheit der Abstimmung gefährdenden kaiserlichen Drucke kann unter diesen Umständen keine Rede sein.[1]

Selbstverständlich brauchten in diesem Falle der Kaiser nicht mehr benachrichtigt, kein Protokoll an ihn geschickt und seine Gesandten nicht abgewartet werden, ehe die Konsekration des neuerwählten Papstes voll-zogen wurde. Auch läßt sich denken, daß der Kaiser, wenn er dieses überhaupt bei dem auch von ihm gewünschten Papste Nikolaus für notwendig fand, sich selbst jenes Versprechen mündlich ablegen ließ, welches die früheren Päpste in die Hände kaiserlicher Legaten abgelegt hatten, nämlich die Treue dem Kaiser zu wahren.

Die Weihe des Papstes fand hierauf, wie der Liber pontificalis selbst uns meldet, in Gegenwart des Kaisers statt. Bayet (85) meint: »Peut-être avait-il forcé la main aux électeurs et craignait-il quelque réaction.« Allerdings war die Weihe eines Papstes wiederholt die

---

[1] Duchesne bemerkt zu jener Notiz der Annalen des Prudentius (II. 167. n. 3): „Cette appréciation est confirmée par la faveur dont jouirent auprès du pape Nicolas diverses personnes fort compromises au temps de son prédécesseur, mais connues pour leur dévouement à la politique de Louis II. Radoald de l'orto, Arsène d'Orta, et jusqu' au célèbre Anastase, dont l'empereur avait essayé de faire un pape à la mort de Léon IV."

Veranlaffung, daß eine unterlegene Partei Unruhen erregte; daß dieſes der Kaiſer auch im Jahre 858 hätte fürchten müßen, für dieſe Annahme liegt kein Gruud vor. Für Nikolaus herrſchte ja in allen Schichten der Bevölkerung geradezu eine begeiſterte Stimmung und, wie ausgeführt, war der Kaiſer der Freiheit der Papſtwahl in nichts zu nahe getreten: ſo brauchte er auch keine Reaktion zu fürchten. Vermutlich wohnte der Kaiſer der Weihe des Papſtes deshalb bei, weil er von dieſem hiezu eingeladen war, alſo um dem Papſte einen Beweis ſeiner Freund= ſchaft zu geben. Die Vita Nicolai I. c. 8—10 (Duchesne II. 152) wird ohnehin nicht müde, uns von den Freundſchaftserweiſen des Kaiſers gegen den Papſt zu erzählen.

* * *

Ein römiſches Konzil, welches ſich im Jahre 862 oder 863[1]) unter dem Vorſitze des Papſtes Nikolaus I. zunächſt gegen die Theo= paſchiten verſammelte, beſtimmte in ſeinem cilften Kanon:

›Si quis sacerdotibus seu primatibus nobilibus seu cuncto clero hujus sanctae Romanae ecclesiae electionem Romani pontificis contradicere praesumpserit, sicut in concilio beatissimi Stephani papae statutum est, anathema sit.‹[2])

Der Kanon verweist auf ein Konzil des Papſtes Stephanus, jenes vom Jahre 769 nämlich. Damals war anläßlich der durch den Herzog Toto von Nepi veranlaßten Unruhen den Laien das aktive Wahlrecht genommen und den ›sacerdotes atque primates ecclesiae vel cuncto clero‹ allein vorbehalten worden. Wer aber dieſen ›resistere praesumpserit ad eligendum sibi pontificem secundum hanc canonicam traditionem‹, der ſei im Banne.[3])

Selbſt dem Wortlaute nach, wie wir ſehen, ſchließt ſich der cilfte Kanon der Synode von 862 oder 863 der diesbezüglichen Verordnung von 769 an, ſobaß erſterer kaum mit Unrecht für eine bloße Wiederholung oder Erneuerung der letzteren gehalten wird.[3]) Nur iſt 862 resistere für contradicere im Jahre 769 gebraucht; ferners ſind 862 auch die nobiles als Mitglieder des Wahlkörpers genannt.

---

[1]) Für 863 erklärten ſich Muratori und Manſi, während Jaffé ſich für 862 entſchied. Vgl. Heſele IV. 260.

[2]) Zuerſt aufgefunden und mitgeteilt von Muratori II. 2. 127. Bei Mansi XV. 659.

[3]) Hinſchius I. 231 N. 3. Dagegen Richues im Hiſtoriſchen Jahrbuch 1880, 140. 144.

Die nobiles, die Abeligen, waren vom Papstwahldekrete von 769, welches das Laienelement von der eigentlichen Wahl ausschloß, gleich=falls betroffen worden. Frühzeitig suchte der Abel wieder einen direkten Anteil an der Papstwahl zu gewinnen, und nicht ohne Erfolg. Bereits die Konstitution Lothars nennt nicht blos den Klerus schlechthin als wahlberechtigt, sondern redet von „denjenigen Römern, welche nach altem Herkommen zur Wahl berechtigt sind." Gerade diese Konstitution aber ward durch die Vorgänge bei der Wahl Eugens II. veranlaßt, bei welcher die Partei der nobiles den Sieg davongetragen hatte. Daß der Abel sich auch sonst seit 769 wiederholt an der Papstwahl direkt beteiligt hat, ersehen wir aus den Wahlberichten. Es darf sonach nicht befremden, wenn in unserem elsten Kanon auch die nobiles, welche gerade im Jahre 769 ausgeschlossen wurden, nun wieder als wahlberechtigt genannt werden. Deshalb kann man aber auch nicht sagen, unser Kanon sei wesentlich ein anderer denn jener von 769.

Welches ist der Zweck, welchen die Synode von 862 oder 863 bei Erlaß jener Bestimmung verfolgte? Man hat hervorgehoben, daß in diesem elsten Kanon von verschiedenen wahlberechtigten Faktoren die Rede sei, mit keinem Worte aber des kaiserlichen Anteils an der Papst=wahl gedacht werde. Hieraus sowie aus den Vorgängen bei der nächsten Papstwahl glaubte man selbst folgern zu sollen, „es sei damals jeb=wedes kaiserliche Recht auf die Papstwahlen ausgeschlossen worden, indem das dem Kaiser früher zugestandene Recht, seine Gesandten zur Konsekration des Papstes zu schicken, sicher kein für alle Zeiten unwider=rufliches gewesen sei." So meinte Grashof (42, 237), der an den Erlaß eines Wahldekretes im Jahre 816 glaubt. Und er bemerkt weiter (ib. N. 4): „Von seiten Roms konnte um so mehr dieses Recht zurück=gezogen werden, als sowohl Kaiser Lothar wie Ludwig über dieses Recht hinaus eigenmächtige Angriffe in den Gang der Papstwahlen sich erlaubt, also ihrerseits zuerst das Dekret verletzt hätten."

Doch bei dem Schweigen sämtlicher Quellen erscheint uns diese Annahme, als habe Nikolaus durch jene Konzilsbestimmung, die nur so nebenhin in andere Kanones eingefügt und, wie gehört, auf einer Synode erlassen wurde, welche gegen die Theopaschiten berufen worden war, früher gewährte kaiserliche Rechte zurückziehen wollen, als völlig unbegründet. Der Papst hätte dieses, falls es seine Absicht gewesen, deutlicher aussprechen müßen und auch sicher dazu den Mut gehabt. Auch wäre es unbegreiflich, daß wir in diesem Falle von keinem Wider=stande seitens des Kaisers hören würden. Andrerseits bestand keine Notwendigkeit, daß der Papst, wenn er durch einen Kanon verbieten wollte, den allein Wahlberechtigten die Wahl streitig zu machen, dabei

an den Kaiser denken mußte. Denn kaiserlicherseits war, wie bereits
bemerkt worden, das den Römern zukommende Wahlrecht nicht nur niemals verletzt, sondern in der Constitutio Lotheriana förmlich garantiert
worden. Der elfte Kanon der Synode von 862 oder 863 wollte keineswegs kaiserliche Rechte verletzen, nicht gegen den Kaiser war seine Spitze
gerichtet, sein Zweck war vielmehr, Unruhen und ungehörige, gewaltthätige Eingriffe von seiten Unberechtigter, wie sie der Papst bei
der damaligen Lage und der Entwicklung der Parteiverhältnisse leicht
voraussehen konnte, durch Erneuerung und entsprechende Modifizierung
der älteren Bestimmung von 769 von künftigen Papstwahlen
fernezuhalten. In diesem Sinne sollte und mußte der elfte Kanon
der Synode von 862 oder 863 ein weiteres zur gesetzmäßigen Freiheit
der Papstwahl beitragen.

§ 26.
Wahl Hadrians II. im Jahre 867.

Nikolaus I. starb nach neunjähriger bewegter Regierung am
13. November 867.[1]

Nach Nikolaus' Tode blieb der päpstliche Stuhl einen Monat lang
unbesetzt. Über die Lage in Rom berichtet uns ein Brief, den der
Bibliothekar Anastasius an den Erzbischof Odo von Vienne geschrieben
hat[2] und der uns von drohenden Verwirrungen Kunde gibt. „Unser
Vater und Papst", so schrieb Anastasius, „ist am 13. November aus
diesem irdischen Leben zur himmlischen Seligkeit eingegangen und hat
uns elend und sehr hilflos zurückgelassen. Denn nach seinem Hinscheiden
dringen reißende Wölfe ein, welche die Herde nicht verschonen.... Jene
Rotte, die er entweder wegen mehrfachen Ehebruchs oder anderer Ver-
gehen halber zur Verantwortung zog, ist darauf entbrannt, alle seine
Werke zu zerstören und all seine Verfügungen zu vernichten. Man
glaubt, daß sie aus dem Grunde ihr Vorhaben in Vollzug setzen werden,
weil, wie man unseres Bedenkens mit Unrecht behauptet, der Kaiser
ihnen seine Hand bieten wird."

[1] Vita Nicolai c. 83 (Duchesne II. 167. Vignoli III. 217). Mansi XV.
453. Jaffé, Reg I. 368. Fälschlich nennen die Ann. bert. den Dezember. —
Hier sei auf einen kleinen Widerspruch bei Dümmler aufmerksam gemacht. II. 169
heißt der Papst von Alter und Krankheit gebeugt; dagegen 210 N. 4, er sei in
mittleren Jahren gestorben.
[2] Vgl. Mansi XV. 453. Bei Dümmler II. 221 f.

So schrieb Anastasius, da bereits wieder der päpstliche Stuhl besetzt war. Und er erwähnt nichts davon, daß diese über den verstorbenen Papst ergrimmte „Rotte", welche selbst auf die Mithilfe des Kaisers rechnete, die Neuwahl in ihrem Sinne zu lenken suchte. Die Vita Hadriani, die uns c. 4—6 einen sehr eingehenden Wahlbericht bietet,[1] sagt, es hätten die Vornehmen, obgleich sie in zwei Parteien gespalten schienen — zweifellos ist an die eigentlich römische und an die fränkisch oder kaiserlich gesinnte zu denken, welche von jeher unter den römischen Großen bestanden — ihre Wahl gleichmäßig auf Hadrian gerichtet.[2]

Dieser, wie Nikolaus I. ein Römer und aus einem Geschlechte, aus welchem schon die Päpste Stephan IV. und Sergius II. hervorgegangen waren, erfreute sich so sehr der allgemeinen Gunst, daß ihm die Wähler sowohl nach dem Tode Leos IV. (855) als Benedikts III. (858) die päpstliche Würde übertragen wollten. Er lehnte sie jedoch beide Male mit Entschiedenheit ab. Jetzt, da er bereits 75 Jahre zählte, erscholl von neuem der Ruf nach Hadrian. Der hohe und niedere Klerus wählten ihn einmütig und vereinigt mit dem Senate und Volke von Rom begaben sie sich zur Kirche Maria Maggiore, in der Hadrian häufig zu beten pflegte. Zwar weigerte er sich wegen seines hohen Alters die Würde anzunehmen, aber mit Gewalt wurde er zum Patriarchium in der Laterankirche geführt.

Man hat nach den Gründen geforscht, warum sich die Wähler so einmütig und wider Erwarten schnell auf Hadrian vereinigten, und kam zu verschiedenen Resultaten. Einige vermuteten, Hadrian sei auf Betreiben der kaiserlichen Partei gewählt worden. Gfrörer (II. 2) will dieses aus einer Stelle obigen Briefes des Anastasius an Ado von Vienne schließen, in welchem es von Hadrian heißt: „Unser neuer Papst ist zwar ein rechtschaffener Hirte, aber er folgt zu sehr den Ratschlägen des Bischofs Arsenius, der, weil er von Nikolaus beleidigt wurde, zum Kaiser hält und wenig Eifer für Wiederherstellung kirchlicher Zucht zeigt." Doch ist es gerechtfertigt, daraus zu folgern, Nikolaus habe der kaiserlichen Partei auch seine Erhebung verdankt? Noch willkürlicher ist eine weitere Meinung des genannten Geschichtsforschers (ebd.): „es hätten die Anhänger des Kaisers absichtlich einen Verheirateten

<hr>

[1] Vgl. diesen bei Muratori, Rer. it. Scr. III. 262 sq., Duchesne II. 173 sq. und Vignoli III. 223. Auch Hinschius I. 235 teilt die hiehergehörigen Stellen mit, desgleichen Abel II. 246 f. in der Note.

[2] Unbegründet ist es deshalb, von einer in ziemlich tumultuarischen Weise erfolgten Wahl Hadrians II. zu sprechen, wie z B. Richter II. 409 es thut. Auf die Wahl hatte Lamberts Einfall (s. u) nicht störend eingewirkt. Vgl. Riehues II. 317.

2

(dieſes war Habrian, vgl. Pertz, M. G. I. 477) auf Petri Stuhl be=
fördert, damit der neue Papſt darauf verzichte, die Geſetze ſeines Vor=
gängers wider die Prieſterehe zu vollziehen." Andere ſagten, die
Anhänger des Kaiſers hätten bei dieſer Wahl um deswillen der Neigung
und dem Willen des Volkes nachgegeben, weil ſie von dem greiſen
Prieſter eine minder kräftige Wahrnehmung der päpſtlichen Anſprüche
und jedenfalls nur eine kurze Regierungszeit erwarteten (vergleiche
Dümmler II. 223).

Gegen die Annahme, Habrian ſei der Günſtling der kaiſerlichen
Partei geweſen und von ihr emporgehoben worden, ſpricht ſehr vieles.
Nicht nur, daß man in dieſem Falle einen anfänglichen Widerſtand der
römiſchen Partei, welche ſicher die ſtärkere war, hätte erwarten müſſen,
— freilich beſaß Habrian Eigenſchaften, die ihn bei jedermann empfehlen
mußten und verkündeten ihn ſogar Wunderzeichen und Viſionen als den
von Gott ſelbſt auserſehenen Nachfolger Petri[1]) — ſpricht gerade das
Verhalten der kaiſerlichen Partei ſelbſt dagegen. Denn dieſe war mit
dem Gewählten bald unzufrieden, und der Kaiſer ſelbſt bringt in ſeinem
Schreiben die Einmütigkeit der Römer zum Betreiben der Seinigen in
einen gewiſſen Gegenſatz. Eine ungerechtfertigte Verdächtigung iſt es,
zu ſagen, „es habe vielleicht Anaſtaſius auf Habrian abgezielt, wenn
er von Ehebruch und anderen Verbrechen ſchreibt, mit denen die Gegen=
partei des Nikolaus ſich befleckt habe".[2]) Wahrſcheinlich hielt Habrian
in allem die rechte Mitte inne, woher dann leicht die raſche Einigung
und Einmütigkeit bei der Wahl ſelbſt zu erklären iſt. Jede Partei
erwartete von ihm Gutes, und ſo erfolgte eine einſtimmige Wahl.

Zur Zeit des Wahlaktes waren gerade kaiſerliche Geſandte
in Rom anweſend. Als ſie von der Papſtwahl erfuhren, wurden ſie,
wie uns die Vita Hadriani berichtet, „unwillig, natürlich nicht
deshalb, weil ſie einen ſolchen Mann nicht zum Papſte
wollten — im Gegenteil wünſchten ſie deſſen Erwählung mit großer
Ängſtlichkeit — ſondern daß die Römer ſie, obgleich in Rom anweſend,
nicht eingeladen und nicht gebilligt hatten, daß ſie an der
(auch) von ihnen gewünſchten Wahl des zukünftigen Papſtes
teilnahmen." Darauf hin wurde ihnen die Antwort zu teil, „daß
dieſes nicht aus Geringſchätzung des Kaiſers (non contemptus
causa augusti), ſondern lediglich in Rückſicht auf die Zukunft unter=
laſſen worden ſei, damit nicht, hätte man ſie herbeigerufen, daraus
eine Sitte entſtünde, mit der Wahl jedesmal bis zur An=

[1]) Liber pontif. Vita Hadr. II. c. 5 Duchesne II. 174).
[2]) Vgl. Bazmann II. 28.

kunft der kaiserlichen Gesandten zu warten." Damit beruhigten sich die Gesandten vollkommen und schritten auch ihrerseits in Demut zur Beglückwünschung des Neugewählten.[1])

Die kaiserlichen Gesandten, welche sich zufällig zur Zeit der Neu= wahl in Rom befanden, hatten also das Verlangen gestellt, auch an der Wahl teilnehmen zu dürfen, und dieses war in der That eine neue Forderung, welche durch nichts begründet war. Auch Bayet bezeichnet (86) diese Forderung als »un nouveau progrès dans le développement des prétentions impériales«; dieses Mal sei es die Freiheit der Wahl selbst gewesen, welche von seiten der Gesandten angegriffen.wurde.[2]) Und es hatte doch erst im eilften Kanon der Synode von 862 und 863 der Papst jene aufs neue für ausgeschlossen erklärt, welche sich unterstünden, den zur Wahl allein Berechtigten »sacerdotes seu primates, nobiles seu cunctus clerus Romanae ecclesiae« die Wahl streitig zu machen! Deutlich erhellt aus dem Berichte der Vita Hadriani, daß man auch jetzt römischerseits nicht gewillt war — wie es scheint nicht einmal seitens der kaiserlichen Partei selbst — den kaiserlichen Legaten irgend eine Teilnahme an der Wahl des Papstes zuzugestehen, ja nicht einmal ihre Anwesenheit bei derselben dulden wollte.

Hören wir nun, was uns die genannte Vita c. 7 (Duchesne II. 175) weiter erzählt. „Als die kaiserlichen Legaten in das Patriarchium der Laterankirche hinauf= und wieder davon hinabstiegen (dahin war der Papst nach seiner Erwählung von der Menge gebracht worden), erhob das Volk ein solches Geschrei, man möge ihm den von ihm gewünschten Mann zur Konsekration ausliefern, daß keiner mehr die Worte des andern verstand. Eine solche Begeisterung für den Erwählten hatte niemand je erwartet. Zuletzt suchten ihn alle im Wetteifer in Gegen= wart der kaiserlichen Legaten mit Gewalt fortzuschleppen und auf den apostolischen Stuhl zu setzen, und nur mit Mühe gelang es den Sena= toren, das Volk ein wenig zu beschwichtigen. Als[3]) nun Kaiser Ludwig von dieser Einmütigkeit und dem allgemeinen Verlangen der Römer

---

[1]) Diesen Bericht der Vita Hadriani c. 6 (Duchesne II. 174) nahm auch Gratian in sein Dekret auf (c. 29. Dist. LXIII.) und zwar mit der Überschrift Gregorius, entstanden aus der irrtümlichen Auflösung der Abkürzung G. R. P. (Gesta Romanorum Pontificum). Cf. Berardi, Comment. ad Jus eccles. I. 95.

[2]) Duchesne sagt (II. 186 n. 7): „En effait, la constitution de Lothaire qui était alors le régime des élections pontificales, n'attribuait à l'empereur ou à ses représentants aucun rôle dans l'élection elle-même. Le choix fait, le procès-verbal dûment dressé et signé, l'empereur en recevait communication et le ratifiait, s'il lui semblait regulier."

[3]) Liber pontif. Vita Hadr. II. c. 8 (Duchesne II. 175).

Kunde erhielt und auch ersah, wie sie bezüglich desselben das Dekret durch ihre Unterschriften bekräftigt hatten, war er überaus erfreut. Denn er selbst wünschte einen solchen Papst. Er verfaßte ein Schreiben, indem er die Römer insgesamt lobte, daß sie einen dieses Amtes so würdigen Papst erwählt hätten, womit[1]) natürlich kund wurde, es sei niemanden irgend eine Belohnung infolge der Weihe des Papstes irgendwie zu versprechen, da er selbst aufs dringendste deren Vornahme wünschte, nicht durch das Betreiben der Seinigen, sondern vielmehr durch die Einmütigkeit der Römer bewogen; da er zudem sagte, er wünsche, daß das, was genommen sei, zurückgegeben, nicht aber etwas der römischen Kirche genommen werde oder (derselben) zu Grunde gehe."

Die Begeisterung des Volkes, wovon uns die Vita Hadriani erzählt, wollte keine Verzögerung der Besitznahme des Stuhles Petri durch den neuerwählten Papst dulden. Man suchte ihn mit Gewalt zur Konsekration zu führen und die fränkischen Legaten förmlich zu nötigen, die Vornahme der Weihe zu dulden. Nur durch die Besonnenheit der Senatoren wird der Vollzug der Weihe verhindert. Zuerst muß der Kaiser von der geschehenen Wahl benachrichtigt und ihm das Wahldekret übersendet werden, damit er Gesandte zur Abnahme des Treueides schicken könne; erst wenn diese angekommen, erst wenn der Papst den Eid geleistet, darf die Konsekration vollzogen werden. Nun wurde, wie es bei der Wahl Benedikts III. geschehen war, ein von den Wählern unterzeichnetes Dekret an Kaiser Ludwig abgesendet, der eben mit einer Unternehmung gegen die Sarazenen in Unteritalien beschäftigt war. Gesandte überbrachten ihm die Wahlanzeige nebst dem Wahldekrete, und als der Kaiser hieraus ersah, wie sehr die Römer nach Hadrian verlangt und wie einmütig seine Wahl erfolgt war, »cognoscens etiam, qualiter in eo decretum suis subscriptionibus roboraverunt, valde gavisus est.« Auch der Kaiser fühlte sich durch den Vorgang in Rom, daß man nämlich seine Legaten, obgleich in Rom anwesend, nicht zur Wahl des neuen Papstes eingeladen hatte, nicht in seinen Rechten beeinträchtigt. Er zeigte sich vielmehr, wie gesagt, hoch erfreut über die Eintracht der Wähler und überhäufte in seinem Antwortschreiben die Römer mit Lobsprüchen, weil sie einen so würdigen Papst erwählt hätten;[2]) denn er selbst wünschte einen solchen Papst

---

[1]) „... Per quam videlicet innotuit, nulli quippiam praemii fore pro consecratione ipsius quoquo modo pollicendum, cum ipse hanc non suorum suggestione, sed Romanorum potius unanimitate commotus ardentissime cuperet provenire; maxime cum reddi quae ablata fuerant non auferri ab ecclesia Romana, vel deperire quippiam xe diceret anhelare."

[2]) Vita Hadriani c. 8. Ann. bert. Vgl. Mühlbacher 1025 g.

auf dem apoſtoliſchen Stuhle zu ſehen. Hätte der Kaiſer, wie Reumont II. 206 ſich äußert, über die angeblich eigenmächtige Wahl gezürnt, ſo hätte er ſicher hierüber eine Bemerkung einfließen laſſen und nicht gerade das Gegenteil verſichert.

Der Kaiſer konnte nach einer zweifachen Richtung ſeiner Zufriedenheit Ausdruck verleihen. Er war zufrieden, daß Hadrian, ein dieſes Amtes ſo würdiger Mann, einmütig erwählt wurde; dann aber auch, daß die Wähler desſelben, wie es aus dem obigen Berichte hervorgeht, das Wahldekret mit ihren Unterſchriften bekräftigt hatten und die Senatoren es verhinderten, daß die Weihe, ehe der Konvention vom Jahre 824 Genüge geſchehen, vorgenommen wurde. Durch ſein Antwortſchreiben gab der Kaiſer aber auch zu verſtehen, es dürfte niemanden und unter keinen Umſtänden wegen der Konſekration des Papſtes irgend eine Belohnung zum Schaden der Kirche verſprochen werden, denn nicht neue Verluſte wünſchte er der Kirche zuzufügen, ſondern vielmehr daß ihr das alles, was ihr verloren gegangen war, erſetzt werde. Nach dieſen Andeutungen ſcheint es, daß ſich jemand wegen der Weihe des Papſtes eine Belohnung ſeitens der Kirche erwartete, und der Kaiſer wollte dieſe Hoffnung nicht nähren, ſondern zerſtören. Warum ſollte ſich niemand eine Hoffnung machen? »Cum ipse hanc (consecrationem) non suorum suggestione, sed Romanorum potius unanimitate commotus ardentissime cuperet provenire.« Er hatte ſelbſt den angelegentlichſten Wunſch, die Konſekration möge vor ſich gehen, nicht weil dieſelbe die Seinigen betrieben, ſondern vielmehr wegen der Einmütigkeit der Römer. Aus dieſer Stelle erhellt, daß der Kaiſer etwas bezüglich der Konſekration zu thun hatte, und er wollte dieſes gerne thun wegen der einmütig erfolgten Wahl, wie er ſelbſt betont. Was der Kaiſer bezüglich der Weihe zu thun hatte, iſt in der Stelle offenbar nicht geſagt. Seine Erlaubnis zur Vornahme der Weihe geben? Dann iſt es unbegreiflich, warum ſtatt provenire nicht das deutliche, klare concedere gewählt iſt. Handelte es ſich um eine kaiſerliche Genehmigung der Weihe des neuerwählten Papſtes, ſo wäre der Sinn der Stelle einfach der: Wegen der Genehmigung der Weihe braucht ſich niemand eine Hoffnung auf Belohnung zu machen; denn dieſe durchzuſetzen, darf ſich niemand bemühen, ich bewillige ſie vielmehr ſelbſt ſehr gerne, nicht weil ſie die Meinigen betreiben, ſondern der Einmütigkeit der Römer wegen. Der Gebrauch des intranſitiven Verbums »provenire« ſcheint uns nahezulegen, daß es ſich um eine andere kaiſerliche Aktion handle, als es die förmliche Genehmigung der Weihe iſt, um eine Aktion, welche bei Erteilung der Weihe vielmehr ſchon vorausgeſetzt wird, um eine Aktion, welcher, wenn sie der Kaiser vollzogen hat, die Konsekration nachfolgen kann. Und diese kaiserliche Handlung ist unseres Erachtens keine andere als die Absendung kaiserlicher Legaten zur Abnahme des Treueides. Und hiezu versteht sich der Kaiser gerne, denn er freut sich über die Einmütigkeit der Römer. Daß Hadrian so einmütig gewählt worden, wie aus der Wahlanzeige und dem Wahldekrete ersichtlich ist, ist Grund genug für ihn, die Legaten ungesäumt abzuordnen, und braucht es hiezu keiner weiteren Mühe von seiten der Seinigen, weshalb diese aber auch auf keinerlei Belohnung für ihre vielleicht aufgewendete Mühe rechnen sollen. Denn es sei sein gemessenster Wunsch, daß die römische Kirche nicht auch noch durch derartige Belohnungen, die sie erteilen müßte, geschädigt werde. Doch auch in Hinkmars Annalen ad ann. 867 (Scr. I. 476) wird uns berichtet, Hadrian II. habe mit Zustimmung des Kaisers den apostolischen Stuhl bestiegen, wörtlich: »Nicolaus papa ... obiit, cui successit Adrianus papa electione clericorum et consensu Illudowici imperatoris in pontificatu.« Durch diese Notiz veranlaßt, nahmen mehrere[1]) an, es sei das Dekret dem Kaiser eben behufs „Bestätigung" übersandt worden, m. a. W. der Kaiser habe zur Vornahme der Konsekration seine Genehmigung erteilt. Wir glauben nicht irre zu gehen, wenn wir nach dem Vorausgehenden annehmen, dem Kaiser sei das Dekret zur Einsichtnahme, um sich vom gesetzmäßigen Verlauf der Wahl zu überzeugen, übersandt worden, und als er sich hievon überzeugt, habe er zur Abnahme des Treueides seine Legaten abgeordnet. Indem so die Römer am Versprechen vom Jahre 824 festhielten und der Papst den Treueid leistete, ward dem Kaiser jeglicher Vorwand genommen, der Konsekration des Neuerwählten eine Schwierigkeit in den Weg zu legen. Die Weihe des Papstes geschah, nachdem der Kaiser durch Abordnung seiner Legaten die Neuwahl zwar nicht formell, aber materiell für gesetzmäßig erklärt und unter der Voraussetzung, daß der Papst den Treueid nun auch in die Hände seiner Legaten ablege, gleichsam seinen Konsens zur Weihe erteilt hatte. Genauer wäre, wie bereits einmal angedeutet, die Ausdrucksweise: Hadrian II. wurde geweiht, nachdem ihn die hiezu Berechtigten gesetzmäßig gewählt hatten, ohne Widerspruch des Kaisers. Einen Widerspruch zu erheben, war dem Kaiser durch die kanonisch verlaufene Wahl und durch Ablegung des Treueides von seiten des Papstes in die Hände der von ihm abgeordneten Legaten jeglicher Anlaß genommen.

---

[1]) J. B. Papencordt 164. Reumont II. 206. Dümmler II. 223. Niehues II. 319.

Noch eine nebenfächliche Bemerkung! Grashof betont (42, 238
N. 2) in der angeführten Stelle der Annalen Hinkmars das Wort:
»electione clericorum« und meint, hier sehe man bereits die Wirkung
der Synode von 862 oder 863; sonst hätte man stets von einer Wahl
des Klerus und römischen Volkes gehört. Doch die Vita Hadriani
sagt, daß sich der Klerus, die Vornehmen und das Volk zur Wahl
versammelt hätten; insoferne erstere, Klerus und Vornehme, den Aus-
schlag gaben und sich, wie bei der Wahl Nikolaus' I. versammelten, ehe
noch das Volk (nach den Bestimmungen der Synode von 769) beitrat,
entspricht auch dieser Bericht der Thatsache.

Die Weihe Hadrians erfolgte am 14. Dezember 867 und wurde
von den Bischöfen von Ostia, und weil der Stuhl von Albano erledigt
war und sich Formosus, der Bischof von Porto, auf der ihm von Nikolaus
übertragenen Mission zu den Bulgaren befand, von jenen von Gabii
(Campo Gabio) und Silva Candida vorgenommen. Derselben wohnten
auch die kaiserlichen Gesandten bei.[1]

Hadrians Regierungsantritt machte den wüsten Unordnungen ein
Ende, deren Schauplatz Rom fast regelmäßig zur Zeit der Sedisvakanzen war. Dieses Mal wurden die Leiden, wie sie das Inter-
regnum mit sich brachte, noch durch den Einfall des Herzogs
Lambert von Spoleto vermehrt, der, wie die Vita Hadriani erzählt,
gerade zur Zeit der Weihe des Papstes[2] in Rom erschien und mit
Mißvergnügten der fränkischen Partei verbunden[3] die Stadt aufs feind-
lichste behandelte. Daraus, daß der Kaiser ihn hiefür nicht augen-
blicklich zur Strafe zog — die Absetzung Lamberts erfolgte erst später
und war keine Folge jenes unberechtigten Einfalles[4] — darf nicht
geschlossen werden, es sei der Kaiser über die Vorgänge bei der Papstwahl mißvergnügt oder gar, wie Reumont II. 226 sagt, mit Lambert
einverstanden gewesen. Er mag dessen Maß noch nicht voll erachtet
haben oder es waren ihm andere Geschäfte, wie die Unternehmung
gegen die Sarazenen, wichtiger.

---

[1] Vita Hadriani c. 9.
[2] Gfrörer II. 1 und Kirchengeschichte III. 1045 läßt ihn irrtümlich zur Zeit
der Wahl einbrechen.
[3] Papencordt 164. Dümmler II. 223.
[4] Cf. Muratori, Annali ad ann. 868 et 871, Papencordt 164 N. 6.
Dümmler II. 223.

§ 27.

Wahl der Päpste Johann VIII., Marinus I. und Hadrian III.

Hadrians Tod fällt zwischen den 13. November (von diesem Tage ist das letzte Schreiben, das uns erhalten ist, datiert) und 14. Dezember 872.[1])

Über die Vorgänge bei den nächsten drei Papstwahlen hat uns die Geschichte keine näheren Nachrichten überliefert. Das Papstbuch berichtet nichts von den drei auf Hadrian II. folgenden Päpsten und die fränkischen Chronisten melden nur die jedesmalige Wiederbesetzung des päpstlichen Stuhles, ohne den Modus näher anzugeben.

Man hat gleichwohl aus gleichzeitigen oder späteren Ereignissen auch in dieses Dunkel Licht zu bringen gesucht. Wie schwierig es jedoch ist, diese Sache aufzuhellen, ersieht man daraus, daß aus derselben historischen Thatsache — den Vorgängen bei der Wahl Stephans VI. — man gerade Entgegengesetztes gefolgert hat. „Wahrscheinlich ist bei diesen Papstwahlen ebensowenig auf die Zustimmung des Kaisers gewartet worden, als bei der Stephans VI.", sagten die einen (vgl. Phillips V. 782), während die anderen vermuteten: Man werde die bestehenden Vorschriften sicher beachtet haben, sonst wäre nicht erst bei der Wahl Stephans VI. deren Befolgung so energisch betont worden. Jedenfalls kann mit demselben Rechte, als behauptet wird: „Möglich, daß man bei diesen Wahlen die kaiserlichen Rechte nicht immer geachtet hat" (Hinschius I. 235) auch gesagt werden: Möglich, daß sie immer geachtet worden sind, denn sonst würden die Annalen gewiß von Konflikten berichten, wie dieses noch im Jahre 855 der Fall war.

Johann VIII., ein geborner Römer, der jedoch vielleicht aus longobardischem Geblüte stammte (sein Vater hieß Gundo), wurde im Jahre 872 erwählt. Bezüglich seiner Erhebung sagen die Ann. bertin. (cf. Ann. xant. 872): ›Adrianus papa moritur et Johannes, archidiaconus romanae ecclesiae, 19. Kal. Januarii in locum illius substituitur.‹ Während Gfrörer meint (II. 89): „wider den Willen des italischen Karolingers werde Johann VIII. nicht erhoben worden sein, weil er kurz nach seiner Einsetzung demselben einen wichtigen Dienst geleistet habe" und (eine Seite später) Johanns VIII. Erhebung das Werk einer Abfindung zwischen der fränkischen und italienischen Partei nennt, antwortet Bayet auf die Frage, ob wohl der Kaiser an der Wahl Johanns VIII. sich beteiligt habe: ›Aucun contemporain n'en

---

[1]) Jaffé 2962. Cf. Pagi, Brev. Pontif. Rom. II. 138.

fait mention, pas même Hincmar, qui, en 867, avait noté le consentement impérial. - Demnach hätte keinerlei kaiserlicher Einfluß stattgefunden, was bei der damaligen politischen Konstellation nicht unmöglich ist.

Papst Johann VIII. war ein eifriger Anhänger des westfränkischen Herrschers, von dem er das Beste für die Kirche erwartete. (Dümmler II. 351.) Wahrscheinlich bildeten diese Sympathien den Grund der schweren Zerwürfnisse mit Formosus, dem damaligen Bischof von Porto, der sich an die ostfränkische Linie anschloß.[1] Denn daß Formosus gegen den Papst eine Verschwörung zum Zwecke seiner eigenen Erhebung auf den päpstlichen Stuhl anzettelte,[2] diese Beschuldigung hat keinen anderen Grund als des zürnenden Johannes Worte.[3]

Als Johann VIII. nach zehnjähriger, an Drangsalen reicher Regierung starb,[4] war der Einfluß der Kaiser in Italien im Sinken, während die Macht der italienischen Großen zusehends stieg.

Es wird sonst nirgends berichtet, was die Fuldaischen Annalen[5] über das Lebensende des Papstes melden. Ein Verwandter, welcher gierig nach dem Schatze des Papstes und seiner erhabenen Würde verlangte, habe demselben Gift gereicht, und als dieses nicht schnell genug wirkte, ihn erschlagen. Doch habe den Mörder, ohne daß er sein Ziel erreichte, ein plötzlicher Tod ereilt.

Was Gfrörer (II. 235), der dieser Nachricht Glauben schenkt, weiter andeutet: „die Ermordung des Papstes habe zum Vorteile des deutschen Kaisers ausgeschlagen und seinen Zwecken gedient", — also „müße man nach dem bewährten (?) Grundsatz der Politik: wem ein Verbrechen nützt, der hat es angestiftet, den Schluß ziehen, die Mörder Johanns VIII. seien im Bunde mit Karl dem Dicken gestanden", daß endlich „wirklich nach Johanns Tod ein kaiserlicher Papst den Stuhl Petri bestiegen habe", diese Andeutungen haben kaum den Wert einer Hypothese. Ob der folgende Papst Marinus I. ein „kaiserlicher" Papst war, soll sogleich untersucht werden.

Unter dem Eindrucke jener Nachricht der Fuldaischen Annalen schreibt Bazmann (II. 58): „Düster schloß das Bild, als der Vorhang

---

[1] Vgl. Knöpfler im Kirchenlexikon IV. 1620 f.
[2] So nahm besonders Gfrörer an II. 184. 253, auch noch Dümmler I. Aufl. Bd. II. 28.
[3] Reumont II. 209.
[4] Er regierte nach der Vita Joannis VIII. c. 1 (Vignoli III. 255) zehn Jahre und zwei Tage. Demnach starb er am 15. Dezember 882.
[5] P. V. ad ann. 883 (Scr. I. 398 b. vgl. mit 397 a). Richter II. 477. Dümmler I. Aufl. II. 190. Hefele, Beiträge I. 230. Gfrörer II. 234 f.

für Johannes' VIII. Leben fiel. Der Kampf der Adelsfaktionen, das Parteitreiben der Herzöge von Spoleto und Tuscien, im Hintergrunde die kaiserliche Gewalt mehr und mehr zum ohnmächtigen Schatten herabsinkend, — so spielte sich fortan auf der Bühne Italiens die Geschichte ab, fast ein Jahrhundert lang."

* * *

Auf Papst Johann VIII. folgte Marinus I., ein Schüler des Papstes Nikolaus, der sowohl unter diesem Papste als unter seinen Nachfolgern Hadrian II. und Johann VIII. mit mehreren, wichtigen Gesandtschaften betraut worden war. Noch im Dezember 882 (am 15. starb Johann VIII.) scheint auch dessen Konsekration erfolgt zu sein.[1]

Nach gewöhnlicher Annahme, welche sich auf eine Stelle der Ann. fuld.[2] und einige andere Zeugnisse, z. B. die Invectiva in Romam pro Formoso papa (Dümmler, Gesta Berengarii imp. 145) stützt, war Marinus vorher Bischof von Cäre;[3] seine gegen den 15. Kanon des Konzils von Nizäa[4] stattgefundene Erhebung war das erste Beispiel der Translation eines Bischofs auf den römischen Stuhl, damals noch nicht von den Lateinern, wohl aber von den Griechen angefochten.[5] Der Nation nach war er nach späteren Nachrichten[6] ein Gallier; sonach hatte bei seiner Erhebung Herzog Guido II. von Spoleto sicher seine Hand nicht im Spiele.[7]

Doch geschah die Erhebung Marinus' I. auch ohne jede Beteiligung des Kaisers? Die Ann. fuld., welche uns über die Erhebung dieses Papstes berichten, sagen:[8] „Es starb der römische Papst Johannes, in cujus locum Marinus . . . subrogatus est;" und wiederum:[9]

---

[1] Jaffé, Reg. I. 425.

[2] Ad ann. 882 (Scr. I. 397 a). Im Widerspruche damit heißt es jedoch in denselben Annalen ad ann. 883 (Scr. I. 398 b): „... Marinus, qui in id tempus Romana in urbe archidiaconus habebatur..."

[3] So nehmen auch an: Hergenröther II. 24. Funk 207. Richter II. 479. — Andere z. B. Philips V. 782, Gröne I. 402 bezeichnen ihn wieder als Archidiakon. Vgl. Hinschius I. 237. N. 2.

[4] Deshalb sagen auch die Ann. fuld. (Scr. 397 a): „... contra statuta canonum subrogatus est."

[5] Hergenröther I. 29.

[6] Watterich I. 29. Gröne I. 386 läßt ihn dagegen aus Toskana stammen.

[7] So sagt auch Hefele, Beiträge I. 290: „Guido von Spoleto wollte über den Stuhl verfügen; doch das Volk vereitelte seine Pläne..."

[8] Scr. I. 397 a.

[9] Ib. 398 b.

›In cuius vice omni populo Romano unanimiter confortante Marinus . . . ordinari compactum est.‹ Eine Stelle, welche wie soviele andere sehr verschieden erklärt wurde. Bayet[1]) und einige vor ihm glaubten, daß diese Stelle andeute, der Papst sei mit kaiserlicher Zustimmung ordiniert worden. Hefele indes[2]) meint: „Die bringlichen Umstände, um das Parteigetriebe niederzuschlagen, nötigten ihn, sich vor empfangener Zustimmung des Kaisers konsekrieren zu lassen, was dieser anfangs übel nahm. Beide verständigten sich jedoch freundlich.“

In den Ann. fuld. ist wohl keines von beiden — weder daß Marin mit kaiserlicher Genehmigung, noch daß er ohne und vor derselben ordiniert worden, ausgesprochen.[3]) Sicherlich ging die Wahl in herkömmlicher Weise vor sich: Klerus und Adel vollzogen dieselbe und das gesamte römische Volk trat derselben bei; das letztere mochte der Annalist eine confortatio und die ganze Wahlhandlung ein compactum nennen. Daß er an den Kaiser gedacht, daß dieser seine Zustimmung zur Wahl gegeben, ist nichts als eine willkürliche Annahme.

Als dieses charakterisieren sich aber auch Gfrörers Ausführungen.[4]) Obgleich dieser selbst zugesteht: „Keine Quelle meldet etwas davon, daß kaiserliche Bevollmächtigte der Wahl angewohnt hätten, oder daß Karl der Dicke die erfolgte Wahl bestätigte“,[5]) fährt er doch fort: „Gleichwohl ist gewiß, daß Marinus deutschem Einflusse seine Erhebung verdankte.“ Und auf welche Gründe hin ist dieses „gewiß“?

Gfrörer verweist zunächst an den freundlichen Verkehr des neuen Papstes mit dem Kaiser,[6]) dann zweitens und letztens an die Maßregeln, welche Marinus angeordnet, gleich nachdem er den päpstlichen Stuhl bestiegen hatte, und welche „unbegrenzte Hingebung“ für den Kaiser verraten sollen. Diese „Maßregeln“ sind, daß „Marinus den ehemaligen Bischof Formosus von Porto, welcher als Werkzeug deutscher Politik die Rolle eines Gegenpapstes wider Johann VIII.

---

[1]) S. 68. In der Note 4 glaubt er indes noch beifügen zu sollen: „Les détails qui suivent attestent d'ailleurs l'accord du pape et de l'empereur.“
[2]) Beiträge I. 230. Ohne Quellenangabe.
[3]) In diesem Sinne sagt auch Niehues II. 437 richtig: „Von der Anwesenheit kaiserlicher Gesandter bei seiner Konsekration . . . ist nicht die Rede.“
[4]) II. 252 f.
[5]) S. 252.
[6]) Nach seiner Erhebung hatte der Papst eine Besprechung mit Karl dem Dicken zu Nonantula (Script. I. 398 b); „der Papst“, sagt Gfrörer, „war folglich dem Kaiser entgegengereist.“ Soll vielleicht auch hieraus folgen, daß der Papst ihm seine Erhebung verdankte?

gespielt hatte und deshalb durch letzteren mit dem Kirchenfluche beladen
worden war, nicht nur des Bannes entband, sondern ihm auch die
Erlaubnis erteilte, in Rom zu wohnen." Diese Wiederherstellung des
Formosus „kann nicht freier Entschluß des Papstes gewesen, sondern
muß ihm durch den Kaiser abgepreßt worden sein. Man sieht daher,
Marinus war ein Geschöpf Karls des Dicken..."[1]

Zur Würdigung des ersten Grundes bemerken wir nur, daß
Marinus, auch ohne dem Kaiser seine Erhebung zu verdanken, in freund-
liche Beziehungen zu demselben treten konnte; gegen den zweiten Grund
möchten wir anführen, daß es durchaus nicht historisch beglaubigt ist,
daß Formosus als Werkzeug kaiserlicher Politik sich in Rom als Gegenpapst aufgeworfen hat; zudem hatte wahrscheinlich noch Johann VIII.
selbst den Formosus von der Exkommunikation losgesprochen.[2]

Wir möchten gegen die Ausführungen Gfrörers nicht bloß deshalb protestieren, weil sie Folgerungen aus falschen oder wenigstens
nicht beglaubigten Prämissen sind; sondern auch, weil sie, wenigstens
nach Gfrörers Auffassung,[3] ein schiefes Licht auf den Charakter des
Papstes zu werfen geeignet sind.

Marinus' Tod fällt in den April oder Mai 884.[4]

* * *

Kurz wie sein Vorgänger regierte Hadrian III., nach den Annalen
von Monte Cassino aus Teano, nach anderen aus Rom gebürtig, jedoch
von austrasischer Herkunft.[5] Er wurde von Formosus geweiht, der
von Marinus 883 auch wieder in seine frühere Würde eingesetzt worden
war und wie Hadrian III., so auch dessen Nachfolger Stephan VI.
konsekrierte, um dann selbst (im September 891) den päpstlichen Stuhl
zu besteigen.

Keine Quelle berichtet, daß der Kaiser irgendwie einen Einfluß auf
seine Erhebung gehabt oder sich sonst irgendwie bei dessen Wahl und
Konsekration beteiligt habe. Aus diesem Schweigen der Quellen schließt
wohl auch Niehues (II. 438), „Hadrian III. habe wahrscheinlich wie
Marinus den päpstlichen Stuhl bestiegen, ohne daß kaiserliche Gesandte

---

[1] II. 253.
[2] Vgl. Knöpfler im Kirchenlexikon IV. 1621.
[3] Vgl. S. 295 N. 3.
[4] Vgl. Jaffé, Reg. I. 426. Richter II. 482.
[5] Vgl. Bazmann II. 58. Forschungen III. 112 ff

in Rom zugegen waren." Zwar glaubt Gfrörer (II. 270) wiederum behaupten zu sollen, Hadrian III. habe seine Erhebung der kaiserlichen Partei verdankt; indes sind die Gründe, welche er hiefür anzuführen weiß, nicht durchschlagend. Einmal „spreche keine Quelle von Schwierigkeiten, welche Karl der Dicke gegen Hadrians Erhebung gemacht habe, während sonst der Fulvaer Chronist nicht zu melden vergißt, wann der Kaiser sich einer Papstwahl widersetzte." Daraus folgt aber höchstens, daß der Kaiser mit dem **Ausfall der Wahl** zufrieden, daß der Gewählte auch ihm genehm war, aber noch nicht, daß er die Wahl in seinem Sinne beeinflußt hat oder daß Hadrian der Günstling der kaiserlichen Partei war. Dann „hätte Karl der Dicke sicherlich von dem neuen Papste den höchst wichtigen Dienst (der Absetzung einiger Bischöfe und der Erhebung Bernhards) nicht verlangt, wäre er mit der Wahl desselben unzufrieden gewesen." Allein dieses hätte der Kaiser selbst dann **verlangen** können, wenn ihm Hadrian III. sonst nicht genehm gewesen wäre.

Ohne historischen Halt ist auch die Ansicht Hefeles (Beiträge I. 231), Hadrian III. sei durch Guidos Partei erhoben worden; der verdienstvolle Historiker mochte zu dieser Annahme geführt worden sein, indem er noch für verbürgt hielt, daß der Papst nach seiner Thronbesteigung erklärt habe: „wenn Karl III. ohne ehelichen Sohn sterbe, so solle ein italienischer Fürst die Kaiserkrone erhalten." —

Wie verhält es sich nun mit der weiteren Nachricht: Papst Hadrian III. habe sogleich bei seinem Regierungsantritte eine Verfügung des Inhalts erlassen, „daß der neugewählte Papst, ohne die Ankunft der kaiserlichen Gesandten abzuwarten, konsekriert werden solle?"

Diese Nachricht ist in gleichzeitigen Quellen nicht begründet. Muratori gibt (Annali V. 168) als ältesten Gewährsmann für dieselbe den auch sonst unzuverlässigen Martinus Polonus an (Bayet sagt von ihm 88 f.: ›fort connu pour la facilité avec laquelle il enregistre toutes les fables‹), welcher dem dreizehnten Jahrhundert angehört.[1] Der Behauptung, eine derartige Verfügung habe unter den damaligen Verhältnissen — es drohte der Verfall des Karolingerreiches — große Wahrscheinlichkeit für sich,[2] auch sei bereits der nächste Papst,

---

[1] Die Stelle lautet: „Hic constituit, ut imperator non intromitteret se de electione papae." Ed. Klimes. p. 104. Auch **Sigonius** führt dieses an; die Stellen sind abgedruckt in Gfrörers Kirchengeschichte III. 1136.

[2] So Floß 58. Gegen die Ächtheit erklärten sich Hinschius I. 235, Bayet 89 u. a., dafür besonders Gfrörer II. 272.

Stephan VI., sofort nach seiner Erwählung geweiht worden, steht der energische Widerspruch des Kaisers im letzterwähnten Falle hindernd im Wege.

§ 28.

Wahl Stephans VI. im Jahre 885 und das Vorgehen Karls III. des Dicken.

Hadrian III. starb, auf einer Reise nach Deutschland begriffen, im August oder September des Jahres 885.[1])

Wenige Tage nach seinem Hinscheiden — die Ann. Fuld. sagen: »Romani, pontificis sui morte comperta, Stephanum in locum ejus constituerunt« — ward Stephan VI. zu seinem Nachfolger gewählt, der von Hadrian II. zum Subdiakou geweiht und unter die Geistlichkeit des Laterans aufgenommen, von Marinus aber zum Erzpriester der vier gekrönten Martyrer erhoben worden war. Stephan stammte aus vornehmer, römischer Familie. Er hatte sich von Jugend auf dem Dienste der Kirche gewidmet und das besondere Vertrauen der beiden letzten Päpste Marinus und Hadrian III genossen.[2])

Wie sehr er auch beim Volke beliebt war, ersehen wir aus nachfolgendem Berichte der Vita Stephani c. 3 (bei Muratori III. 269, bei Duchesne II. 191): »Igitur defuncto record.andae memoriae Hadriano papa ... per Dei misericordiam facto conventu sanctissimorum episcoporum et totius clericalis ordinis, nec non nobilium senatuum et virorum illustrium coetu acclamantibus omnibus, una cum omni populo et utriusque sexus vulgi multitudine: Domnum Stephanum presbyterum Deo dignum omnes volumus, omnes quaerimus et petimus nobis praeesse pontificem. ...«

Nachdem Stephanus so einmütig gewählt worden, sammelten sich alle um den von Hadrian zum Schutze der Stadt zurückgelassenen kaiserlichen Botschafter, den Bischof Johannes von Pavia, und eilten mit demselben zum väterlichen Hause des Erwählten. Stephanus weigerte sich, das Pontifikat anzunehmen, aber er wurde ergriffen und mit Gewalt zu seiner Titularkirche geführt. Von dort geleiteten sie den neuen Papst in den Lateran. »Quo scilicet iu eodem residente palatio gaudent utriusque ordinis proceres et debitam fidelitatem coeperunt

---

[1]) Ann. fuld. 885. Vgl. Richter II. 489 i Dümmler I. Auß. II. 248.
[2]) Cf. Lib. pont. Vita Stephani V. c. 1. 2. (Duchesne II. 191).

exhibere.« Am nächsten Sonntag bereits fand in der St. Peterskirche die feierliche Konsekration Stephans statt.[1]

So erzählt uns die genannte Vita mit besonderer Ausführlichkeit. Die Weihe des Neuerwählten fand sonach statt, ohne daß man den Kaiser Karl III. den Dicken von der Wahl benachrichtigt und mit der Konsekration bis zur Ankunft seiner Gesandten gewartet hätte. Man schrieb diese Eile dem Einflusse des Herzogs von Spoleto zu, und Gröne meint (I. 388), daß die Römer überhaupt, wo es thunlich war, die Konvention von 824 zu umgehen pflegten. Wahrscheinlicher drängte die allgemeine Lage zur raschen Vornahme der Weihe. Von Habrians Regierung berichtet die Vita Stephani c. 3: »Cujus tempore Romani cives multa tam locustarum devastatione quam et pluviae storilitate seu famis inopia perpessi fuerunt incommoda.« Auf die Nachricht von Habrians Tod plünderte das Volk nach altem, oft untersagten Brauche die Gemächer des päpitlichen Palastes. Den Stephanus verlangten sie so einmütig zum Papste, »quia procul dubio credimus eius sanctitate nos posse liberari ab imminentibus periculis.« (Ibid.) Als Stephan VI. nach geschehener Weihe von der Peterskirche nach dem Lateran zurückkehrte und sich dort in Gegenwart der Bischöfe, des kaiserlichen Gesandten und des Senats in den Schatzkammern nach den Schätzen der römischen Kirche und nach den heiligen Gefäßen umsah, fand er, wie dieselbe Vita c. 6 erzählt, nur wenig vor. Keller und Scheunen waren leer. Eine Hungersnot entstand und eine Heuschreckenplage brach über die Kampagna herein. Nur die Konsekration des Papstes konnte der Unordnung ein Ende machen.

Doch die Vorgänge in Rom veranlaßten den Kaiser einzuschreiten. „Als die Römer", so berichten die Fuldaischen Annalen (P. IV. ad ann. 885. Ser I. 402), „das Ableben ihres Papstes erfuhren, setzten sie den Stephanus an dessen Stelle. Deshalb schickte der Kaiser erzürnt, daß sie, ohne ihn zu fragen, einen (nach anderer Lesart jenen) zu weihen sich herausgenommen haben, Luitward (Bischof von Vercelli, seinen Kanzler; näheres über ihn vgl. Baxmann II. 62) und einige Bischöfe des römischen Stuhles, daß sie ihn entsetzen sollten, was sie jedoch durchaus nicht vermochten; denn der genannte Papst bezeichnete dem Kaiser durch seine Legaten die Unterschriften von mehr als dreißig Bischöfen und aller Kardinal-Priester und -Diakonen und von Personen niederern Standes sowie auch vornehmer Laien, welche alle ihn einmütig erwählt und seine Ordination unterschrieben haben."

---

[1] Vita Stephani V. c. 5. (Duchesne II. 192; über das Datum cf. p. 197 n. 7).

Man hat behauptet, es seien lediglich Privatinteressen gewesen, weshalb der Kaiser in angeführter Weise vorging;[1] er hätte bei diesem Pontifikatswechsel besondere Gründe gehabt, seinen Einfluß auf die Wahl geltend zu machen. Er beabsichtigte nämlich, einige ihm mißliebige Bischöfe seines Reiches, wahrscheinlich solche, die seinen Plänen in Betreff einer Nachfolge seines unehelichen Sohnes Bernhard entgegenarbeiteten,[2] ihrer Ämter zu entsetzen und diesen mit einer Konkubine erzeugten Sohn zum Reichserben einzusetzen, wozu er die Hilfe des Papstes zu bedürfen glaubte. Deshalb die Einladung an Hadrian III., ihn in Deutschland zu besuchen. Dieser stirbt jedoch auf der Reise dorthin, und nun wird, ohne daß der Kaiser seinen Einfluß geltend machen kann, schleunig ein neuer Papst gewählt und geweiht, der ihm nicht im mindesten zu Dank verpflichtet ist.

Es mag sein, daß dieser Umstand, daß es ihm unmöglich war, in dem von ihm gewünschten Sinne auf die Wähler selbst einzuwirken, die Veranlassung des so energischen Einschreitens des Kaisers bildete. Aber nicht darüber beklagt sich der Kaiser, daß der Papst, ohne daß man seine Legaten abwartete, gewählt worden sei, er war vielmehr darüber erzürnt, daß sie ohne sein Wissen und ohne ihn zu fragen, einen zu weihen sich unterstanden hatten. »Unde imperator iratus, quod ... ullum ordinare praesumpserunt«, sagt die genannte Vita.[3] Zu verlangen, daß der Papst in Gegenwart seiner Gesandten oder nur »eo consulto« gewählt werde, hatte der Kaiser kein Recht; wohl aber konnte er auf Grund des Eides vom Jahre 824 verlangen, daß man mit der Weihe (ordinatio) des Erwählten warte, bis seine Legaten in Rom angekommen waren und der Papst den Treueid in ihre Hände abgelegt hatte.

Niehues spricht die Ansicht aus, der Kaiser sei deshalb mit der Entwicklung der Dinge in Rom wenig zufrieden gewesen, weil „dreimal in wenigen Jahren der päpstliche Stuhl erledigt und wieder besetzt worden, ohne daß man ihn dabei befragt, oder daß er sich bei der Konsekration durch Gesandte hatte vertreten lassen. Sein Vorgänger auf dem Kaiserthrone hatte eben in seinen Verträgen mit Johann VIII. diesem Rechte der früheren Kaiser entsagt." (II. 441.) Wäre das Letztere zutreffend, so wäre unerklärlich, wie der Kaiser die Beachtung eines aufgegebenen Rechtes hätte verlangen, ja die Nichtbeachtung desselben mit Absetzung des bereits geweihten Papstes hätte beahnden können.

---

[1] Vgl. Granderath VIII. 194. Grashof 42, 239.
[2] Richter II. 489.
[3] Irrig sagt also Gröne I. 311: „... weil er nicht in Gegenwart der kaiserlichen Gesandten gewählt war."

Gfrörer sucht allerdings für den letztgenannten Punkt gleichfalls eine Erklärung. Er hält dafür, Hadrian III. habe wirklich eine Verordnung erlassen, wonach die Weihe eines neuerwählten Papstes, ohne die Ankunft kaiserlicher Gesandten abzuwarten, stattfinden dürfe. „So jung auch die Zeugen sind", sagt er, „jetzen Thatsachen ... die Wahrheit ihrer Angabe außer Zweifel." Gfrörer behandelt kurz darauf (II. 272) die Erhebung Stephans VI. und bemerkt: „Aus der lakonischen Äußerung des Fuldaer Chronisten: „die Abgeordneten richteten nichts aus" (der Kaiser hatte ihnen aufgetragen, Stephan VI. abzusetzen!), müße man den Schluß ziehen, daß die Römer in ihrem Rechte zu sein glaubten, als sie ohne kaiserliche Genehmigung einen Papst wählten, folglich daß Karl der Dicke vorher in irgend einer Weise auf seine Befugnis, Papstwahlen zu bestätigen, verzichtet hatte. Das heißt nun: aus dem Verfahren der Römer geht hervor, daß wirklich jene Einrichtung, von welcher Martinus (Polonus) redet, durch Hadrian III. getroffen worden war." Wir haben bereits betont, daß Karl der Dicke gegen die ohne sein Befragen ꝛc. geschehene Wahl eines neuen Papstes nichts einwenden konnte und auch faktisch nichts eingewendet hat. Gfrörer fährt fort: Auch der Versuch Karls, trotz des vorausgesetzten Vertrages (daß die Weihe ohne die Gegenwart kaiserlicher Legaten stattfinden dürfe) die Wahl Stephans umzustoßen, laße sich erklären. Karl habe sich, nachdem Hadrians Versprechen, alles aufzubieten, damit die Vollbürtigkeit Bernhards anerkannt werde, durch dessen Tod sich nicht erfüllte, auch seinerseits nun der eingegangenen Verbindlichkeiten für enthoben gehalten. Allein er drang nicht durch, weil allem Anscheine nach die beteiligten Bischöfe ꝛc. den Beweis lieferten, daß der Vertrag zwischen Hadrian und Karl in aller Form abgeschlossen und folglich nicht mehr einseitig aufgehoben werden könne.

Unerwiesen ist in diesen Ausführungen, abgesehen davon, daß der Vertrag selbst in gleichzeitigen Berichten keine Erwähnung findet:

1. daß der Kaiser auf sein bisheriges Recht bezüglich der Papstwahlen unter der Bedingung verzichtete, daß sich der Papst für die Vollbürtigkeit Bernhards bemühte;

2. daß der Kaiser, nachdem durch den Tod Hadrians diesen Bemühungen ein Ziel gesetzt war, sich nun ohne weiteres der eingegangenen Verbindlichkeiten enthoben hielt;

3. daß der Kaiser die Absetzung Stephans um deswillen nicht durchzusetzen vermochte, weil „allem Anscheine nach die beteiligten Bischöfe den Beweis geliefert hätten, daß der Vertrag zwischen Hadrian und Karl in aller Form abgeschlossen und folglich nicht mehr einseitig aufgehoben werden könne".

Diese letztere Bemerkung ist nicht blos unerwiesen, sondern geradezu falsch. Denn die Fuldaischen Annalen sagen ausdrücklich, die kaiser=lichen Legaten hätten die von Karl dem Dicken verlangte Absetzung Stephans deshalb nicht durchzusetzen vermocht, weil der Papst dem Kaiser die Unterschriften von mehr als dreißig Bischöfen u. s. w. bezeichnete, welche ihn alle einmütig erwählt und seine Ordination unterschrieben haben.

Der Kaiser mußte sich, soviel wird jedermann zugeben, wenn er selbst die Absetzung des ohne sein Befragen eingesetzten Papstes durch=setzen wollte, auf eine sichere, unanfechtbare Rechtsbasis stellen. Nicht aber konnte er sich irgend einen Erfolg versprechen, wenn er „einseitig einen Vertrag gebrochen hätte". Eine solche unanfechtbare Rechtsbasis stand ihm jedoch zu Gebote: Der Eid der Römer vom Jahre 824. Damals hatten die Römer geschworen, nicht zuzulassen, daß ein Papst geweiht werde, ehe dieser in die Hände kaiserlicher Legaten den Treueid geleistet habe. Diesen Schwur hatten die Römer, wie bereits 844, so auch bei der Erhebung Stephans VI. gebrochen. Nun wäre es viel=leicht das Nächstliegende gewesen, die Römer selbst, wie es 844 geschehen war, zu strafen; doch einen Heereszug nach Italien zu unternehmen, war Karl der Dicke nicht in der Lage. Nachdem ihm auch das Wahl=dekret nicht zugesandt worden und er sich deshalb nicht überzeugen konnte, ob die Wahl canonice geschehen war, versagte er dem Papste, der ohne sein Wissen und ohne den Eid geleistet zu haben, den Stuhl Petri bestiegen hatte, seine Anerkennung und schickte seinen Reichs=kanzler und einige andere Bischöfe ab, »qui eum deponerent«.

Die Annalen fügen jedoch alsogleich bei, daß dieses die Legaten durchaus nicht vermocht hätten. Denn die Erwählung Stephans war, wie es dieser durch Unterschriften ausweisen konnte, den Kanones gemäß vor sich gegangen. Auch war zur Zeit der Wahl sogar ein kaiserlicher Gesandter in Rom gegenwärtig, der in gewissem Sinne sich auch an der Erhebung Stephans VI. beteiligt hatte, indem er den Gewählten zur Annahme der ihm zugefallenen Würde zu bewegen suchte. »Tunc quia jam nominatus Hadrianus pontifex« — so be=richtet uns die Vita Stephani c. 4 — »Romae reliquerat Joannem venerabilem Ticinensem episcopum et missum Caroli excellentissimi imperatoris pro tuitione urbis;[1]) et omnes cum eodem legato imperiali juncti unanimes venerunt ad domum, ubi cum patre ipse almificus Stephanus sancto meditabatur colloquio; et fractis foribus tenetur et ducitur electus Dei pontifex ad eundem titulum

---

[1]) Daß Johannes ein ständiger kaiserlicher Missus war, der seinen Sitz förmlich in Rom gehabt, wie es Dümmler I. Aufl. II. 248 und Duchesne II. 197 n. 5 annehmen, möchte sich hieraus noch nicht ergeben.

sanctorum quatuor Coronatorum sibi creditum, reluctans plurimum, simul cum patre, acclamantibus utrisque et indignos se tanto honore profitentibus.«

War durch diese Teilnahme eines kaiserlichen Gesandten und durch Vorweis des Wahlprotokolls festgestellt, daß Stephan VI. in recht= mäßiger Weise zur Würde des Pontifikates erhoben worden war, so handelte es sich noch darum, daß die Römer, ohne die kaiserlichen Legaten abzuwarten, die Konsekration des Neuerwählten vollzogen hatten. Es ist nicht unmöglich, daß zwischen dem erwählten Papst, den zur An= nahme der Wahl zu bewegen, sich der kaiserliche Gesandte selbst bemühte, und diesem Gesandten noch weitere Verhandlungen stattgefunden haben, daß der Papst ihm gegenüber seiner Ehrerbietung gegen den Kaiser Ausdruck verliehen und ihm Treue gelobt hat. Von einem förm= lichen und feierlichen Gelöbnis der Treue, wie es der Eid vom Jahre 824 verlangt hätte, ist allerdings nirgends die Rede; vielleicht stellte der Kaiser selbst kein derartiges Verlangen, sondern hätte in der Übersendung der Wahlanzeige und des Wahlprotokolles allein schon einen Beweis ersehen, daß der neue Papst die Beziehungen zum fränkischen Reiche nicht geändert wissen wollte. Doch nicht einmal eine Wahlanzeige und ein Wahldekret waren nach dem kaiserlichen Hofe abgegangen. Kein Wunder, daß der Kaiser hierüber erzürnt war; kein Wunder, wenn er fürchtete, es möchte der neue Papst ihm die schuldige Treue nicht leisten, und deshalb ihn abzusetzen beschloß. Denn auf die Treue des Papstes, welche ohnehin bald durch die Verbindung Stephans VI. mit Wido von Spoleto gefährdet wurde,[1] mußte der Kaiser sehen und sich dieselbe um jeden Preis zu retten suchen.

Wenn er sich indes beruhigte, so mag es dem Umstande zuzu= schreiben sein, daß sich ein kaiserlicher Legat selbst, wie gehört, an der Erhebung des neuen Papstes beteiligt hatte und denselben zur Annahme der päpstlichen Würde zu bestimmen suchte, gewiß nicht, ohne von der gut kaiserlichen Gesinnung desselben überzeugt zu sein. Auch werden die Gesandten, welche dem Kaiser die Unterschrift der Wähler aufwiesen, den Auftrag gehabt haben, denselben der Treue und Ehrerbietung des Papstes zu versichern.

So bestand also noch im Jahre 885 einerseits das dritte Kapitel der Konstitution Lothars zu Recht, wonach die Wahl des römischen Bischofs Sache der hiezu berechtigten Römer war; andrerseits verlangte der Kaiser noch mit großer Entschiedenheit, daß die Konsekration des Neuerwählten nicht stattfinden dürfe, ehe er „befragt" worden war,

---

[1] Vgl. Dümmler I. Aufl. II. 253.

d. h. ehe er durch Einsichtnahme des Wahlbekretes sich vom kanonischen
Verlaufe der Wahl überzeugt und, wie wir es auch im Jahre 885 für
zutreffend erachten, durch Abwartung der Legaten (behufs Abnahme des
Treueides) das Versprechen von 824 erfüllt gesehen hatte.

Es war das letzte Mal, daß ein Karolinger ein solches Recht
beanspruchte. Stephan VI., der am 14. September 891 starb,[1] über-
lebte den letzten Kaiser ächt karolingischen Blutes — dem Tode Karls III.
des Dicken 888 ging noch seine Absetzung im November 887 voraus[2])
— und sah das Ende des Karolingerreiches selbst. Die Auflösung desselben hatte auch für die Kirche schlimme Folgen, denn der
römische Stuhl geriet bald in Abhängigkeit von den italienischen Adels-
familien. Noch Stephan VI. mußte am 21. Februar 891 den Herzog
Guido von Spoleto mit der Kaiserkrone schmücken, der über Berengar
von Friaul den Sieg davongetragen hatte.

§ 29.
Resultate.

Wenn wir im Nachstehenden kurz die gewonnenen Resultate zusammenfassen, so möchten wir zunächst erinnern, daß Papst Stephan III.,
um den notwendigen Schutz gegen die ihn bedrohenden Longobarden zu
finden, sich an den Frankenherrscher wendete. Dieser versprach ihm
eidlich zu Ponthion die Gewährung seiner Bitte: Pippin solle den
Longobardenkönig zu einem friedlichen Abkommen bestimmen. Sollte
dieser sich hiezu nicht bereit finden, möge der König für die Sache des
heiligen Petrus und der Republica Romanorum das Schwert ziehen.
Auf einer Reichsversammlung zu Quierzy beschloß der Frankenkönig mit
seinen Großen, was er bereits mit dem Papste vereinbart hatte, worauf
der Papst am 28. Juli 754 zu St. Denis den König und seine beiden
Söhne Karl und Karlmann salbte und zu Patriziern der Römer
ernannte. Es war kein leerer Titel, den der Papst zum Ausdruck des
Dankes Pippin und seinen Söhnen bot. Das Patriziat der Römer,
welches dem König schwere Pflichten auferlegte, war vielmehr für die
spätere Stellung der Karolinger zur Kirche, zur Respublica Romanorum
und zum Abenlande überhaupt grundlegend und entscheidend Es war

---

[1] Vgl. Jaffé, Reg I. 435.
[2] Vgl. Richter II. 497 f. Über den Zerfall des karolingischen Reiches in
mehrere kleinere Reiche cf. Regino ad ann. 888 (Scr. I. 598). Richter II. 500 ff.
Dümmler I. Aufl. II. 289.

der erste Schritt zur Oberhoheit über jene Gebiete, welche zu schützen Pippin und seine Söhne gebeten wurden und für die sie mehrere beschwerliche Kriegszüge unternahmen, sowie zum Kaisertume selbst. Daß jegliche Veränderung in der Besetzung des römischen Stuhles dem Patrizius der Römer zur Anzeige gebracht wurde und gebracht werden mußte, entsprach nur dieser Stellung des fränkischen Herrschers zum Papste. Als jedoch die Macht der Karolinger über die Stadt Rom und die Respublica Romanorum sich erhöhte und dieselben auf die Einladung des Papstes hin (796) die Römer selbst in Pflicht nahmen, so daß ihnen diese Treue und Gehorsam schuldeten und in dem Frankenherrscher ihren Oberherrn erblickten, gewann die Besetzung des päpstlichen Stuhles für die Karolinger an Bedeutung. Den Karolingern mußte daran liegen, daß stets nur ein Mann den päpstlichen Stuhl einnehme, der nicht nur der Abhängigkeit Roms und des römischen Gebietes von ihrer Herrschaft ungefährlich war, sondern sogar ihre Interessen förderte. Dieses war um so mehr notwendig, als fortwährend eine antifränkische und eine fränkisch gesinnte Partei in Rom bestand, von denen eine jede, wie es erklärlich ist, den päpstlichen Stuhl mit einem Anhänger ihrer Partei zu besetzen suchte. Papst Leo III. kam auch ihren diesbezüglichen Wünschen entgegen, indem er mit einem ehrerbietigen Schreiben, welches die Anzeige von seiner Erwählung und das Versprechen der Treue und des Gehorsams enthielt, auch das Wahlprotokoll übersandte und so dem fränkischen Könige nicht nur eine Kontrole über den rechtmäßigen Verlauf der Wahl ermöglichte, sondern auch einen Einblick in die näheren Umstände der Wahl überhaupt gewährte. Doch damit gab sich Karl der Große kaum zufrieden, daß er nachträglich den bereits durch die Konsekration wirksam gewordenen Wahlakt noch kontrolieren durfte, wenn wir auch aus den Quellen nirgends ersehen, daß er, nachdem er im Jahre 800 mit der Kaiserkrone geschmückt worden war, noch weiteren Einfluß auf die Besetzung des Stuhles Petri zu gewinnen versucht hätte. Ihm, wie auch seinen Nachfolgern, war es vor allem darum zu thun, sich die Römer und ihren Papst stets in Treue und Gehorsam zu erhalten. Es entsprach offenbar dieser Politik, den Römern wiederholt (so geschah es im Privilegium von 817 und in der Constitutio Lotheriana vom Jahre 824) die Wahl des Papstes als ein ihnen allein zustehendes Recht zu garantieren, das niemand zu verletzen wagen dürfe, um hiedurch die Römer in ihrer Treue und Anhänglichkeit an den Kaiser zu stärken und zu festigen. Doch sollte sich Karl der Große, der in seinem Reiche bezüglich der Besetzung der bischöflichen Stühle so große Macht entfaltete, sich damit begnügen, nachträglich, nachdem die Wahl des obersten Bischofs

seines Reiches, des Papstes, und dessen Weihe vollzogen war, sich über=
zeugen zu können, es sei diese Wahl rechtmäßig und ohne Verletzung
der Kanones vor sich gegangen? Kaum, und es hat wenigstens Wahr=
scheinlichkeit für sich, daß er nicht bloß nachträglich das Wahlprotokoll
einsehen wollte, sondern auch zu beurteilen wünschte, ob der Verlauf der
Wahl den gesetzlichen Bestimmungen entspräche, und deshalb auch ver=
langte, es solle mit der Weihe des Neuerwählten gewartet werden, bis
er darüber sein Urteil gesprochen.

Doch erst Lothar gelang es im Jahre 824, das, was Karl der
Große wohl gewünscht haben mochte, durch eine feierliche Zusage der
Römer zu erreichen. In diesem Jahre gelobten die Römer, nicht zuzu=
lassen, daß die Konsekration eines neuerwählten Papstes früher erfolge,
als bis dieser in die Hände fränkischer Legaten dem Kaiser Treue
geschworen hätte. Fortan mußte jeder neuerwählte Papst dem Kaiser
die Anzeige von seiner Erwählung machen, was bisher zwar regelmäßig,
jedoch bald vor, bald nach der Weihe geschehen war; ehe kaiserliche
Legaten in Rom eingetroffen waren und der Papst den Treueid in ihre
Hände geleistet hatte, durfte die Konsekration des Papstes nicht statt=
finden. Hierdurch hatte sich der Kaiser sicher gestellt, daß nur ein Papst,
der ihm den Eid der Treue geleistet, den Stuhl Petri besteigen könne.
Und sollte sich einer erlauben, sich weihen zu lassen, ehe er dem Eide
von 824 gerecht geworden, so mußte er fürchten, vom Kaiser wegen
Verletzung desselben nicht anerkannt zu werden. Zwar nahmen die
Römer mehrmals, durch wichtige Gründe hiezu bewogen, die Konsekration
vor Eintreffen der kaiserlichen Legaten vor; veranlaßten jedoch im Jahre
844 und wiederum 855 ein energisches Einschreiten seitens des Kaisers.

Die Thätigkeit der kaiserlichen Legaten mußte sich indes nicht auf
die Abnahme des Treueides beschränken. Die Verhältnisse brachten es
mit sich, daß dieselben zuweilen auch den Verlauf der Wahl einer
Prüfung unterziehen mußten, sei es, daß dieselbe zwiespältig gewesen
und von beiden Parteien Berichte an den Kaiser gekommen waren, sei
es, daß dem Kaiser nicht Gelegenheit geboten wurde, von dem Wahl=
protokoll Einsicht zu nehmen, oder er sonst noch eine Aufklärung wünschte.
Da die Gesandten, welche zur Abnahme des Eides nach Rom gekommen
waren, auch zur Teilnahme an den Konsekrationsfeierlichkeiten eingeladen
wurden — ein Ehrenerweis, der sich von selbst verstand — so erklärt
es sich, daß mit der Zeit von dieser Teilnahme der Gesandten an der
Papstweihe wie von einem Rechte gesprochen wird, das die Römer im
Jahre 824 dem Kaiser gewährt haben. Thatsächlich hatten die Römer
jedoch nicht gelobt, „nicht zuzulassen, daß die Weihe eines Papstes ohne
die Gegenwart kaiserlicher Gesandten erfolgte", sondern vielmehr: „nicht

zuzulassen, daß die Weihe eines Papstes erfolge, ehe kaiserliche Gesandten in Rom angekommen wären und dem Neuerwählten den Treueid abgenommen hätten." Diese Teilnahme der fränkischen Legaten an der Weihe erwies sich infolge der selbst noch gelegentlich der Konsekration hervortretenden Parteizwiste zur Aufrechthaltung der Ruhe sehr wohlthätig. Das Papstwahldekret vom Jahre 898 schrieb es geradezu dem Umstande, daß die Weihe des Papstes ohne Wissen des Kaisers geschehe und nicht „nach kanonischem Brauche" vom Kaiser gesandte Sendboten zugegen seien, zu, daß die römische Kirche beim Tode des Papstes Gewaltthätigkeiten zu erleiden hatte. An der Wahl selbst teilzunehmen, hatten die Legaten kein Recht und wurde ein diesbezügliches Verlangen noch im Jahre 867 seitens der Römer abgewiesen.

Im Jahre 862 wohnte der Kaiser selbst der Wahl und Konsekration des Papstes Nikolaus I. bei, ohne jedoch einen unberechtigten Einfluß auf die Wähler auszuüben.

Die Freiheit der Wahl durch die Wahlberechtigten wurde nicht nur seitens der Päpste auf Konzilien, z. B. im Jahre 769, dann 862 oder 863, durch Vorschriften zu sichern gesucht, sondern auch, wie bemerkt, von seiten der Kaiser selbst garantiert, so im Privilegium Ludwigs im Jahre 817 und durch die Konstitution Lothars im Jahre 824.

Wähler des Papstes waren bis zum Jahre 769 der römische Klerus — inklusive der Rom benachbarten Bischöfe[1] —, der Adel und das Volk. Im genannten Jahre wurde die eigentliche Wahl auf den Klerus beschränkt, während den Laien nur das Recht, das Wahlprotokoll zu unterschreiben und den Erwählten zu begrüßen, belassen wurde. Doch gelang es dem Adel bald wieder, sich an der eigentlichen Wahl Anteil zu verschaffen; dem Volke jedoch verblieb lediglich das Recht, der bereits vollzogenen Wahl beizutreten.[2]

Wahlort war der Lateran oder eine andere Kirche; im Jahre 768 geschah die Wahl auf einem öffentlichen Platze, dem Forum.

[1] Vgl. Hinschius I. 237 und N. 4.
[2] Dem steht, was gegen Hinschius I. 237 N. 5 und Bayet 56 ff. zu bemerken ist, nicht im Wege, daß das Papstbuch z. B. bei der Wahl Sergius' II. und Benedikte III. auch das Volk als beteiligt an der Wahl anführt; denn aus den betreffenden Stellen geht nicht hervor, daß ihm ein entscheidender Einfluß auf die Wahl zugekommen wäre.